集體情感的譜系：
東亞的集體情感和文化政治

崔基淑　主編

臺灣 學⽣書局 印行

臺灣中文版序

　　本書是延世大學國學研究院 HK 事業團出版的「社會人文學」系列研究的第 35 本學術著作。國學研究院以「社會人文學」之名重新定義適應社會變化的新型人文學，並透過推進韓國研究財團屬下的「人文韓國（HK）事業」來逐步構建其體系和內涵。與常見的人文學和社會科學之間的跨學科研究不同，國學研究院致力於將「社會人文學」建設爲一門整合型的學問，復原人文學的社會性，以創新的方式爲處於社會新發展中的人文學重注活力。

　　作爲推進這一學術志業的一環，我們在 HK 事業團屬下設立了研究團隊「文化小組」。文化小組以「情感」研究爲基礎，考察集體情感的歷史譜系及其制度化與政治化的過程。以情感研究爲媒介，人文科學和社會科學得以整合在一起，這也是重構韓國學工作的一部分。近年來，文化小組不斷深化和拓展情感研究的領域，已出版學術著作《情感社會：情感如何成爲文化動力》（Geulhangari, 2014）和大眾教養類書籍《情感的人文學——情感的多棱鏡：熱情與憤怒，悲傷與恐怖，慰藉與期待，平靜與瘋狂》（Bomapil, 2013）。

　　作爲文化小組的第三本研究成果，本書《集體情感的譜系：東亞的集體情感和文化政治》以「集體情感」爲主要研究對象。

本書的亮點在於，研究者以譜系學的研究視角重新建構了集體情感的歷史形成過程和影響，同時也兼具了以韓國為中心，放眼「東亞」的地域視野。希望文化小組能藉著對「集體情感」課題的深入探討，更進一步地促進情感研究的發展，開拓出嶄新的研究領域。

在崔基淑教授的帶領下，國內外長期參與情感研究的學者聯合在一起，共同完成了這一學術成果。該研究計劃致力於加強東亞文學、社會科學、媒體領域研究者之間的合作，企圖不斷深化情感研究的內涵。每位參與其中的研究者所付出的寶貴努力，是整個研究計劃得以成功的關鍵因素。在此衷心感謝以崔基淑教授為首的每位研究者。同時，亦非常感謝推動本書在臺灣出版的胡曉眞教授，蔣秋華教授和陳仕華教授。對負責出版事宜的臺灣學生書局的陳蕙文編輯，協助出版工作順利進行的國學研究院助教朴在翊和趙穎秋，以及擔任翻譯工作的趙穎秋，苑芳草，杜彥文，在此也一併致謝。

期盼本書的研究成果能夠進一步推動情感研究在韓國學和東亞學領域內的確立與發展，為本事業團建設社會人文學的願景增添助力，也希望以此促進韓國和臺灣建立實質有益的學術交流。

2018 年 3 月

延世大學國學研究院院長兼人文韓國事業團團長

辛炳基

集體情感的譜系：
東亞的集體情感和文化政治

目　次

第二部：東亞集體情感的政治化與制度化

導　言
影子閱讀，關於「非文字化情感研究」
的學術實驗與聯合

　　首先，看到臺灣學生書局出版的《集體情感的譜系》中譯本問世，有機會與臺灣的讀者見面，我感到非常高興。韓國和臺灣在思想、宗教、文化、藝術等領域共享東亞社會的情感特質，卻也經歷了不同的歷史，文化傳統和現代化進程，因而形成了各自獨特的文化，相互交流十分頻繁。尤其是大眾文化和觀光旅遊領域的積極互動，更是極大地促進了韓國和臺灣在情感，文化和經驗層面上拓展關注和瞭解的深度。本書即是以東亞的集體情感為關鍵字探索東亞共鳴如何形成和擴大的研究成果。以韓國和中國的歷史和當代社會為主要對象，本書試圖分析特定「情感」如何支配一個時代，建立人與人之間相互認同的體系，並發揮歷史影響力。藉此研究希望能促進雙方的學術對話，相互提供有益的參考。

　　在此非常感謝臺灣中央研究院中國文哲研究所胡曉真教授的熱心推動，讓我們之間的學術交流和對話藉本書的出版得以實現。同時，亦衷心感謝引介本書在臺灣出版的臺灣中央研究院的蔣秋華教授和淡江大學的陳仕華教授，以及負責出版事宜的臺灣學生書局的陳蕙文編輯。期盼本書能成為韓國和臺灣在學術

和人文學交流事業上的引玉之磚，促進未來富有意義的聯繫和對話。

　　作為近幾年來有關非文字化情感的研究成果，本書致力於探究情感在歷史和現實中如何發揮其實質的作用，影響人類、社會、生活及其相互間的作用。情感研究試圖從存在論式的問題意識出發，重新反思在遭遇新自由主義正面衝擊的韓國現代社會和全球化時代裡人文性所能發揮的作用，以及如何恢復人文學科的活力。

　　雖然有明文規定，現代社會乃民主主義運作下的平等社會，人們依據憲法獲得人權的保障，享受與世界自由接觸和遷移流動的權利。但在實際生活當中，不公平和不公正的矛盾、來自位階森嚴社會的壓迫、對性／別‧種族‧學歷‧地位‧身分的各種歧視等卻從未間斷。人們在充滿暴虐和危險的現實生活中所持續感到的是不安與危機感。個人和社會在其中切身經歷的傷痛與創傷了無痕跡地，像透明的紋路一般刻印在現代人的身上，並日漸成為了日常的一部分。現代性帶來的傷害正是現代社會正常運作背後的暗傷，是與社會的軀體無法分離的作為本體的影子。由於這些暗傷從不被展示，人們常常視其烏有或置之不理。也正因為如此，人們不知道如何呈現，表達和處理這些暗裡的傷害。

　　這種現代社會的境況與阿甘本在《幼年與歷史》（Jo Hyowon 譯，新流，2010）中提及的「幼兒哭啼」狀態十分相似。雖然是發聲了（vocalized），但由於這些聲音尚未被符號化和語言化，幼兒無法有效傳達「哭啼」的內容，更談不上解決導致「哭啼」的真正問題。然而又因為這是幼兒用盡渾身解數哭出的聲音，聽者難以做到不予理會。幼兒為了和社會溝通，費盡全

力地透過聲音來表達訴求。哭啼不單是一種透過嘴部和喉嚨進行的動作，它更是伴隨人一生的，動用全身發出的信號。正因為哭啼總是如此迫切，無視幼兒哭啼的行為會被看作是一種極其狠心和不人道的行為。這裡所說的哭聲便是非文字的情感的符號。

　　然而，長大成人並不意味著不會再經歷幼兒的哭啼狀態。雖然人無法知曉未來的際遇，但只要活著，身心就會一直在感受和反應，哭啼的狀態亦始終伴隨左右。這既是個人的，也是社會的體驗。一個社會發生的所有事情不可能在當場就被辨析和符號化。雖然人們生活在網路資訊發達的全球化社會，各種觀點層出不窮，但那些真正應該被聆聽的聲音卻由於頻率太低而無法被聽見，那些非說不可的話也只能在心頭暗湧，難以向外人言及。因為當人真正發聲時，它所傳達的不是自身的傷痛，聲音和主張，卻反而可能是因發聲而害怕被剝奪生存機會，承受存在本身帶來的壓迫。

　　我們都切身體會到在人海中遇到真正的聆聽者是何其困難。因為聆聽意味著關係的確立和責任的跟隨。即使明知某種無法言明的東西在近處縈繞，人們仍會故意裝聾作啞。因為他們害怕一旦表現出關心，身分不明的影子就會把自己當做寄主來依存，從此陰魂不散。然而，刻意回避的做法並不會讓影子真正消失。它會像幽靈般徘徊，以並未符號化的，毫無定型的聲音喃喃自語。

　　人們各自困身在生活的勞碌與艱難之中，無暇聆聽他人的自語，更無心關注如影子般在地面上游曳的存在。越是溝通過剩的時代，人們反而越會因為溝通無能而備受折磨。由於無法找到聆聽者，也無法覓得適合的語言外殼，那些話語只好仍舊困留在軀

體之內。

　　隱含在個人和社會體內的話語雖藉以情感的起伏來證明自身的存在，但它們從未曾被言說，或甚至無法被言說。因為尚未被符號化，它們變成了連自身也難以理解的，或是無法徹底理清的如粘液般存在的苦惱和矛盾。它們成為了浮游的思緒和感覺。

　　僅僅憑藉重新說明那些肉眼所見的事物是不足以深入理解個人，社會和歷史的。在某種程度上，只以文字化的載體去理解對象的行為，不過是在代為傳達主體展示的面向，是重複地去再現罷了。這跟只透過看報紙新聞去瞭解現實的行為並無二致。僅靠批判性的解讀來理解寫作的觀點，探求現象背後的實質，參透字裡行間的秘義，這種方法難免有所不足。此時，我們需要再進一步去關注那些作為尚未被文字化的整體的人生本身。只透過肉眼顯現的事物去表達，無疑與複印照片的行為一樣有所欠缺（多次重複複製只會不斷導致文本變得比原本更模糊，這是對存在的弱化和惡化，是一種帶有缺失的狀態）。不斷複製的操作導致我們與事物的真實愈發疏遠，與本質逐漸偏離。

　　由於「媒體即訊息」（馬歇爾・麥克魯漢），因此對媒體進行批判也十分重要。但關鍵的是，我們也要一同探尋未被媒體收錄的那些現實，以描繪出更廣闊的外延並測量其深度。情感研究並非旨在否定文字研究的價值，而是要把它納入其中，去描繪和探索更廣闊圖景的邊界。開展情感研究不應該只是為了豐富歷史，社會和個人的意義，而是要去重新挖掘那些被時代和歷史—政治所忽視的，起初只是哭聲，後來化作無人理會的那些影子的意義，以此倡導彼此共生的文化語法。這正是作為研究者應當肩負的一項社會和歷史任務。

　　以上述問題意識爲基礎，本書的第一部分試圖以建立譜系的方式，分別聚焦啓蒙知識分子登場的近代初期，殖民地統治時期，發生 5‧18 事件的 80 年代，以及發生世越號慘劇的當代這四個歷史時期的經驗，試圖探討韓國在特定歷史事件和社會契機下形成的集體情感是如何運作及延續的。

　　崔基淑的論文從韓國近代初期著手展開討論。在近代初期，媒體，知識分子和制度同氣相求，以文明和啓蒙爲仲介互相配合，佔據時代中心的文化資本隨之發生了交替。報紙成爲了當時對啓蒙影響最大的媒介之一，而其中開設的「論說欄」更是成爲了知識分子提倡和傳播文明、近代、啓蒙的有力工具。「論說欄」致力於倡導「作爲當下要務的啓蒙論」，其描繪的世界與「雜報欄」中敘述的現實世界顯然頗有出入。

　　作者以日本人主辦的《漢城新報》（1895-1904）爲研究對象，透過分析「雜報欄」將朝鮮文化「事件化」的修辭學手法，探討情感政治的語法如何形塑無知的朝鮮和未開化的朝鮮女性形象。啓蒙主體帶著無視和侮辱的情感審視尚未啓蒙的對象，透過這種非對等的視線來運作文化政治。作者認爲這種「知識－啓蒙」的論述和文字化模式在現代韓國知識界中仍然普遍存在，它導致了知識的權力化（借用羅蘭‧巴特的用語）現象，並逐漸使這一權力體系自然化。頗具反諷意味的是，允許知識分子發出批判聲音的文化制度和習慣卻豁免了知識分子理應自我反思的社會責任。作者提議我們應該重新確立反思型知識分子的定位，訓練知識分子做到在批判對象之前，首先將批判的利箭射向自身。

　　蘇榮炫的論文透過分析 1920-1930 年代殖民地時期發生在親密關係中的女性犯罪新聞，闡明女性在只有成爲罪犯時才能獲得

媒體關注的社會環境下，經受了怎樣的歷史・社會矛盾和身處何種性別地位。金東仁和羅稻香小說所描寫的女主人公形象觸發了作者研究這一課題的思路。在小說中，這些女主人公在成為欲望主體的瞬間，往往會不可避免地走向死亡或變成罪犯。外貌迷人的女性會被指認為危險致命的存在，而追求自我實現的女性也會最終走向毀滅。作者透過分析 1920-1930 年代《朝鮮日報》和《東亞日報》上刊載的各種女性犯罪新聞，闡明了小說中的現實和當時新聞刊載的各種女性犯罪敘事之間的相通關係。

作者尤其指出，這些帶有殺害丈夫，毒殺，少婦等威脅和危險字眼的女性新聞將女性形塑為傷害丈夫的危險人物，使得女性的勞動價值和作為人生主體的存在感被抹殺。將女性犯罪納入法律體系的司法制度和科學理論成為了近代情感的語法裝置，誘導大眾形成對女性犯罪的固定認識。這些新聞字面上關注的是女性危險和逾越本分的欲望，但像影子般隱於文字背後的卻是社會對女性勞動價值一貫持有的否定認同模式。

金明姬的論文以社會學的角度分析韓國漫畫家江草的漫畫作品《26 年》，指出作為歷史的 5・18 事件應該由受害者的集體記憶來建構。最近上映的電影《出租車司機》（2017，導演張勳）亦以 5・18 事件為背景，描述「嚇傻了的英雄」（光州計程車司機金士福，宋康昊飾演）的良心變化歷程。如果說《出租車司機》反映了人們渴望恢復被侵害的公民權力，那麼比這部電影早十多年面世的江草的漫畫則試圖與歷史進行對話，以虛構的形式對 5・18 事件的加害者進行一場「文化上的懲罰」。

作者由此聯繫了象徵「社會沉沒」的「世越號慘劇」，從侵害人權卻予以否認的國家（加害者）和明知這一事實卻否認的大

眾心理這一雙重視角出發展開分析。作者運用「否認的情感生態系統」概念，從時空的脈絡中動態地把握特定事件發生時相關行為人的情感體驗和反應，以及產生聯合的過程。作者提出了受害者－防禦者同盟這一分析框架，強調這兩者的同盟並非自發形成，而是由遭受無視的相同經歷所衍生出的連帶意識促成。

有論者稱最近韓國媒體將個人真實包裝為賣點來吸引觀眾的方式是一種煽情策略，徐東振的論文針對這一觀點進行了批判。在情感研究的學術討論已變成了關於情感‧感性‧情動之間的用語紛爭時，作者提議我們應該將嘲諷和受辱等情感放到經驗的實際中，從倫理和政治角度重新展開思考。尤其是在最近圍繞世越號慘劇的討論中，情感成為了壟斷的批判敘事方式，作者認為這種學術消費現象暴露出情感論述的臨界點。情感或情動是與表象、語言、意識形態等論述裝置相對抗的政治主體化的機制。在此，感受力不再是出自本能或者自發的情感，而是成為了被打磨和被建構的情感。這與黑格爾政治哲學裡提到的人倫性概念有關。在當下的輿論環境裡，情感理論已然淪為話語消費的商業策略，作者希望透過上述的分析復原情感理論本然的純粹功能。

上述論文透過聚焦集體情感的演變重新反思了韓國歷史，以情感研究的方式論證了在韓國近現代史中，由無視和侮辱、犯罪和恐懼、羞恥和負罪感、挫折和受辱感等相銜起來的某種帶有否定意味的集體情感地層已然形成並不斷在移動。以負面情感為線索理解韓國文化史，在某種程度上反映了我們對韓國文化史上不合理現象的一種認識疲勞。然而只有透過反思這種矛盾現象，我們才能牽引出反思的主體，恢復社會和歷史的健全性，以此揭示復原作為社會和歷史發展動力的相生力量的可能性。

　　本書的第二部透過韓國和中國的事例考察集體情感運作的文化政治方式，揭示東亞集體情感的政治化和制度化的過程。從中國宋代到現代，從 15 世紀的朝鮮時期到光化門燭光示威發生的當代，第二部的研究藉由實際的社會現象和文化經驗分析情感在歷史時空中運作的方式。以中國史為研究對象的有河炅心，胡曉眞和李珠海的論文，以韓國為研究對象的則有金志修，Lee Hana 和朴晉佑的論文。

　　河炅心的論文透過考察中國元代散曲，闡明在立身揚名的觀念以外，走上表演藝術之路的作家們如何形成情感，人生觀和心理的共鳴，進而構成某種藝術聯合的過程。

　　在元代，國家內部存在民族歧視，文人若想進入官場只能借助特權階級的世襲和推薦，靠個人能力出仕的機會極其有限。在這種時代氛圍下，散曲的作者透過多種方式對社會現實進行批判或抵抗，時而觀望，時而諷刺，構築了各自特有的藝術世界。他們與同時代的其他邊緣群體形成共鳴，主導了時代的情感和文化。作家們拒絕與時代妥協的選擇讓和他們的想法和情感產生共鳴的觀眾感到了慰藉。他們並非用悲歡的情緒唱出這個時代的歷史局限，或用充滿悲憤的腔調來表達反抗，而是幸運地藉助昇華的感覺去思考悲歡的情緒。該論文的亮點在於作者沒有劃一化地描述邊緣知識分子和藝術家的處境，反應或態度，而是致力於揭示制度以外的人生多樣性，具體檢視藝術表達和情感反應所具備的能動性。

　　胡曉眞的論文考察了後世有關中國明代貴州女土司奢香和明太祖故事的記錄，分析了服飾和食物如何隨著故事的流傳演變為中央和地方交涉的政治交換符號，以及在後代的演繹中它們如何

化身為以商業性為媒介的抒情傳統的符號。

雖然女土司的貢物蕎酥只是一種小吃，但在被選為貢禮的政治語境中，它作為代表親密感的情感符號，發揮了柔和的政治效果。此外，作者指出斷成數段卻能重新合為一體的脆蛇形象象徵了少數民族終究與漢族無法同化，並闡明這一動物形象如何逐漸成為少數民族維護自身身分認同感的具有政治生命力的文化符號。作者還從文化史角度具體考察脆蛇形象如何隨著歷史的發展演變成為具有治癒和復原能力的母性形象。上至明清文人的詩詞和敘事，下至諾貝爾文學獎得主莫言的小說，作者的研究材料涵蓋了中國文學史的各種文類。該文以橫跨中國政治史，日常史和文學史的方式檢視了傳統的現代式演變和繼承問題。

李珠海的論文聚焦以男性文人為中心的中國古代文學史中父親形象鮮有登場的現象，考察在子女出生，為其起名，洗身，養育其成人的過程中父親形象如何得以建構，並分析了這種形象與以往男性作為政治家、學者、文人、思想家等身份之間的差異。文人在日常中親身教導子女，互相建立關係，並以各種形式記錄了其中的所思所感。作者對這些多樣的文本進行分析，闡明在日常生活的場景中，父親的角色乃藉由身體的，經驗的和對話的關係被建構和認知。一個男性透過撫養和教導子女，得以成長為父親。

此外，作者還指出在父親與子女的關係中，父親從子女身上期望看到的不是他們聰明的特質，而是恭敬的態度。在養育子女的過程中體驗到的關懷和愛護，喜悅和不安等情緒元素讓父親轉變為情感的主體。作者在文學史的體裁研究，形式美探索，主題分析等方法以外拓展出新的研究視角，為已有的文學研究提供了

新穎的發現。

金志修，Lee Hana 和朴晉佑的論文分別以 15 世紀朝鮮的刑事訴訟案件，1970 年代對電視劇的批判和審查，以及近年發生的燭光示威事件為研究對象，具體分析了在特定韓國歷史時期形成的情感政治的權力和制度化現象，透過實證研究的方式論證了情感如何成為反思時代，歷史和社會的媒介，探討個中將情感普遍理論化的可能性。

金志修的論文對朝鮮成宗在位時期發生的一起刑事案件展開了討論。慎自治的夫人李氏毆打女僕道里，不僅割斷其頭髮，還以燒紅的烙鐵燙傷其臉部，胸部和陰部，隨後將其棄於山野。作為一起因妻子嫉妒丈夫和女僕關係而發生的暴力事件，朝廷通過降低慎自治的官位，勒令其與夫人離婚，解除道里及其家人的奴隸身分等方式來對受害者道里進行補償。

在朝鮮時代，婚姻家庭的結構受儒家父權制支配，女性必須依據「七出之條」規範自身的行為和情感。該文試圖闡明在這一社會情境下發生的各種家庭暴力事件的本質。作者尤其批判地考察了家庭制度，儒家理念和對其起強化作用的法律制度之間是如何相互配合和運作以處理因嫉妒而生的暴力事件。如作者所言，嫉妒被視作一種帶有性別色彩的情感，朝鮮的法律直接制約了女性的嫉妒情感，由此進一步強化了夫婦之間的位階秩序。作者對比朝鮮時代的歷史記錄和法典的實際內容，綜合分析了以情感為中介被事件化的女性，家庭和身分的問題，揭示出當處理情感的歷史方式和法律解釋，與制度、理念、日常生活之間產生斷裂時所爆發的衝突和緊張狀態。

Lee Hana 的論文透過分析廣播倫理規定和文化精英對電視

綜藝娛樂節目與電視劇的批判，揭示 1970 年代維新體制透過媒體政治強化威權主義體制的過程。低俗性‧頹廢性‧感傷性一方面是影響電視收視率高低的流行元素，另一方面也是文化精英批判電視節目低俗和劣質的著力點。統治階級和精英批評電視節目充滿煽動性，非但不健康且過分感傷。大眾對這些通俗元素的移情不利於營造符合國家公共目的的國民情感。統治階層和文化精英以此作爲倫理標準，將壓迫和規制變得正當化。

在這個過程中，被統稱爲觀眾的大眾與生產和享受精英文化的集團之間形成了垂直的位階關係。大眾文化消費者被納入位階序列中，成爲了比文化評論家和文化生產者更低位的存在。作者指出正是由於在 1970 年代，媒體的文化政治成爲了控制和統治大眾的手段，國家和文化精英在共同配合下得以將情感規制全面化。此後，隨著媒體的發展和大眾的變化，規制和統治手段變得像遊戲般花樣繁多。該研究有助於我們回顧和反思這一系列歷史進程在初期是如何形成和運作的。

朴晉佑的論文考察了以 2016 年燭光示威爲契機形成的大眾集體情感結構，分析在其中得以運作的文化政治學的實質。作者認爲燭光示威不單是韓國國內發生的地域性事件，而是在全球化時代的背景下，在全世界範圍內發生的由「政治性事物」所驅動的普遍事件之一。該文著重於對市民性，抵抗權，民粹主義，和政治性事物進行根本的批判。作者認爲燭光示威不是局部發生的事件，也不是特定時期民眾應對政治腐敗的暫時狀態。它是一場試圖全面重建崩潰的憲政秩序，要求整體反思代議民主主義，民粹主義和左翼大眾主義的行動實踐。

正如作者所言，燭光示威一方面是韓國的歷史事件，另一方

面也是反映 21 世紀全球化社會渴望變化的一種世界史意義上的
經驗。燭光示威不是與脫歐，恐怖主義和佔領運動毫無關聯的孤
立事件。它提醒了我們要在這些事件的潛在關聯下討論和反思新
政治主體的誕生。在燭光示威中，「沒有分量的人們」透過集體
發聲，向世界展現了全新的人民（demos）形象。

　　綜上所述，本書廣泛探討了從古代到現代的韓國和東亞的集
體情感譜系。之所以沒有細緻到涉及歷史時空的每個階段，是因
為希望借此呈現情感研究的特質，即它不立足於建築學式的思考
方式，不追求研究必須要在一定框架下嚴絲密縫地開展。實際
上，本研究計畫在啟動之初便沒有強行設立框架和統一方法論。
每位研究小組成員只是帶著共同的問題意識，以非文字化的情感
為主要的切入點，在 3 到 7 年的時間中開展獨立的研究工作，共
同學習和討論，並從 3 年前開始進入論文的正式寫作階段。

　　比起透過特定的理論框架來定位和調整思想和情感的意義磁
場，本研究計劃更傾向於以基礎文獻所呈現的歷史和社會現實作
為分析的文本，細緻解讀其中未被記錄的非文字化的情感符號，
以此拓展歷史和社會的外延和深度。本書即是這一學術實驗和挑
戰的成果。研究成員深入理論學習，以各自的專業領域為基礎，
結合相關領域的研究成果和方法論展開探索，共同致力於推動豐
富多樣的學術實驗。在研究和寫作過程中，研究成員之間互相參
考和共享激發靈感的歷史研究成果，按自身學術興趣確立論文主
題並獨立完成論文的設計工作。

　　研究成員所共同關注的是那些透過口頭講述而未被記錄成文
的事物，遭到掩蓋的部分，以及那些被匿藏或壓迫卻在背後隱現
的種種痕跡。透過考察這些研究對象，研究成員試圖論證文字記

錄的一切並不代表歷史，現實和社會的全部，找出克服這一思維局限的方法。雖然也有參考外國的理論和案例，但本研究計畫希望把研究重心放在韓國的歷史經驗和文化現象上。首先確立用韓語進行研究和寫作，然後在此基礎上將研究關注點擴大到與韓國鄰近的，歷史交流便利的東亞，希望以此探尋在韓國和亞洲進行情感研究理論化工作的可能性。

　　為了實現這一研究目標，每位研究成員均充分運用各自所需的方法論工具來進行學術實驗，共同參與討論並進一步擴大共識，力求最大程度地激發自身重新思考已有的問題意識。

　　國學研究院 HK 事業團和屬下的文化小組（第二期的情感小組在第三期更名為文化小組）為本研究項目提供了良好的學術研討環境。本書收錄的所有文章均曾在國學研究院 HK 事業團裡發表，成員互相就問題意識和方法論進行了深入的探討。雖然研究成員活躍在韓國，臺灣，中國大陸和美國等地，專業領域也各有不同（包括韓國學、韓國文學、中國文學、社會學、文化學、新聞廣播學、歷史學等），但他們均以情感為仲介進行研究，在跨學科的討論中共同深化問題意識，方法論和社會建議。國學研究院 HK 事業團不遺餘力地給予支持和幫助，使以上研討活動得以順利進行。（在情感小組和文化小組裡，我與國學研究院的研究教授蘇榮炫和 Lee Hana，一般研究員金玉培和徐東振一同學習。與胡曉真教授和金志修教授在情感研究的初期形成學術上的交流和共識，一起討論了在東亞和美國拓展情感研究的可能性。我還與河炅心和李珠海教授一同以情感為仲介考察中國古代文學，文化和藝術，這使我得以重新反思韓國學的領域和視野。金玉培教授長期作為小組的一員與我們一同學習和研究，雖然很遺

憾他最後因個人原因無法參與本書的撰寫工作，但在此也一併致
謝。）

在研究開展初期，由於學科之間的壁壘，以跨學科的方式進
行情感研究並不容易。但在不斷推進研究的過程中，比起因學科
壁壘所感受到的壓迫感，我更多的是得益於在學科差異之間遊走
的靈活性，愈發生出新的研究活力。不管是在社會生活還是理論
層面，跨學科研究的方法論和學科領域之間的接觸和對話已然變
得再平常不過。然而與此同時，我也深感跨學科研究並非完全能
擺脫制度層面上極具排他性和壓迫性的重壓。雖然並無所謂的訣
竅能幫助研究者自外於這些壓力，但因為清楚地認識到跨學科研
究本身的優點和可能性，我反而變得樂於承受這一重壓並繼續推
進研究。這是我在跨學科研究實踐過程中的另一收穫。

跨學科研究絕不是拿著既有的方法論進行組合應用。它是為
了找尋有助於解決問題的方法論而去借鑒多樣學問領域的成果和
理論，透過理解各種研究產生的背景和脈絡來進行思維實驗和學
術設計。研究者在其中體驗到發現的喜悅，把握自身研究所處的
位置，並得以收穫源源不斷的動力去發掘被掩蓋的資料，重新檢
視未被文字化的意義符號和經驗本身。在研究的過程中，我也重
新體會到學問並不能在寫作中一蹴而就。透過寫作改變自身和生
活，發揮改變社會的實踐力量，這才是學問真正的起步點。雖然
學術研究是為了建造宏偉城堡而不斷添磚加瓦的建築學式作業，
但它同時也是尋找新道路以拓展時空邊界的工作。被走過的道路
越多，不代表日後可走的路就會相應減少，它反而意味著可能性
的無限敞開和增加。

世界萬物皆有其影。正因為帶有影子，事物得以成為名副其

實的存在。去解讀這些遊曳的影子並非毫無用處，它對證明存在
本身是必要的。影子呈現了事物現存的輪廓和內在。在歷史的脈
絡中，已經消逝的過去像黑影般在時間的地層之間飄蕩。不顯露
一絲陰影的社會固然是危險的（因為影子已被漂白或剝除），但
掩蓋或無視影子的存在，認為影子子虛烏有的文化同樣也是不健
全的。

　　本書以上述問題意識為基礎，透過分析歷史，社會，主體和
它們各自的相互作用，將無限增值和擴張的「影子－關係」的世
界解讀為非文字化的符號，從而揭示出無視和輕蔑、隱匿和剝
奪、排斥和厭惡、負罪感和羞恥、恐懼和受辱感、挫折和達觀、
共鳴與排斥的集體情感如何牽引歷史的發展脈絡，在韓國，東亞
和全球化時代裡翻湧綿延。另外，本書還試圖批判地考察管控和
調節集體情感的情感政治如何運作，以及在全球化時代形成和傳
播共鳴的文化裝置如何發揮作用。

　　在流動的狀態中，方向決定了一切。凝聚每一縷水流的集體
情感引領了流動的方向。它是龐大的體系，是由理性倡導和情感
共鳴共同構成的「軀體－世界」。透過對話和反思，集體情感在
每一刻做出有力的判斷，決定前進的方向。影子不是附帶的存
在，它本身是存在的一部分，是實存的條件。迄今為止，本研究
成果所試圖展開的正是以集體情感這一命題來理解那些驅使影子
曳動的社會力量，以此闡明韓國和東亞的情感譜系和動力裝置。

　　情感研究小組下一階段的學術實驗將計劃以情感研究領域作
為韓國學的立足點，試圖提出能在實際教育場景中應用的理論基
礎和範例。這是由於我們認為教育是結合學術研究和社會實踐最
為有效的方式。期盼日後能有機會和讀者就這一後續研究項目進

行有意義的分享和對話，也希望能持續地與臺灣學界在這一研究領域裡建立學術共識，共同成長。

謹代表國學研究院 HK 事業團情感小組/文化小組

崔基淑

譯者：趙穎秋

第一部

集體情感的文化史譜系

鄙視與厭惡，啓蒙背後的情感政治

_ 崔基淑[*]

---

[*] 本文根據《韓國古典女性文學研究》第 31 輯（韓國古典女性文學會，2015）上發表的原稿修改而成。

文明人的身分總是藉由他者性來獲得。

然而，女性主義對學術機構的最大貢獻並不在於引起對女性問題的專門關注。
反而是在於透過女性的社會從屬性提醒我們，
在知識生產的其他領域中存在的野蠻和暴力。

——周蕾，《書寫離散》

啟蒙的正義與「鄙視」的政治性：
我們可以鄙視「無知」嗎

　　在韓國歷史上，近代初期是啓蒙論述興起，以知識爲主導的文化權力發生重組的轉振期。西方、科學、理性、衛生、學校、報紙、教科書、印刷書籍等構成了啓蒙論述的關鍵詞。在知識生產和流通的層面上，這些啓蒙論述構築的世界與傳統性理學、儒教、聖賢、經典、四書、手抄本所代表的世界大相逕庭。與此同時，教育的內容和途徑發生巨變，「啓蒙」以後的讀書人不再遵循舊有方式尋找出路，社會對此賦予的意義亦大爲不同。

　　在近代初期，教育與文明二詞和啓蒙的概念密切相關。藉由報章雜誌和教科書等活字印刷媒體，啓蒙論述得以在大眾中普及。啓蒙命名和宣告了自身，並形塑出「未被啓蒙」的人／地區／集體／文化／國家。啓蒙透過命名「無知」這一他者，確保了自身的地位，並鞏固了二者之間的位階秩序。啓蒙是命名者和教育者，而不是善於反思的省察者。他雖然在表面上沒有自我標榜爲「先知」，卻透過主張「無知者」需要被教育，深信自身具備

教授的能力，以言傳的教育方式將自身的定位和行為合理化。這是從一開始就自我免於反思，在未能充分自省的情況下確立的角色定位。

本文認為在近代初期形成的啟蒙論述，其社會力量，運作方式和位階化過程仍舊在現代韓國社會裡發揮著穩固的影響力。故本文將以近代初期為切入點，考察報紙這一重要媒介的表述模式如何呈現韓國社會裡有關「無知」的「知識」位階化過程以及知識和權力如何在文化上被建構與認可，反思啟蒙主體的特權化如何將「鄙視」「無知」的人・地區・國家的情感變得正當。準此，本文將重點闡述表述的政治學和情感的控制方式如何維繫啟蒙特權和鄙視無知這一關聯項。

在字典中，啟蒙意謂「喚醒知識水平低下或者意識尚未清醒的人」，知識分子和非知識分子（無知者），主體和對象之間的明確區分是這一定義得以成立的前提。所有的啟蒙論述首先是覺醒者啟蒙和引導未開心智者，其中隱含著一種施惠和奉公的態度。然而，很多啟蒙論述背後旨在整合權力，知識分子透過把所知道或擁有的知識和信息特權化，將啟蒙主體的社會地位設定為「必須要達到的目標」（「自我」目標化），藉由知識將社會位階化。

這種知識（分子）權力化的過程，大體是在「啟蒙」理念或「教育」目的（或職業上的允許）的庇護下被無條件默許的。這是因為作為目標的啟蒙和作為內容的知識時常成為學術討論和論爭的主題，但作為態度的「知識（分子）」問題卻甚少被關注。從近代至今，各種啟蒙論述均把啟蒙當做社會和個人，地區和國家，或者代際和階層應當實現的理念，在公共討論領域裡把啟蒙

預設或認定爲理所當然的目標。

　　但正如米歇爾・傅柯指出，與在監獄裡形成看守－罪犯關係，在醫院裡形成醫生－患者關係的原理相似，在近代學校的空間裡同樣形成了教授者－學習者之間的「權力位階」關係。[1]在這種位階關係裡，作爲「啓蒙主體」的知識分子疏於自我反思，只是熱衷於充當「批判主體」和「教育主體」的社會角色。

　　這種啓蒙的定位之所以能成立，與啓蒙主體作爲「教育者」和「施惠者」的既公共又正義的定義有關。知識分子身處這一語境中，可以省略掉自我反思的機會，免去批判／省察自身社會角色的需要。之所以會產生這種矛盾的原因，一是由於傳播啓蒙論述的啓蒙主體被限定在知識分子群體中。二是與傳播啓蒙論述的媒體壟斷有關。「媒體權力」，乃至「學術權力」或者「學歷權力」所代表的啓蒙制度和機構與象徵資本之間的聯合進一步地強化了這一現象。三是由於近代初期的知識分子群體以接受近代教育的成人男性爲主，啓蒙的權限集中在男性手上，造成了性／別的不均衡。這進一步發展爲性／別的位階化，男性成爲啓蒙的主體，而女性則充當被啓蒙的對象。

　　承續以上觀察，本文將重點考察在近代初期形成的有關啓蒙的表述模式和文化說服力如何經歷了「歷史化」的過程，逐步加強並最終「自然化」[2]了知識分子文化特權的現象。[3]筆者認爲，

---

[1]　有關觀點可參考米歇爾・傅柯，《規訓與懲罰》（吳生根譯，Nanam，2003）。

[2]　「自然化」是羅蘭・巴特的用語，指將社會和歷史形成的事物看作原本的自然的存在，是一種倒錯的認識論現象。（參考《神話論》，Jung Hyun 譯，現代美學社，1995）

近代啟蒙的表述所蘊含的文化和歷史意義並非只在特定時期某些「現代性（modernity）」問題中發揮作用，它是迄今為止依然具有社會效力的「當代性（contemporaneity）」議題。有關這一觀點的具體邏輯展開如下。

第一，自近代以來一個多世紀，社會賦予了「知識－啟蒙」這一任務格外重要的地位與意義，但亦因此積結了許多有關知識－權力的問題，滋生各種弊端（對弊端的認識和批評並不代表是在全然否定知識－啟蒙的成果或正面作用）。「批判型知識分子」的概念更是進一步加深了這種矛盾。

第二，「批判型知識分子」在批判對象中剔除「自身」，在認識論意義上將「受批判的對象」等同於被教育的對象，即「無知者」。這反過來加強了批判者無需被批評的角色定位，賦予其「批判的例外者」的身分，進一步鞏固知識－權力的特權化。相對地，在合理化啟蒙的態度和目光下，啟蒙對象被看作是「無知的人（一代‧集體‧地區‧國家）」，與未開化和野蠻等屬性掛鉤在一起，淪為了被鄙視和厭惡的對象。

第三，這一過程中，有關女性的論述仍然在從屬或強化以男

3　有關知識分子在「教育」領域中擁有特權（權威主義）的反思，可參考賈克‧洪席耶的著作《無知的大師》（Yang Changryeol 譯，Gung Ri, 2008），他考察了約瑟夫‧雅可脫所實踐的「普遍的教育」，這種教育以「所有人擁有同等的智識能力」為前提。洪席耶注意到，教育的本質不是依賴教師智識能力來傳播知識行為，而是致力於解放學生自身原本就擁有的智識能力。相關的導論書有周炳日，《讀洪席耶的《無知的大師》》（Sechang Media, 2012）。另外，有關古代儒士修養的事例也有助於我們反思教育的啟蒙特權地位。以上對教育特權的反思提醒人們應該批判地看待有關知識與權力關係的慣有認識。

性爲中心的「知識－權力」關係。如果我們只是從內容層面上分析知識論述或啓蒙論述的表述結構，則很難把握這一現象。文字材料的分析無法帶領我們理解那些在字面上「被遺漏的」或「不存在的事物」，因此我們有必要從性／別角度來考察這些論述的修辭術和情感維度，以克服文字分析方法論的局限。

第四，有關近代啓蒙的知識－權力的矛盾在歷史中不斷循環，其中資本與權力互相勾結，使得矛盾倍增並日益固化（筆者認爲追隨學脈・學歷主義，崇尚簡歷的當代韓國社會便是對「知識－權力」缺乏反思下形成的歷史階段）。爲了克服這一矛盾，我們有必要透過分析啓蒙論述的結構，批判知識分子，促使知識分子反思自身，亦即透過「批判的回歸」[4]來解構知識分子的作用和社會地位。

第五，有鑒於此，我們應該著力分析的不是構成啓蒙論述的內容（即「知識」本身），而是那些傳達知識的「觀點」和「表述結構」，以及具體使其運作的「情感模式」。以往關於近代啓蒙的研究主要分析啓蒙的主體，內容，效果和方向，即只關注近代啓蒙論述的「內容」。雖然情感模式是媒體開展啓蒙的常用手段，但迄今爲止學界對主張或實踐「啓蒙」的「態度」和「視線」，以及包括身體反應在內的「情感符號」卻鮮有關注。因此，情感模式作爲促進啓蒙表述發揮效用的中介元素，需要我們重新關注並加以剖析。

---

[4]　「批判的回歸」只有在批判的主體將批判的利箭反過來瞄準自身時才可能實現，這是反思型知識分子的義務。相關觀點可參考拙文〈透過惠寰・無名子・沆瀣的批判性寫作看「人—文」的界限和寫作的形而上學〉（《東方學志》第 155 期，延世大學國學研究院，2011）。

　　以上述問題意識為基礎，本文將從近代報紙《漢城新報》[5]著手，考察朝鮮人和朝鮮文化如何被定位為需要啟蒙的「對象」，以及又是何種表述結構和方式具體落實了這一定位。[6]之所以聚焦《漢城新報》，是因為這份報紙作為殖民化朝鮮的工具，比起同時代朝鮮人刊行的《獨立新聞》[7]，《皇城新聞》[8]和《帝國新聞》[9]，更為明確地區分了啟蒙的主體和對象，其新聞取材和敘述的方式更具「偏向性」。可以說，《漢城新報》所具備的媒體特性十分有利於我們結合「殖民－統治」和「輿論－權力」的語境來探討「知識－權力」的問題。

　　另外，啟蒙的特權地位在近代初期形成並延續到現代。在這一過程中，無論是在歷史和地理層面上，作為「殖民地」的朝鮮

---

[5]　譯者注：《漢城新報》在 1895 年左右創辦，受日本外務省資助發行，主要目標為協助日本侵略朝鮮和啟蒙民眾。初期為日語報紙，從 1895 年 1 月 22 日起改為三個版面使用漢韓文體，一個版面使用日文體。1906 年 8 月被統監部回收，與《大東新報》合併改為統監部日文機關報《京城日報》，於次年 7 月 31 日停刊。

[6]　感謝姜賢助老師提供部分《漢城新報》的資料。該報影印本《漢城新報（1895~1905）》1~4 卷（So Myung 出版社，2014）已由延世大學圖書館和延世大學近代韓國學研究所共同出版。

[7]　譯者注：《獨立新聞》是韓國最早的民間韓文近代報紙。於 1896 年 4 月 7 日由著名獨立運動提倡者徐載弼創建，發行語言為韓英雙語。

[8]　譯者注：《皇城新聞》創刊於 1898 年 9 月 5 日，停刊於 1910 年 9 月 15 日，是一份採用漢韓文體的民間報紙，以兩班或儒生等為主要讀者群。

[9]　譯者注：《帝國新聞》創刊於 1898 年 8 月 10 日，停刊於 1910 年 8 月 2 日，是一份採用純韓文體的民間報紙，以庶民階層和婦女為主要讀者群。

都已得到解放。然而筆者認爲，在啓蒙的特權轉移到教育領域的過程中，知識分子和知識場域權力化的問題現象並沒有隨著社會條件的變化而消失。筆者希望透過對《漢城新報》的集中分析，更爲深入地反思這一現象。

　　《漢城新報》由社說、論說、官報概要、雜報、廣告等欄目組成。有關啓蒙朝鮮或主張朝鮮現代化的言論並未見諸報端。相反，該報以此爲「理所當然的前提」，於社論欄目裡大爲探討朝鮮和朝鮮文化的問題，在雜報欄上刊載朝鮮日常的問題事件。雜報欄以敘事方式記述朝鮮的日常新聞，久而久之傳遞和擴散了「朝鮮問題重重」的形象。[10]個人性生活和夫妻不和，日常生活和風俗，官僚和政治家的問題，暴行和強盜等新聞充斥在雜報欄中，這些事件以「敘事逸話」的形式被表述成文，既援引相關人士和記者的評論，也積極運用情感修辭加以煽動，有效觸發並加強了讀者對新聞事件的情感認知。

　　準此，本文將聚焦《漢城新報》雜報欄刊登的「問題事件」如何與情感修辭相結合，共同形構出朝鮮的負面形象。尤其重點關注《漢城新報》這一媒體如何構想和體現一套批判的邏輯，將朝鮮人和朝鮮是需要接受「啓蒙」的對象這一觀點合理化。爲了部分論證的需要，本文將一同比較《漢城新報》與同時代發行的

10　關於在《漢城新報》雜報欄新聞中被形塑和傳播的「問題朝鮮」形象，
　　可參考拙文〈「事件化」的日常和「活字化」的近代：近代初期婚姻和
　　女性的身體與性──《漢城新報》（1895~1905）「雜報欄」呈現的近
　　代〉（《韓國古典女性文學研究》第 29 輯，韓國古典女性文學會，
　　2014）。有關《漢城新報》的研究文獻可參考該文的第 233~234 頁。

《皇城新聞》，《帝國新聞》和《大韓每日申報》[11]的異同。在這一過程中，筆者將指出《漢城新報》表面上致力於批判解讀朝鮮風俗和文化，實則旨在以此爲名，誘導並持續強化讀者對朝鮮人和朝鮮文化致以鄙視與厭惡的目光。這體現了《漢城新報》運作的情感政治的實質。

另外，《漢城新報》不僅在報導朝鮮新聞時傾向於呈現「批判的目光」和「否定的感情」，在報導中國（當時的「清國」）新聞時同樣使用了類似的貶抑手法。透過分析這一現象，筆者試圖說明《漢城新報》透過將日本定位爲近代啟蒙的主體，將韓國和中國設定爲「無知・淫亂・墮落・腐敗」的應當接受批判和啟蒙的對象，充當了在東亞範圍內發送情感政治信號的媒介。這有助於我們論證鄙視和厭惡的情感是一種可以被複製並擴散轉移的文化媒介。最後，筆者將分析與此關聯的性別不平等和女性視線的存在和干預的現象，以反思在近代初期得以形成和強化的啟蒙行爲和論述的內在矛盾和悖論。

雜報欄裡的事件與情動記述：
「厭惡」的政治學

《漢城新報》的雜報欄以刊登朝鮮的日常事件爲主。相較之

11　譯者注：《大韓每日申報》創刊於 1904 年 7 月 18 日，由英國人裴說（Ernest Thomas Bethel）投資創辦並任社長，由朴殷植、申采浩等人擔任主筆，1907 年後形成了英韓中一式三版的文體格局，是當時發行量第一的大報。1910 年被日本人收購，改名爲《每日申報》，成爲朝鮮總督府的官媒。

下，同時代的《皇城新聞》（以漢韓文體爲主）和《帝國新聞》
（以韓文體爲主）的雜報欄則更多地報導了與政策和政府，機
構，官吏，團體，學校（教育）有關的新聞。另一不同之處是，
這兩種報紙的雜報欄以陳述事件的短型新聞爲主，而《漢城新
報》的雜報欄則以敘事的中長型新聞爲主。

　　《漢城新報》雜報欄特有的取材和報導方式將朝鮮的日常
「事件化」，促使讀者產生一種「朝鮮大有問題」的印象。「敘
事」作爲一種新聞表述方式被加以強化，這有效地刺激了讀者的
好奇心和興致，使讀者不太去關注新聞中的「須知常識」或「資
訊」。而窺探他人私生活的好奇心和有關事件過程的刺激性描述
則促進這一閱讀效果的形成。[12]

　　從刊載日常生活和私生活事件，到報導腐敗無能的官僚和政
治家，以及墮落的制度和行爲，《漢城新報》塑造出有關朝鮮的
負面認知，並將這一輿論觀點加以擴散。讀者在瀏覽雜報新聞的
過程中，不僅逐漸認同了與墮落・腐敗・野蠻・淫亂相關的朝鮮
形象，而且不斷重複加深厭惡朝鮮的看法[13]。雖然雜報欄偶有刊

---

[12]　《萬歲報》從 1906 年 6 月 29 日起透過〈各紙之論〉的欄目對同一時期
　　的《皇城新聞》，《大東新聞》，《漢城新報》（又曾名爲「漢城新
　　聞」，筆者注）和《大韓每日申報》等報紙的主要基調進行了比較，在
　　此不一一詳述。

[13]　《漢城新報》和《大韓每日申報》的態度截然相反，後者批判日本一邊
　　自詡在協助韓國，一邊卻事事自作主張的虛僞面目。「大凡日本聲稱要
　　維護韓國，卻總是違背朝鮮人的意願強硬施行。這恰似英國曾經對埃及
　　所做的行徑。」（論說：〈英日比較之事〉，1904.9.14）。另外，《大
　　韓每日申報》刊登的評論〈日本對韓國之政策〉（1904.11.2）將日本
　　《每日新聞》評論欄目上刊登的評論日本對韓政策的內容作爲「公報」

載朝鮮的「佳話」新聞，但比起喚起負面感知的新聞而言，其數量屈指可數。下文將透過分析雜報欄「報導書寫」的方式和修辭學[14]，考察《漢城新報》所製造的輿論現象和政治效果。

來刊登，批判日本與韓國訂立的條約內容和日本的實際行動不相符。《漢城新報》則無類似的批判立場。

正如學者斯圖亞特・霍爾所言，雖然在新聞產生的過程中，新聞價值體系看起來是中立和工具性的，但實際上新聞透過「自然」地關繫起故事，事件和人，賦予匿名事件以社會特性，地位和位置，使得其非人格化的歷史力量背後隱藏了一種「劇本」或「人為的關注」。在意識形態上，新聞的價值取向終究是不可能中立的。（林永浩編譯，《斯圖亞特・霍爾的文化理論》，Han Narae，1996，第 324~325 頁）。根據霍爾的觀點，那些認為媒體論述能客觀反映現實的觀點是自然主義式的幻想，現實才是媒體論述製造的意義效果和產物。（朴善雄，〈斯圖爾特・霍爾的文化研究：意識形態與再現的政治〉，《經濟與社會》第 45 號，批判社會學會，2000，第 158 頁，腳註 4）。

[14] 有關近代媒體「書寫」的研究主要聚焦於「論說」或「敘事」上，而關於報導日常事件的「雜報新聞」則幾乎不被納入到「書寫」或修辭學的研究視野中。在有關近代報紙或媒體的研究領域裡，傳達知識分子啟蒙論述的論說或小說，和與此相呼應的讀者來稿，以及文藝欄刊載的懸賞徵文等一直是學者主要關注的研究對象，「雜報新聞」研究的缺乏與這一研究動向不無關係。有關近代媒體上出現的論說式書寫與敘事式書寫的研究可參考金榮敏（〈近代轉換期的「論說式敘事」研究〉，《東方學志》第 94 輯，延世大學國學研究院，1996），韓基亨（〈新小說形成的形式基礎：以「短篇敘事」和新小說的關係為中心〉，《民族文學史研究》第 14 輯，民族文學史研究所，1999）等先驅成果。有關女性（讀者）的書寫或近代書寫的性別研究可參考李景河（〈《帝國新聞》女性讀者來稿中的近代啟蒙論述〉，《韓國古典女性文學研究》第 8 輯，韓國古典女性文學會，2003），金福順（〈近代初期母性論述的形成和性別化策略〉，《韓國古典女性文學研究》第 14 輯，韓國古典女性文學會，2007），洪仁淑（〈近代啟蒙期知識、女性、書寫的關

妖惡‧野蠻：迷信與無知的日常／風俗

《漢城新報》登載了有關女巫和盲人算命師的新聞，稱其弄虛作假，妖言迷惑前來求助的委託人。女巫和盲人算命師被描述為引發「問題事件」的罪魁禍首。他們擾亂人心，引發社會不安。這些新聞每每以他們被（或即將被）警務廳拘捕的下場結尾。

> ①真靈君不知何許人也。據傳乃一老巫女。（中略）其深信自帶鬼神威嚴，早期常出入於宮中，自詡靈驗無比，裝神弄鬼，妖言惑眾，左右宮內利害關係，一時朝臣莫不賄賂巫婆以求免災。據說其以淫亂之神禍害世間之罪實不算小。去年六月宮中察覺其奸詐，朝廷商議將巫婆緝拿處死。

係〉，《女性文學研究》第 24 期，韓國女性文學學會，2010）等代表性成果。近年出版的《《帝國新聞》與近代》（近代初期媒體研究會，現實文化出版社，2015）第一章以性別視角檢視了近代報紙的情況。此後相關研究逐漸增多，可以說這些成果帶領了有關近代媒體書寫研究的發展。筆者最近發表的拙文以《漢城新報》為研究對象，全面考察了論說、雜報、外報、官報、廣告、小說等各種欄目，指出在同一份報紙中，或者在當日報紙的各個欄目中「啟蒙」的論點各不相同的現象。（〈「啟蒙的悖論」和「敘事的近代」的多重性：以《帝國新聞》(1898.8.10.~1909.2.28)的「論說‧小說‧雜報‧廣告」欄和「（古）小說」為例〉，《古代小說研究》第 42 輯，韓國古代小說學會，2016）。

——〈妖巫真靈君〉《漢城新報》1895.9.9，第 2 版[15]

②待舉行葬禮並安葬父母後，府中上下竟皆染上傷寒，且多有病重者。遂問卜巫女，巫女稱此乃將父母安葬於村中所致，勸遷葬他處為妙。（後略）

——〈妖言亂道〉1897.1.10，第 2 版

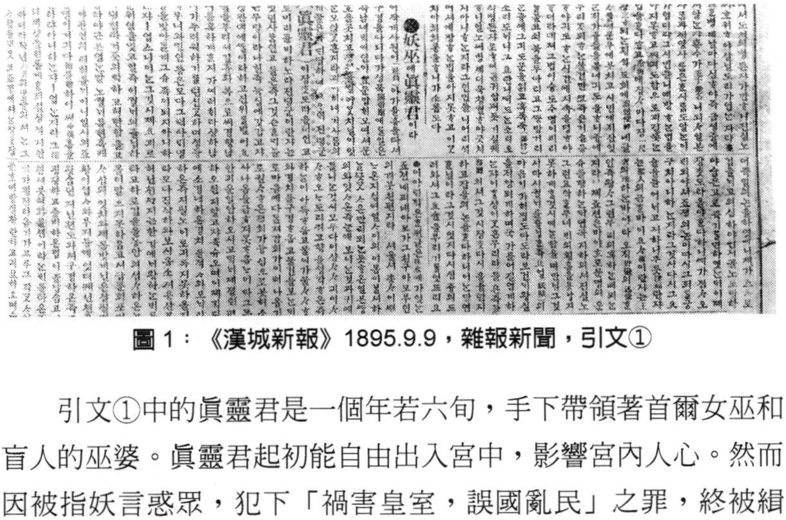

圖 1：《漢城新報》1895.9.9，雜報新聞，引文①

　　引文①中的眞靈君是一個年若六旬，手下帶領著首爾女巫和盲人的巫婆。眞靈君起初能自由出入宮中，影響宮內人心。然而因被指妖言惑眾，犯下「禍害皇室，誤國亂民」之罪，終被緝拿。雖然沒有詳述眞靈君「弄虛作假」的具體事例，但是宮內最終商議將以殺人罪重判眞靈君（「朝廷商議將巫婆緝拿處死」）。引文②報導的則是當事人將父母安葬後，家人均染上傷寒，女巫勸其「改葬」，由此引發了村民相互衝突的事件。

15　本文引用的新聞均出自腳註 6 中的影印本。筆者根據現代韓語的語法及拼寫法複述了原文意思，並修改了影印本中出現的錯字。

　　下至百姓日常，上至朝廷事務均牽涉在案，當時巫婆的影響
力可見一斑。從詢問酒味的變化（〈舞祝酒甘〉1897.1.12，第 2
版），問卜僕人的婚事，預測年輕寡婦來年運勢（〈命之窮〉
1896.11.20，第 2 版；〈大哥妙計〉1896.11.26，第 2 版），求問
病情（〈風聞失實〉1897.1.10，第 2 版；〈妖言亂道〉
1897.1.10，第 2 版）等等，人們對巫婆的需求可謂五花八門。

　　在上述事例中，因憑空開處藥方或為求目的行騙作假卦，或
借占卜掠取錢財（〈妖言拿引〉1897.10.28，第 1 版），巫婆成
為了眾矢之的。百姓期盼透過巫婆的「預言」或「藥方」來解決
現實問題，巫婆卻只是為求個人目的而胡亂占卦，或捏造「命數
／占卜」來行騙。

　　比起從風俗的層面批評那些問卜的百姓或日常，這些新聞更
為集中批判的是巫婆，盲人算命師，占卜師等具體的個人。怪
異、奸邪、野蠻、妖孽、妖惡、迷惑等帶有否定意味的情感修辭
被運用到描述這些事件和當事人之中。[16]委託他們占卜的百姓被
定位為受害者，而不是需要「教化」或者「批判」的對象。[17]

---

[16]　《漢城新報》在報導巫女，巫婆和盲人算命師的新聞時運用了情感修
　　辭，而《大韓每日申報》在報導同類新聞時卻以提供事實信息為主。例
　　如，《大韓每日申報》的雜報新聞〈通禁雜術〉（1904.8.23，第 2 版）
　　以事實報導為主，未見有關情感反應或敘事趣味的表達。其它例子可參
　　考《大韓每日申報》1904 年 9 月 7 日第 1 版雜報欄的〈妖巫被捉〉
　　等。

　　另外，《萬歲報》的雜報欄也刊登了與巫女有關的新聞，如〈妖巫劫
　　匪〉（1906.7.4，第 3 版）的題目所示，此處指稱巫女時同樣使用了
　　「妖」字。

[17]　朴愛景曾撰文探討了《漢城新報》將巫女與妾，妓女等表述為「野蠻象

　　這些新聞揭露了迷信群眾的無知，但同時也是一種「提喻」，[18]用來批判朝鮮整體的文化和風俗。透過預設逮捕巫婆和盲人算命師這些個體便能杜絕妖惡行徑，公權力介入到迷信和巫婆之中，以此賦予了官方控制與管理百姓文化的正當性。這種論點成為了合理化監視，審查和控制，以及擁護警察國家的邏輯基礎。

邪惡・淫亂：淫亂的性關係／性生活

　　在《漢城新報》的雜報欄裡，以「問題式」的口吻描述家庭或個人性生活的新聞佔了較大的比重。從最常見的婚內出軌（〈姦夫被辱〉1896.11.10，第 2 版），到已婚男女通姦，姦夫被殺（〈姦夫被殺〉1896.11.14，第 1 版），丈夫因妻子私奔而獲得補償（〈勿為蕩子妻〉1896.11.14，第 2 版），拋棄家庭的女子被大加責難（〈失節蔑倫〉1896.11.28，第 2 版）等等，新聞的內容範疇和事件類型可謂繁多。如果我們將《漢城新報》雜

徵」的現象。（可參考〈作為野蠻象徵的女性少數群體：以《帝國新聞》中出現的妾、女巫、妓女論述為中心〉，《女性文學研究》第 19 輯，韓國女性文學學會，2008，第 3 章）。

18　筆者認為近代論者以報紙的論說欄為主要分析對象，將論說欄的啟蒙論述當做是近代啟蒙論述的整體，而忽視了小說欄・雜報欄中出現的各種有關啟蒙的表述。以「部分」代替「整體」的「提喻式修辭」正是反映了這種認識方式的錯誤之處。有關論證詳見筆者的學術會議發表稿 *How "the Old" became the "Backward": The Confusion and Paradox of Modernity written in Jekuk-Sinmun* (AKSE in Bochum 2015, Ruhr-University Bochum, 2015.7.13.)，第 2~3 章。

報欄裡刊登的朝鮮家庭、夫妻、性、私生活新聞瀏覽一遍的話，會錯以爲大多的朝鮮家庭皆違反倫理和法紀，朝鮮的社會也是充滿「邪惡」與「淫亂」的風氣。[19]

〈多情男子〉（1903.8.13，第3版）講述了原配妻子與姦夫暗結珠胎的事件。原配因丈夫納妾而「妒火中燒」，對丈夫和愛妾大加阻撓，最終導致丈夫與愛妾生離死別。記者描述了丈夫傷心過度，精神失常（成狂）的樣子，以及周邊群眾認爲丈夫的遭遇實在「可憐不堪」的反應。可見，該報導認爲問題的根源在於既與姦夫私通又嫉妒丈夫愛妾的「沒世惡妻」。「邪惡」，「淫亂」成爲報導焦點，並且只用於描述女性。

另外，瀏覽《漢城新報》的雜報欄，讀者會以爲朝鮮的家庭生活之所以日漸敗壞，是因爲性慾的無節制，夫妻倫理的缺失和家風的衰落。仍舊存續的蓄妾制度，唯利是圖的妓女等等，這些「誘惑者（對象，機構，國家）」正是問題的所在。這種輿論走向最終誘導出一種認識效果，即正是「性關係的紊亂」，尤其是「女性」的荒淫導致了朝鮮人的性墮落和倫理敗壞。

在一則叫做〈蕩子窮途〉（1896.11.28，第2版）的雜報新聞中，一名叫做甲（音譯）的男子不敵妓女玉紅（音譯）美貌的誘惑，最終爲此蕩盡家財。新聞從講述甲何以落得「瞎了一隻眼睛，瘸了一條腿，衣衫襤褸，頭戴破帽，在開城府乞食」的悲慘現狀開始。但比起概述事件的經過和相關訊息，記者更多著墨於妓女的身世和美貌，以及被妓女誘惑的男子心理活動等，以此突

---

[19] 有關內容可參考拙文〈被「事件化」的日常和「活字化」的近代〉（2014）。本節以「情感修辭」爲關注點，僅分析以往研究文獻中沒有提及的新聞。

出敘事的趣味性。這無疑是當時《漢城新報》報導性生活新聞的典型方式，即以極為煽情和通俗的緋聞為主要題材，將「誘惑他人的女性」視為「邪惡淫亂的女性」，並進一步將其鎖定為危險人物。透過反復編排同類型的新聞，《漢城新報》形構出朝鮮淫亂的形象。雜報新聞採取既獵奇亦批判，既煽情亦寫實的報導方式，這正正暗示了《漢城新報》本身對朝鮮採取的雙重態度。

③ⓐ近日傳言紛紛，稱將設置娼妓會社或歌舞戲台，亦有稱將建造三牌都家[20]，然均只聞其聲，不見詳細舉措。ⓑ歌舞戲台必然要招募能歌善舞之美人，以嫻熟表演飽觀眾之眼福（中略），ⓒ然不論如何，追捧女樂乃禮儀之邦淪為鄭衛之邦[21]之根源。ⓓ接待貴客，不設女樂尚能免於責備。若提供女樂，雖才情出眾，能助興增色，然最終也不因此獲得誇讚。萬一才華欠缺，則反而當場淪為笑話。事後人們將作何種議論？因此歌舞戲台無勝於有。ⓔ若以賣淫之事論之，單單一人賣淫便已是極為低賤之風俗與醜惡之行為，更可況是以會社形式擴大之。以都家之名義，控制女妓人生自由，傳授惡習與醜行，怎可稱之為優良教化。ⓕ即便當今世界保留此等風俗的國家尚算多數，但國家越是文明，越能深知此乃不良教化。好事不學，偏偏先

20　譯者注：「三牌」指朝鮮晚期妓女位階中處於最低位階的妓女，以從事賣淫為主。「都家」意謂朝鮮時期市廛中負責會議與處理公務的辦事處或廛契的公共倉庫。

21　「鄭衛」是春秋時兩個國家的名稱，因兩國的民間音樂淫靡，故將擾亂民心的靡靡之音稱為鄭衛之音。（筆者注）

學壞事。西人最近廢除蓄奴制度，以解放人生自由，如今
束縛奴役之法不復存在，此乃古今稱道之改革。所謂會社
和都家原是物品買賣場所之名稱。如今連同人命和物品一
起販賣，以會社或都家命名之，不由人不難過歎息。最近
聽聞妓女與三牌尚有覺醒者，多有歎息連連，默默哭泣。
偶有想起此番情景，便覺寒心與可憐。

　　　　　　　　——〈娼妓會社說〉1902.8.24，第 3 版

　　《漢城新報》雜報欄裡關於妓女的新聞既隱含著否定的基
調，同時也不乏對趣味性的凸顯。[22]後期《漢城新報》的關注焦
點似乎從妓女本身轉移到制度的管理層面上，引文③便是其中一
例。該報導圍繞妓女的社會化管理或制度待遇變化的趨勢，介紹
了日後開設「娼妓會社」，「歌舞戲台」或「三牌都家」的傳
聞。在說明了有關妓女制度化的傳聞後（ⓐ），該文詳述了這些
傳聞的可能性（ⓑ），並附上對制度的批判性見解（ⓒⓓ），以
妓女本人的口吻批判了妓女制度化的嘗試（ⓔ）。雖然這則新聞
的主要內容是批判妓女制度（ⓒⓓⓔ），但透過透露關於制度設
立的風聲，滿足了部分讀者追求刺激和趣味的需要。這則新聞的
構成方式可以說是扼要地體現了《漢城新報》策劃雜報欄的深層
意圖。

　　《漢城新報》上有關性生活的新聞塑造了朝鮮社會邪惡淫亂
的形象，並將問題歸咎於「妓女」身上。這正是將社會問題置換

---

[22]　「妓夫開設飯館，妓女和美食一起可謂大有看頭。」（〈妖魔有窟〉
　　　1896.9.22，1 版），透過此類報導可以看出新聞與廣告之間的區分是比
　　　較模糊的。

爲性／別問題的典型的偷梁換柱。透過描寫「低賤」、「痛苦」、「眼淚」、「寒心」、「歎息」、「可憐」等情感反應，這些新聞報導既提供了揭露隱秘私生活的刺激性，又帶動了同情與嘲弄墮落朝鮮的鄙視情感的產生。可見，作爲新聞描述的對象，媒體（記者、報紙、日本）始終以「位階化」的方式看待朝鮮（人和文化）。

兇惡・強暴：
憎惡與暴行，「錢（債）」與詐騙／盜劫

　　《漢城新報》雜報欄中有關暴行和詐騙的新聞大多與「酒色之事」相關。值得注意的是，在這些新聞裡，士兵、義兵、巡檢等作爲施暴的當事人登場，他們不滿自身地位隨社會變動而下降，爲此心生怨念。

　　④自古以來，培養士兵便有助長其傲慢之一面。士兵身穿制服來到村莊，或耍酒瘋，或打人，或威迫擄掠，作惡多端卻無人能阻。然自巡檢設立以來，士兵再有作惡者，巡檢則捉拿其押至營門，士兵因此對巡檢懷恨在心。（後略）

　　──〈巡檢和丙丁的是非　承前〉1895.10.5，第1版

　　⑤匪徒厲聲喝斥，曰「此大逆不道之徒，竟敢藐視義兵」。隨即擒綁洪氏，拖至三門外當場毆打致死。洪氏之子自邑城追至門外，目睹其父慘狀，伏在屍身上痛哭至暈

厭。盜賊喊道，「留此人活命則必有後患」，遂殺害洪氏
之子。守令父子管治邑城有道，卻一同無辜遇害。看者無
不惋惜，互相憐嗟道：「義兵惡行，天必知之」。
　　　　　　──〈洪鐘憲父子遇害〉1896.6.10，第 2 版

　　引文④講述了身穿制服的一名士兵毆打了另一名士兵，巡檢
介入其中，並發生了一連串侮辱，誹謗，毆打等暴力行為。記者
認為事件乃因士兵眼見自身的權力（文中表述為「越權」）受到
巡檢管束，而對其懷恨在心所致。記者將士兵描述為「作惡」
者，而巡檢則是「維持正義」者，是因為預設了維護百姓利益是
巡檢的工作和義務。「唯獨巡檢受傷了，怎能不感到悲痛」，這
種表述以情感反應的轉述取代了對事件的評價。

　　引文⑤的匪徒假借義兵之名闖入官家索取錢財。匪徒喝斥
「大逆不道之徒，竟敢藐視義兵」，以洪氏無視義兵之名將捆綁
洪氏的暴行合理化。

　　兩起事件背後暗藏著的士兵（勢力）被削權後的失落感與
「憎恨」巡檢的惡意，以及冒充義兵的匪徒因遭到社會的蔑視而
生起的「反叛心理」。當時匪徒冒充「義兵」的事例常見諸報
端，這反映出義兵的自我認知和社會評價之間出現了裂痕，矛盾
和仇視心理於此形成。雖然無從得知上述報導中義兵的真實身
分，但可以確定的是，這些事件折射出他們無從適應，以及反感
於既有的社會地位與認同圈子因社會變動而遭到連累的心理。

　　引文④和⑤的暴力動機均在於抵抗社會變動所導致的權力削
弱。假如說引文⑤中的義兵以「掠奪錢財」為目標，那麼引文④
的暴行則是毫無來由的，僅僅是源於被社會剝奪權力後的失落感

和憎惡心理。《漢城新報》將此描述為「兇惡」和「強暴」的暴力或詐騙事件，透過援引周邊群眾的情感反應來調控事件的輿論風向，試圖引導社會普遍的認知氛圍。[23]

　　與暴力事件源於憎惡和反抗心理不同，在詐騙事件中，「錢」成為了重要的中介物。在新聞〈假稱日人的朴某〉（1895.11.21，第 1 版）裡，釜山東萊朴某冒充日本士兵，寄身於寡婦之家，並變賣典當其家具雜物。雖然報導關注的是詐騙人的行蹤，但透過突顯朝鮮人冒充日本人之罪行，傳達了「羞恥的朝鮮人」的形象。[24]而寡婦決定向警務廳申訴朴某的情節，則塑造了警務廳救助「身陷危險的朝鮮人」的形象。

　　在上述暴力和詐騙事件中，「去死吧」、「要殺死你」、「該死的傢伙」等辱罵和誹謗的修辭穿插其中，「兇惡」、「憤怒」、「無禮」、「恐嚇」、「傲慢」、「劫掠」、「作惡」、「悲痛」、「可憐」、「胡鬧」、「凌辱」、「離奇」、「白癡」、「強盜」等帶有負面含義的情感表述亦輪番上場。《漢城新報》透過刊登「男性」之間涉及錢財和利益的話題新聞，逐步形成了一種視朝鮮社會為「相互鄙視」與「凌辱的」，「令人憎惡的社會」的論述氛圍。

23　不僅是《漢城新報》，《帝國新聞》和《皇城新聞》等有關「義兵」的新聞亦遵循了一定的敘述方式。因報紙立場不同，敘述「義兵」的視角也稍有差異。有關分析需撰文另議，在此暫不詳述。

24　在《萬歲報》刊登的雜報新聞〈假稱日人〉（1906.7.14，3 版）裡，一醉漢身穿日人服裝，說著日語去敲清人的大門。巡檢發現後，詢問其名字，遂揭穿其為韓人。清人要求巡檢逮捕醉漢。記者敘述道，「圍觀者說道，清人亦畏懼日人」。

冤屈・氣憤：腐敗・無能・墮落的政治／官僚

　　《漢城新報》雜報欄刊載了有關腐敗墮落的官場常態或無能官僚的軼事。不僅詳述了政界和官僚腐敗墮落的情況，還突顯了百姓面對這一現狀的無力感和否定方式，並描述了人民冤屈和氣憤的情感反應。《漢城新報》透過轉達人民的情感訴求，誘導讀者形成有關朝鮮官僚和政治的負面共識。

　　⑥郡守大怒，聲稱將捉拿僧人。眾僧人均懼怕之，已有80 餘名倉皇逃跑。寺中空無一人，念佛聲休止，佛堂一片死寂。元山兵站部日本陸軍中衛林豹之助四處遊歷，行至榆岾寺，見寺內寂然，只剩官屬[25]看守。林中衛詢問事由，得知事件經過，聞僧人皆已逃入深山。此話與來自元山的友人信件裡的內容果然一致。高城郡守可真乃暴虐可憎也。

　　——〈金剛山僧侶深受郡守暴政之苦〉1895.9.11，第 1 版

　　⑦百姓向權貴賄賂數千兩。近日有傳已下達洗脫權貴罪名的批旨。雖不知消息真偽，然成川浦落[26]理應少繳賦稅，本應減稅之事卻先以金錢賄賂代為保證之，怎不能令人痛惜。聽罷客言，心中甚是悲涼。全州不過離都城二百里，乃王之教化所及之地，何以竟會發生如此事哉。定是當時

25　譯者注：官屬一詞為地方官廳的衙史和僕人的總稱。

26　「成川浦落」指農田被流水沖刷導致流失。引文稱因土地部分流失，所以農民理應少繳賦稅。

不得意之人造謠，被登載於報。

　　　　　　　　——〈全州客語〉1896.10.14，第 2 版

　　引文⑥記述了在寺廟近處遊覽的日本人（兵站部日本陸軍中衛林豹之助氏）舉報高城郡守為了侵佔寺廟的利權，捆綁僧人，強徵稅款的惡行。引文⑦反映了觀察使毫不體察民情，只懂墨守成規、官僚權貴收受賄賂以平息事態等，由此揭露了朝鮮社會墮落、無能與懶惰的現象。

　　當時《帝國新聞》和《皇城新聞》亦刊登了與官僚相關的新聞。

　　⑧昨日縉紳六十餘名擬聚集平市署[27]議論政事，臨行前詔書下達，遂告解散。

　　　　　　　　——《帝國新聞》1898.11.7，第 4 版

　　⑨雜報（政府所議）外部大臣朴齊純早前在政府共議，「要停止民會一事，只能按民會百姓的意願執行，別無它法」。閔泳綺道，「我也是三名參與其中的大臣之一，我願因此辭官。」外部大臣又道，「免去警使官職。」警使慍怒，面露不悅，其舅韓奎卨氏斥責道，「免職已算從輕發落，汝立即退下。」令其謹遵奉公。

　　　　　　　　——《皇城新聞》1898.12.15，第 3 版

27　譯者注：平市署是朝鮮後期設置的官廳，負責管理市場裡的大商鋪「市廛」和與物價等相關的事務。

　　關於官吏與政客的新聞常見於雜報欄，可見這是當時公認的社會問題。在這一方面，《皇城新聞》和《帝國新聞》比較重視公開政府或協會等機構的官方日程，包括刊登讚揚官員仁政（〈天賦之性〉，《皇城新聞》，1898.12.15）的新聞等，但《漢城新報》則把焦點放在官吏的墮落或制度的腐敗落後等負面現象上。在報導問題事件時，《皇城新聞》和《帝國新聞》也著力於呈現事件經過和相關事實，而《漢城新報》則會利用情感修辭和強化敘事的方式把事件包裝成一則「軼聞」。

　　《皇城新聞》或《帝國新聞》對相應法律處罰和行政措施的落實表示期待，體現了其信任朝鮮政府發現並解決問題的行政管理能力，並期望知識分子能加以糾正。然而《漢城新報》則是透過在報導結尾傾吐人民作為受害者的冤屈之情，著力將充滿批判和負面色彩的情景表述為「日常的現場」。另外，《漢城新報》還透過強調人民因腐敗和墮落的官吏而蒙冤的情感，試圖在情感層面上將讀者對朝鮮日常的理解往否定的方向引導。這有效激發了讀者的情感回應，並最終在讀者層中烙下關於朝鮮的負面印象。

製造「厭惡」的「負面情感」的連鎖／循環與「嘲弄／同情」的情感政治

　　《漢城新報》的雜報新聞將朝鮮整體描述為問題嚴重的空間與令人不安恐怖的現場，墮落和腐敗的現實充斥其中。從每篇新聞報導所使用的「情緒（emotion）」和「情感（affect）」修辭可知，《漢城新報》作為媒體本身與其說是在「客觀呈現」事

件，不如說是在表述層面上探索如何將事件重構為蘊含意義和價
值傾向的評論型事件。

　　《漢城新報》雜報新聞將朝鮮形塑為「問題社會」，並在修
辭層面上藉由在報導結尾處轉述現場目擊者歎息和嘲弄的反應，
以向讀者「論證」這些事件確實大有問題。負責評論的記者與發
生問題事件的朝鮮保持距離，由此賦予了自身評價事件的依據和
資格，這背後自然有報紙的媒體權力為其撐腰。

> ⑩客問於其友曰。「近日有滋甚之惑焉者。余家貧無以自
> 資，有若干薄土文券，欲典質得債，往問於有錢者，再三
> 懇囑，卑辭苦語。有錢者若有不豫色，曰『近日財政非但
> 極荒，不動產文券中，除非家屋，誰肯典執。』終不肯
> 施。又問於他處，亦不肯施。非但不肯施，還若有苦惱他
> 懇乞意。幸其從他而求貸焉。近日廣告上，兄弟叔侄間浮
> 浪悖流，偽造田券，意欲得債。敬告內外國人勿為見欺者
> 非一二。其偽造不動產文券，內外國人豈有典執之理。若
> 其不肯典執，告白者必不廣告之。種種廣告者，抑或有典
> 執之人而然歟？此吾所以訝惑也。」（後略）
> ──〈論說：浮浪廣告可發一歎〉，《皇城新聞》
> 1901.5.31，第 2 版

　　《漢城新報》並不致力於「理性地傳播」朝鮮文化和風俗或
向讀者「尋求共同的對話」。相比而言，同樣是處理「墮落」或
「腐敗」事件，《皇城新聞》則會在論說欄裡將這些事件當作是
用於理性爭論、商討、批判和思考的對象來公開探討。在考察朝

鮮風俗時，《皇城新聞》更致力於表達明確的批判論點和爭議焦點，將批判作爲報導的第一要義。[28]

　　與此不同的是，《漢城新報》透過雜報欄上極具煽動性的新聞，將朝鮮的文化當做緋聞題材處理，以質疑的口吻進行表述，彰顯了報紙本身試圖傳播朝鮮負面形象的一貫態度。記者在報導中頻繁動用情感修辭，這成爲了一種固定的表述模式。也就是說，透過在新聞表述中加入情感修辭以及在新聞結尾處轉述周邊群眾對事件的情感反應，《漢城新報》把在朝鮮發生的事件視爲一種「把柄」和「看點」，引導讀者接受「朝鮮的日常文化本身是低級的」這樣一種認知。具體來說，這一表述模式由以下幾種形式組成。

　　第一，透過在新聞末尾添加嘲諷朝鮮的貶抑言論，傳遞一種嘲弄朝鮮日常文化的視線。

> ⑪昨夜在三清洞銅盆井上，一對男女卿卿我我，路人目睹
> 其狀，不禁大爲驚訝。遂屬聲驅趕之，二人各自逃去。此
> 類人等與禽獸有何異，可謂滑稽可笑也。
>
> ──〈期我桑中〉1896.9.10，第 2 版

---

[28] 當然，《皇城新聞》的論說欄中也會出現論點前後不一或論據不充分的情況。然而筆者研究所見，該報論說欄始終秉持著「有條理地」，「理性地」分析事件，問題和論點的基本態度。

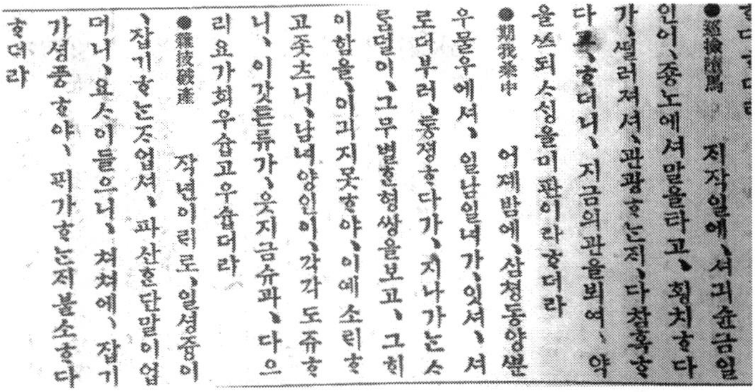

●通信留聞

지작일에、셔귀슌금일
인이、종노에셔말을타고、칙쳐ᄒᆞ다
가、셔러쳐셔、관팔ᄒᆞ눈지、다쳐복ᄒᆞ
다못ᄒᆞ더니、지금의관을뷔여、약
을쓰되ᄉ신울미관이라ᄒᆞ더라

●期我案中

어제밤에、삼셩동양뿐
우물우에셔、일남일녀가、잇셔、셔
로더부러、둉졍ᄒᆞ다가、지나가눈ᄉ
ᄅᆞᆷ이、그무별ᄒᆞᆫ형샹을보고、그히
이함을이、ᄀᆞ디지못ᄒᆞᆫ야、이에소리ᄒ
고못ᄎᆞ니、남녀양인이각가도쥬ᄒᆞ
니、이갓튼뉴가、웃지금슈파、다으
리요가최우숩고우읍더라

●雜捄賤產

ᄌᆞ년이러로、일셩즁이
잡기ᄒᆞ눈것엽셔、파산호단말이엽
더니、요ᄉᆞ이물으니、쳐쳐에、잡기
ᄒᆞ더라

圖2：《漢城新報》1896.9.10，雜報新聞，引文

　　上述引文記述了男女二人的淫亂行徑，將他們比喻爲「禽獸」，並嘲諷其「滑稽可笑」。在前文引述的〈假稱日人的朴某〉（1895.11.21，第 1 版）中，也同樣地宣稱謊報官職的朝鮮人爲「天底下的大笑話」。《漢城新報》透過在描述問題事件時加入否定的情感修辭來醜化事件。雖然事件本身確實有問題，但當一併附上將朝鮮人與「禽獸」等同視之的「貶抑言論」後，朝鮮多有「可笑之人」的印象便顯得十分順理成章。

　　第二，在報導問題事件時表達羞恥和同情，這也是催生朝鮮負面認識的一種方式。例如，在〈夫也不良〉（1896.9.18，第 2 版）裡，釜山孫氏因好賭而傾家蕩產，於是變賣妻子的首飾，妻子反抗卻遭孫氏家暴。妻子悲觀不已，後投江自盡。記者對此評論道，「哀哉。孫氏爲人處事非大丈夫所爲，與家中婦孺爭吵，斤斤計較，何以如此恬不知恥」。事件中人物不知「羞恥」，「羞恥心」被置換成了一種表示「否定」，「責難」和「厭惡」的情感。

　　在〈寒士投河〉（1896.9.16，第 1 版）中，被譽爲神童的徐

晉士（音譯）才學兼備，卻因家境貧寒最終投江自盡。記者評論道，「哀哉。書生境況如此潦倒。一起爲天下懷才苦讀之人放聲痛泣吧。」雖然這則報導同情因貧困而絕望自殺的書生，並爲其哀悼，但其背後隱含的認識前提卻是，人才是被「問題叢生的朝鮮社會」逼上絕路的。

由此可見，雖然《漢城新報》的雜報新聞表達了對問題事件的同情，但背後更多的是透過引導讀者批判性地體會那些墮落和矛盾的，悲情和淫亂的朝鮮日常和文化，來挑起讀者對朝鮮的反感。

第三，雖然《漢城新報》也刊載朝鮮的佳話新聞，但這些報導依舊不忘附上負面的解讀和評論。這實質上是另一種否定評價朝鮮的方式。例如，〈橫城神童〉（1896.6.10，第 1 版）記述了當兒子被譽爲神童後，父母因「感到害怕」而帶著兒子躲藏起來的故事。雖然這則新聞以報導佳話的形式論述，但在結尾處卻提及了有能者遭受嫉妒的社會現狀。這實際上採取的還是否定批判朝鮮的表述模式。

第四，即便是介紹朝鮮人成功解決問題的佳話，《漢城新報》在新聞的結尾卻依然沒有讚歎，鼓勵和認同「朝鮮人作爲解決者的」美德，而是透過再次提及問題人物來重新確認朝鮮的負面性。例如，〈途拾黃金以待主人〉（1896.6.8，第 2 版）記述了當事人拾金不昧，並婉拒失主謝禮的好人好事。記者在新聞的結尾處寫到，「各地方的匪徒和村中盜賊若得知李春卿的事跡，怎能不感到羞愧。若有聽聞者，定能幡然覺悟，心生正氣」。這種再次刻畫村中滋事「盜賊」的敘述方式，實際上意在要令人重新聯想起「問題朝鮮」的風俗。

　　總之，雜報新聞的表述結構所呈現出的批判，責難和負面的情感修辭與各種新聞內容相互交織在一起。這類新聞接二連三地見諸報端，讀者隨之落入不斷重複和循環的閱讀體驗中，對朝鮮只留下負面的認知。

啟蒙・鄙視・厭惡的相互對應
和東亞的情感位階化

　　《漢城新報》雜報欄塑造「問題朝鮮」形象的內容與元素並非只是適用於朝鮮內部。雖然以報導朝鮮新聞為主，但包括中國和日本在內，即所謂的「東亞」新聞也時常見諸報端。連同海外朝鮮人，中國人和日本人的新聞在內，《漢城新報》的關注領域可以說是從朝鮮擴大到了東亞。

　　值得注意的是，《漢城新報》以各種帶有否定色彩的詞彙和情感修辭來塑造「問題朝鮮」的模式，與其貶低當時的中國即「清國」的報導手法十分相似。若連同偶爾刊登的有關羨慕和讚歎日本人的新聞一起，對東亞三國的取材內容和刊登方式做一比較的話，我們會發現《漢城新報》中東亞三國之間存在著一種「啟蒙」的文化位階。《漢城新報》一邊刊登朝鮮和中國的負面新聞，一邊搭配刊載對日本投以羨慕目光的報導。透過這種互為對比的新聞編排策略作為情感政治的中介形式，《漢城新報》讓野蠻與未開化的，「反－近代」或「非－近代」的朝鮮和清國順理成章地成為了讀者鄙視和厭惡的對象。

對中國人‧中國文化的厭惡／貶損
與「韓─中」的同等貶低

　　登載於《漢城新報》的中國成爲了另一個被「厭惡」的對象。在這一語境中，中國作爲與日本和西方有別的文明落後的國家，與朝鮮一同被介紹爲迷信橫行的「風俗野蠻」之國。在《漢城新報》裡，中國與朝鮮同樣無法擺脫被「問題事件化」的目光。以下將梳理目前所見的《漢城新報》中有關清國的負面新聞。

　　第一，《漢城新報》透過登載有違倫常與不良‧薄行‧惡毒事件的新聞，將中國塑造爲人性齷齪，道德敗壞的國家。〈紅顏薄命〉（1896.8.23，第 1 版）講述了苦命少女被父母遺棄在箱子裡的身世，〈兒男薄倖〉（1896.8.23，第 2 版）則記述了男子與有錢寡婦偷情後，帶著家屬到寡婦家索要錢財並辱罵寡婦的事件。[29]記者在新聞結尾「同情苦命少女」，借「世人」之口批判「殘忍兇惡的」，「寡義薄情」的清國男女，實際上以此直指清國無情‧薄行‧不良。

　　第二，《漢城新報》視中國的性文化爲享樂至上和淫亂無道，以否定的口吻公開探討最爲隱秘的私生活。

　　在〈割舌慘斃〉（1896.10.14，第 2 版）中，「心地惡毒兇狠，且荒淫無比」的女子爲了貪圖性的快樂，以女兒礙事爲由，毆打女兒並割下其舌。這是性慾壓倒道德的事例，記者評價該女

---

[29]　除此之外，〈逆婦產蚵〉（1896.8.27，第 2 版）記述了虐待公婆的媳婦因腹痛而死，周遭人心大快的故事。這則新聞成功刻畫了清國有違倫理，人性敗壞的形象。

子殘忍兇狠之程度猶勝毒虎。這一評論形塑了中國享樂大於載德的違天逆理的國家形象。在〈逼妻爲娼〉（1896.12.28，第 1 版）中，上海男子沉迷酒色，試圖逼妻爲娼，並削去妻髮，此舉激怒了岳母。在這裡，沉迷享樂，令人羞恥的丈夫與岳母對女婿無法排解的憤怒情感被包裝成了新聞。[30]

第三，《漢城新報》視中國的日常和風俗爲迷信、未開化、野蠻，以否定的目光看待中國人帶有動物性的習性和充滿神幻色彩的風俗。在〈北京的虎列剌〉（1895.9.9，第 2 版）中，記者從北京新報社的友人寄來的「會報」中得知北京城內怪疾肆虐，病情猖獗。市民不知如何預防，於是便貼上字符，讓僧人念誦經文以求保佑，並燃放鞭炮。記者從「迷信」角度對此事作了批判，透過聲稱日本人和西方人不會染上怪疾，以此將迷信的中國人與日本人／西方人進行區分。報導形容中國人和中國文化「愚蠢」，「可笑」。這些情感詞彙反映了記者對中國的貶抑立場。

除此之外，〈邪狐作祟〉（1896.9.2，第 2 版）講述了官吏殺死妖狐並被妖狐報復的故事。〈桃花秋放〉（1896.9.8，第 2 版）記述了落葉凋零的樹上突然開滿桃花的奇異事件。〈仙蝶飲酒〉（1896.8.23，第 2 版）則報導了飲酒的仙蝶。這些新聞均凸顯了清國仍然是妖狐作怪，各種「奇怪徵兆」驚現的充斥迷信與

---

[30]　〈醜穢之行〉（1896.9.30，第 2 版）講述在海參崴（俄羅斯符拉迪沃斯托克）長大的妻子趁丈夫身在日本期間，「淫慾發作」與人偷情的事件，同樣也是將淫亂女性的性享樂報導成新聞。在這裡，「酒」與「色」被批判爲「淫亂」，除了朝鮮人和中國人外，俄羅斯人也成爲了批判的對象。另外，在講述誘惑他人的清國妓女的〈花叢蠱賊〉（1896.9.18，第 1 版）中亦援引了「多有愚蠢之人」的評語。

幻想的國家。

　　然而總的來說，《漢城新報》透過中國新聞塑造中國人或中國文化負面形象的方式，與前述的將朝鮮日常「事件化」以論證「問題朝鮮」形象的方式是一致的。透過「中國＝野蠻／未開化」，「日本＝開化／文明」的二分法報導方式可知，這些新聞共同遵循的邏輯是崇尚日本，輕視韓國風俗／文化。它暗示了《漢城新報》以「貶抑」，「嘲弄」和「厭惡」情感為主導的文化政治已經成為了一種模式化的，運作井然的「機制」。

　　在〈家雞失蹤〉（1896.12.14，第 2 版）中，清國商人和朝鮮婦人同居（是否為合法婚姻則無從得知），「妻子」以清人「醜陋凶頑」為由逃走，清人日夜哭泣尋找。在這裡，逃走的女人和哭泣的男人分別以無情女人和可憐男人的形象互為對比。「圍觀」群眾報以同情的目光，實則也是另一種貶抑的表現。

　　然而，《漢城新報》將韓國與中國視為問題眾多的國家，以嘲弄和同情的目光表達厭惡和貶低的表述模式亦出現在《帝國新聞》裡。

　　⑫清人原似是不知恩義仁愛之人種，然實情乃是因殘忍無道之法與風俗遺留數千年，百姓飽受其苦，身陷其中，漸變得鐵石心腸，人情淡薄，惡行由此叢生。自殺風俗普遍。若受人侮辱，不與仇人決一死戰，反而引刀自刎，清人皆以為自殺即代表向仇人雪恥，連女子亦持相同想法。
　　——《帝國新聞》〈論說：清人的風俗人情 連續（四）〉
　　　　　　　　　　　　　　　　　　　1902.9.9，第 1 版

　　《帝國新聞》的論說欄共連載了六回〈清國的風俗和人情〉，作者認為「清國的情況與大韓相同」，因此有必要關注清國的風俗和人情。比起作為單純的異國和鄰邦，作者眼中的「清國」更多是批判大韓風俗人情時的參考對象。因此，〈清國的風俗和人情〉將遊歷外國的西方學者「勒羅伊・佛洛伊」所提出的「喚醒東洋論」奉為確鑿的「定論」。西方學者的觀點被當成是有關文明開化的「知識」，而其中對朝鮮和中國的論斷也一同變得可信。該文在以下幾方面批判了清國的風俗與人情。

　　第一，清人「生性守舊」（1902.9.5）。作者批評了當世界各國均在經歷興亡與變革，進步與倒退時，清國卻毅然固守兩千餘年的舊貌，政府和社會毫無進步可言。

　　第二，「清人善於欺騙」（1902.9.6）且「愛好面子」。偷竊的小孩狡辯稱自己只是在尋找東西，或人們以為英國使臣馬卡尼不懂漢文便對其任意捉弄，或存在買官鬻爵的會社等等，這些事件均被作者用來證明清人欺瞞成性。

　　第三，「民生塗炭，卻沒有發生動亂」（1902.9.8）。每年洪水、怪病、糧食歉收等災難發生時，即便出現人命損傷，政府也不去設法克服或改善，反倒推諉是「天災」所致，因而坐視不理。

　　第四，「對死亡若無其事」，存在「自殺的風俗」（1902.9.9）。

　　第五，為了盡孝的祭祀風俗「逐漸偏離本意」，「只追求無用的儀式」；「苛待婦女的文化」將女子困守閨中，令其屈屈寡歡；「賭博」，「吸食鴉片」的惡習難改（1902.9.6）等。

　　第六，相信鬼神的存在（1902.9.18）。作者批判此為迷信之

風俗。

　　以上乃西方學者佛洛伊批判清國的要點。《帝國新聞》認爲這些批判同樣適用於「朝鮮」。[31]然而作者的這些觀點可說是帶有雙重的矛盾。一是他將西方學者的觀點視爲客觀事實，因此將中國文化貶低爲「頑固」和「未開化」；二是他將西方人對中國的論斷，與日本人對朝鮮的論斷等同視之。

　　與《漢城新報》一樣，上述《帝國新聞》的新聞也是在貶抑「朝鮮和清國（韓國與中國）」，但他們傳達這一貶抑視角的方式和貶抑的具體內容是不同的。首先，《帝國新聞》以強調現實觀察的學者報告來批判清國（實質上也包括批判朝鮮），以「論說」這種政論形式表達批判的觀點。而《漢城新報》則以雜報而非論說的形式，或轉載清國新聞，或透過介紹朝鮮人體驗過的負面的清國文化，來引起讀者對清國的反感。[32]在批判手法上，如果說《帝國新聞》運用了學者、知識、西方的觀點，以客觀的語

31　《帝國新聞》其實也有提及清國的正面形象。「生性堅忍，尊重傳統，勤勉謙虛，尊敬父母長輩。這是清人擁有的美德。」這種報導方式與既刊登朝鮮的問題事件，也穿插「佳話新聞」的模式相似。但在數量上，批判韓國和中國的新聞比讚揚的新聞明顯更多。

32　「怪哉。大韓與清國竟出奇地相似。那些罪人敗家亡國，背後依然行貪暴欺詐之惡行。以爲世人不知，實則其乃招致亡國之禍首，即使死千萬遍也不足惜。」透過《帝國新聞》的〈論說：清國賠償金〉（1902.12.3，第 1~2 版）結尾處記者的評論，也可以看出《帝國新聞》視「大韓與清國一致」的立場。

　　另外在《皇城新聞》裡，論說〈鴉片論〉（1898.9.22，第 1 版）批判了清國吸食鴉片的文化，雜報欄（〈清商非理〉1898.11.1，第 3 版；〈清商無信〉1898.12.1，第 2 版）中則批評清國商人舞弊違規，言而無信。相關報導的詳細比較不在本文探討範圍內，故在此省略。

言來批判的話，那麼《漢城新報》則是透過日常和經驗，情感的語言來表達立場。在時序上，《漢城新報》的報導比《帝國新聞》更早出現。《漢城新報》作爲一種文化統治的工具，確立了在情感上貶抑和厭惡朝鮮和清國的邏輯結構。這種由媒體塑造的負面情感認知有可能在當時得到了廣泛傳播。

　　《帝國新聞》和《漢城新報》站在西方或日本的立場上，將朝鮮和中國相提並論。反過來，這樣的邏輯也造成了將西方和日本等同視之的認識效果。換句話說，同等看待朝鮮和中國，也就等於同等看待西方和日本。[33]透過媒體的傳播，鄙視清國和朝鮮，優待日本的新聞報導「自然而然」地構築了東亞三國的位階秩序。

現代性的標準，由佳話形塑的日本：
感歎和羨慕的情感政治

　　在《漢城新報》中，多數有關日本的新聞都帶有肯定的價值判斷和情感修辭。這些新聞主要由日本人的佳話，朝鮮人對日本（人）的羨慕和肯定評價這兩類內容構成。

　　⑬以下轉載一篇身在日本的朝鮮女子寄給其友某夫人的信件。自匆匆離開首爾，到達日本的十餘日裡，此身在宛如

33　與朝鮮新聞的情況相似，有關清國的新聞也並非只有批判沒有誇讚（如《漢城新報》中引述的救人故事〈丁沽雜誌〉（1896.8.25，第 1 版）和報導烈女事跡的〈烈女結項致死〉（1896.8.27，第 2 版）等）。然而如同朝鮮的佳話新聞數量極少一樣，清國的佳話新聞也寥寥可數。

遠在天邊的日本，目之所及，耳之所聽全是新鮮奇異之事。回想故鄉，頓覺蒼茫。（中略）從仁川到日本遊覽，其壯觀和繁忙令人驚訝。在仁川乘坐汽船，船身宏偉如高樓大廈。大門與房間亮麗美妙（中略），人們居住的高樓怡然聳立，道路寬敞有如鐘路大街，路面平整如磨刀石光滑，此非在我國所能尋見。男女來往，物品和服裝，居所均似是經過細緻編排。旅館宏偉整潔，非言語所能形容。
　　——〈朝鮮某女子寄友人某夫人之信〉1895.9.9，第 2 版

　　《漢城新報》刊登了一名「朝鮮女子」的書信來稿，這是該女子描述日本經歷的一封「寄書」。女子坦白道「為了不引起旁人注意」，她從仁川開始便穿著日本服飾，並用「新鮮奇異」、「驚人」、「宏偉」、「亮麗」、「奇妙」等感覺修辭形容自己在日本的見聞。她形容日本「神戶」的街道整潔繁華，感歎「旅館宏偉整潔，非言語所能形容」。透過突顯朝鮮人身臨其境時的直白感言，該新聞誘導了讀者對朝鮮人的見聞產生情感上的認同和共鳴。

　　然而作者在書信中不僅讚歎了日本的風景，在下一期連載的內容裡，還表達了對日本的羨慕嚮往，評價朝鮮風俗「固陋落後」。

　　⑭令我驚訝的是，這裡男女之間相互尊重，所住之屋和居室沒有男女之別。談笑自然暢快，絕無羞愧之態。男女間相互遵守禮儀，行為檢點，和睦相處，實在令人羨慕。另有一事十分奇特，這裡女子也如男子一般，出外時可不披

外衣，自由往來，滿街簪子和裙子穿梭不息。（中略）相形之下，朝鮮「禁錮女子」的風俗真可謂陳腐。朝鮮女子何罪之有，竟遭此苦厄。

——〈朝鮮某女子寄友人某夫人之信〉1895.9.11，第 2 版

　　在引文⑭中，作者描述日本「男女間相互遵守禮儀，行為檢點，和睦相處，實在令人羨慕」，並感歎女性能自由穿著服裝出外的文化，表達了對朝鮮「禁錮女子」的陳腐習俗的不滿。作者從感歎日本延伸到貶低和批判朝鮮的表述脈絡，是《漢城新報》慣有表述模式的一個縮影。

　　在一則題為〈節婦受賞〉（1896.9.30，第 2 版）的報導裡，一日本女子為家庭犧牲小我，20 多年來悉心照顧「雙雙殘疾的丈夫和庶女」。有關節婦和烈女的故事通常是朝鮮佳話的題材，而這篇新聞可以說是一篇符合朝鮮傳統和感性的日本女子佳話。

　　與此同時，《漢城新報》也刊登了認為清國是給朝鮮帶來危害的國家，而日本則是朝鮮的施惠國和夥伴國的新聞。在〈關西嵐影〉（1896.11.10，第 1 版）裡，平壤人對日本友好，對中國則懷有敵意。這裡透過表露朝鮮人仇清和親日的情感，將《漢城新報》的輿論立場亦隱附其後。這亦是媒體善用情感元素的一種文化政治。

　　另一方面，在〈假稱日人的朴某〉（1895.11.21，第 1 版）中，謊稱自己是日本士兵的朝鮮人（釜山朴某）來到寡婦的家裡，冒充日本人，將女子家什變賣典當，「橫蠻無理，辱罵不斷」。冒充日本人這一罪名暗示了一種視日本為值得「羨慕的對象」的心理。日本（人）這一抽象名詞在這裡成為了被罪犯朝鮮

人侵害名譽的受害者。

　　除此以外，《漢城新報》亦刊登了考察海外朝鮮人、中國人、日本人的新聞。共連載兩回的〈東部西比利亞〉（1903.3.15；3.18）記錄了朝鮮人不改變朝鮮風俗和語言，還學習俄羅斯語，選擇歸化或者改信基督教，或爲了刀耕火種時連山林也燒毀等生活情景。而清國人在商業和銀行業裡勤勉奮鬥，積累財富，在海參崴建造清人街，卻無法回鄉與妻妾團聚，死後才魂歸故里等。日本人則是居住在沿海地區，從事偵探或者理髮、照相和其它苦役。報導還稱其爲了履行國民職責，幫助國家發展，即便是中學畢業生也毫不介意委身苦役。

　　〈東部西比利亞，續前〉（1903.3.18）考察了居住在俄羅斯的韓中日三國人民的生計狀況。「很難形容生活在海參崴的朝鮮人的實質。他們既不是教徒，也不是百姓，只是在從事賤役，艱難糊口而已」，由此道出了海外朝鮮人身分模糊，只能從事苦役，生計窘迫的處境。這與前面所提到的那些爲了開荒而火燒山林的朝鮮人聯繫在一起，成功地傳遞了一種認爲朝鮮風俗是危險和怪異的看法。而該文談論日本女性時，則稱他們從事洗衣或賣淫，「移居此地的女性數量較多，她們大部分從事洗衣或賣淫的工作以維持生計，有的則兩者兼之」。雖然該報導看似是在陳述事實，但從其積極評價日本人「不忘國民職責，爲國家作貢獻」的口吻可知，朝鮮人與日本人所擁有的「國民」資格是有高低之分的。

　　值得注意的是，以上例子反映了《漢城新報》透過比較韓中日人民的生活狀況，試圖對東亞三國進行「考察」和「判斷」。在這種視角下，朝鮮文化是「怪異的」，中國是值得「同情

的」，而日本人則是「勤勉」且「誠實的」，能為了履行國民職責和為國做貢獻而不辭勞苦地從事低賤工作。由此，透過考察各國文化，《漢城新報》試圖從位階化的角度認識並傳播韓中日三國的形象。[34]

輿論和集體情感，評論的「匿名者／集體」和記者（們）

《漢城新報》的雜報欄除了刊載新聞和外報外，還刊登「書信」等「寄書」，將日常各態「事件化」。然而這些內容是出自採訪還是基於傳聞，或是摘自其他新聞，則無從得知。雜報欄上不僅沒有刊登記者的名字，而且除了「外報」（但也有一些外報並未註明出處）之外的新聞均出處不明。這並非《漢城新報》獨有的特徵。當時各報紙刊登日常新聞，即刊登所謂「雜報」新聞時均如此操作。

⑮有傳聞稱，金命濟向皇上稟告，崔廷德和尹致昊圖謀不軌，已向日本公館尋求保護。金命濟還能看到尹崔兩人圖謀不軌的證據？此言乃不可信也。

34　《大韓每日申報》也刊載了有關日本人犯罪行為的雜報新聞。例如，〈日人行惡〉（1904.8.31，第 1~2 版）講述了日本人掠奪雞和雞蛋，在與百姓發生爭執後，數十名日本人當晚帶刀前往毆打對方的事件。報導中附上了朝鮮人的評論，稱「日本人之蠻惡乃無人能及」。《萬歲報》的雜報欄也報導了如日本人強姦朝鮮人的事件（〈日人劫姦〉1906.7.6，第 3 版）等其它批評日本人的新聞。

　　　　　　　　——《帝國新聞》雜報 1898.11.16，第 4 版

　　⑯○（雜技保護）日前，皇擅近處有兩班為了賭博，命巡檢於門外放哨。眾人皆說，看來警務廳既有保護賭博的巡檢，也有抓捕賭徒的巡檢。

　　　　　　　　——《皇城新聞》雜報 1898.9.13，第 3 版

　　不僅是《漢城新報》，《皇城新聞》，《帝國新聞》和《大韓每日申報》的雜報新聞都使用終結語尾「더러」。以「더러」結尾的句子表示轉述的是他人（原話者）而非記者的觀點和感受，事件發生的原始時間在新聞刊登之前。此時新聞的可信度是建立在報紙媒體上，而不是記者本人。[35]

　　這種新聞的表述方式並非只出現在《漢城新報》。但值得注意的是，《漢城新報》通常會在報導結尾刊登記者的評價或周邊人的反應，且主要都是圍觀者在情感上對事件的反應。此類情感表述模式雖然在《皇城新報》和《帝國新聞》也偶有呈現，但在《漢城新報》出現的頻率和比重是明顯更高的。[36]

---

[35]　上述四種報紙的雜報欄均沒有登載記者名字。因此新聞的可信度和對內容的責任建立在報社而不是記者個人身上。

[36]　例如，《漢城新報》的新聞〈逆婦產蚓〉（1896.8.27，第 2 版）報導了虐待公婆的婦人誕下蚯蚓的消息，並一同附上了人們對這一事件的情感反應。（「遠近人等均覺大快人心。天下不乏此等逆婦，大都不知早晚將遭天譴，然有誰能倖免。」）晚清報紙如《蘇報》也如《漢城新報》一樣，在報導結尾附上周遭人等的反應和記者的評論。而在這一篇報導中，《蘇報》沒有刊登相關的評論。因此有可能上述內容是《漢城新報》的記者在轉載該新聞時加上的評價。

⑰據說旁觀者均贊嘆不已。

　　　　——〈不是水性楊花〉1896.10.14，第 2 版

⑱人們無不誇讚該婦女的獨特行動。多稱李承龍（音譯）
之兄與子女喪盡道義。

　　　　——〈女人特行〉1896.8.19，第 2 版

⑲昨日午後南部誠明坊路邊，某身材俊秀，氣勢洶洶之男
子不斷辱罵一中年婦女。在近處遊覽的旁觀者大感奇怪，
遂問內情。（中略）聽者憤而起之，動手教訓男子，男子
理虧，倉皇離去。

　　　　——〈出乎爾者〉1896.9.18，第 1 版

　　《漢城新報》的雜報新聞時常在結尾援引事件目擊者和旁觀
者的反應（如引文⑰），群眾的評價偶爾也是記者採訪的內容
（引文⑱）。而且，事件目擊者和周邊群眾不僅僅只是在事後作
評論，他們有時也會介入現場，直接影響事件的走向（引文
⑲）。

　　引文⑲中，「圍觀者」詢問「某人」為何當街「不斷辱罵女
子」，在得知此人非但不償還賒賬反而辱罵女子之後，「圍觀
者」「憤而起之」教訓男子。欠債不還遭到責罵的男子最後倉皇
歸家。在這裡，「圍觀者」不是在觀望事件或袖手旁觀後再作評
論，而是作為「道德判斷的主體」在事件中有所行動。

　　在上述報導中，目睹，評價和傳播事件的主體被「匿名」為
「旁觀者」或「鄉人」，有時則被化約為「村民們」、「看客

們」、「鄰近人等」、「所有人」等。記者可能不只是單純採訪了群眾或者收集了集體的意見，也有可能借用或編造了相關內容。並且，這些評論者（個人／集體）並沒有性別的區分。[37]

即使並未在表述層面上直接體現評價的基準和內容，但報紙也在透過選擇哪種內容包裝成「事件」這一判斷本身來試圖傳達媒體的立場和作用。這些「事件選擇」比起表面的評論更加間接和隱晦，如同「隱形的鏡頭」一般在暗中對焦。而尤其值得注意的是，記者在媒體權力的「天然庇護」下，透過賦予自身「評論的權利」或引用「周圍人的反應」來定立對事件的立場。無論是透過引述「周圍人的反應」來代表記者立場，還是更直接表達報社（或者媒體權力）對朝鮮人日常的審視，這些表述形式均體現了近代初期媒體倚重自身權力的「興論政治」。

對知識權力與啟蒙特權的反思：
態度・目光・立場

比起介紹朝鮮啟蒙論述或者強調其內容本身，《漢城新報》更著力於將「尚未啟蒙的朝鮮」日常「事件化」。不見「啟蒙」口號的出現，《漢城新報》只是透過敘事性強烈的事件敘述來將「問題朝鮮」定位為批判的對象。

這些批判並非旨在提出對策，而是為了喚起讀者厭惡朝鮮，繼而投之鄙視的情緒。《漢城新報》透過採訪問題事件，反過來

---

[37] 這也許反過來證明了女性被集體化為「情感型的存在」。然而也有可能是「鄰居」，「村民」這些代名詞中本身並不包含女性。

將朝鮮的現場「問題化」，以此發揮媒體政治的操控作用。雖然該報間或刊登佳話新聞，但由於數量極少，不足以扭轉問題朝鮮的形象。《漢城新報》運行文化的政治功效，這體現在它透過塑造問題朝鮮的形象來誘導讀者認為墮落淫亂，邪惡腐敗的朝鮮必須予以匡正。而認同並響應這一觀點的聲音早在外部讀者發出之前，便首先透過新聞事件「現場」裡充當目擊者、看客、遊客、村民等角色的朝鮮人表達出來了。

另一方面，這種新聞的構成方式也體現了啟蒙的悖論和倒錯。第一，對新聞的解釋權和讀者的知情權並非透過讀者自身的發聲來自然確立，而是預先便透過新聞內部的觀點來形成和表達。第二，在讀者形成自發的，參與式的判斷之前，報紙便預先透過新聞內容的刻意編排，在內部形成了一定傾向後再傳達給讀者。換句話說，報紙同時塑造並誘導了讀者的反應。

因此，讀者的反應實際上不是讀者自發的‧主體的‧參與式的反應，它們是被誘導和被形塑的。這些反應不是對媒體的反應，而是媒體控制下的產物。因果（或者時間）的顛倒由此產生。而另外一種倒錯則體現在，透過採訪的事件將朝鮮局限或偏向於「問題朝鮮的形象」，誘導人們自然地產生朝鮮（人）需要接受啟蒙這一論斷。

這反過來亦體現了媒體政治的述行特性。即近代初期的報紙並非預先認定市民對媒體，讀者對報紙具有自主權利，而是從一開始就以「調控的」方式來進行制約。然而反諷的是，由於採訪「傳聞」的記者以匿名（無名）形式存在，使得本該反映民心的媒體形象反倒以「缺乏來源依據的面目」出現。作為呈現近代媒體初期面貌的一例，《漢城新報》透過介入到個人‧私生活等微

觀領域來形塑朝鮮的問題形象，自然而然地使以「知識」和「啟蒙」武裝的「殖民統治」顯得正當適宜，有效地發揮了媒體的政治作用。

　　本文透過考察報導「問題朝鮮」的《漢城新報》以何種媒體策略，新聞構成方式，以及穿插其中的情感修辭來逐步引出蔑視和厭惡朝鮮人和朝鮮文化的情感政治，分析近代初期社會和媒體機制如何形成了以啟蒙爲中心的文化權力特權化和位階化現象。由此試圖闡明在歷史社會過程中形成的知識分子特權化和位階化，以及伴隨其產生的鄙視和厭惡「非－理性」，「反－啟蒙」集體和個人的情感政治是如何逐步被自然化的。

譯者：趙穎秋

參考文獻

原始材料

《大韓每日申報》（대한매일신보）

《萬歲報》（만세보）

《帝國新聞》（제국신문）

《皇城新聞》（황성신문）

韓國媒體振興財團 網址（http://gonews.kinds.or.kr）

《漢城新報（1895~1905）》1~4 卷（한성신보 1895~1905），延世大學圖書館+延世大學近代韓國學研究所編，SoMyung 出版社，2014。

研究文獻

1. 韓文論文

金福順，〈近代初期母性論述的形成和性別化策略〉，《韓國古典女性文學研究》第 14 輯，韓國古典女性文學會，2007，第 5~51 頁。

（김복순, <근대 초기 모성담론의 형성과 젠더화 전략>, 《한국고전여
　　성문학연구》 14 집, 한국고전여성문학회, 2007, 5~51 쪽.）

金榮敏，〈近代轉換期的「論說式敍事」研究〉，《東方學志》第 94 輯，
　　延世大學國學研究院，1996，第 169~203 頁。

（김영민, <근대전환기 <논설적 서사> 연구>, 《동방학지》 94 집, 연세
　　대학교 국학연 구원, 1996, 169~203 쪽.）

朴善雄，〈斯圖爾特・霍爾的文化研究：意識形態與再現的政治〉，《經
　　濟與社會》第 45 號，批判社會學會，2000，第 149~171 頁。

（박선용, <스튜어트 홀의 문화연구: 이데올로기와 재현의 정치>, 《경
　　제와 사회》 45 호, 비판사회학회, 2000, 149~171 쪽.）

朴愛景，〈作爲野蠻象徵的女性少數群體：以《帝國新聞》中出現的妾、
　　女巫、妓女爲中心〉，《女性文學研究》第 19 輯，韓國女性文學學
　　會，2008，第 103~138 頁。

（박애경, <야만의 표상으로서의 여성 소수자들: 《제국신문》에
　　나타난 첩, 무녀, 기 생 담론을 중심으로>, 《여성문학연구》
　　19 집, 2008, 103~138 쪽.）

李景河，〈《帝國新聞》女性讀者來稿中的近代啓蒙論述〉，《韓國古典
　　女性文學研究》第 8 輯，韓國古典女性文學會，2003，第 67~98
　　頁。

（이경하, <《제국신문》 여성독자투고에 나타난 근대 계몽 담론>,
　　《한국고전여성문 학연구》 8 집, 한국고전여성문학회, 2003, 67~
　　98 쪽.）

李亨大，〈透過風俗改良論述看近代啓蒙歌辭中的慾望和文明的視線：以
　　《大韓每日申報》爲中心〉，《古典與闡釋》第 1 輯，古典文學漢
　　文學研究學會，2006，第 7~33 頁。

（이형대, <풍속 개량 담론을 통해 본 근대 계몽가사의 욕망과 문명의
　　시선: 《대한매일신보》를 중심으로>, 《고전과 해석》 1 집, 고
　　전문학한문학연구학회, 2006, 7~33 쪽.）

崔基淑，〈透過惠寰・無名子・沆瀣的批判性寫作看「人－文」的界限和
　　寫作的形而上學〉，《東方學志》第 155 號，延世大學國學研究

院，2011，第 177~219 頁。

（최기숙, <혜환(惠寰)·무명자(無名子)·항해(沆瀣)의 비평적 글쓰기를 통
해 본 '인(人)–문(文)'의 경계와 글쓰기의 형이상학>, 《동방학
지》 155 호, 연세대 국학연구원, 2011, 177~219 쪽.)

＿＿＿＿，〈被「事件化」的日常和「活字化」的近代：近代初期婚姻與女
性的身體與性――《漢城新報》（1895~1905）「雜報欄」中的近
代〉，《韓國古典女性文學研究》第 29 輯，韓國古典女性文學會，
2014，第 231~285 頁。

（＿＿＿＿, <'사건화' 된 일상과 '활자화' 된 근대: 근대 초기 결혼과 여
성의 몸, 섹슈얼리티 : 《한성신보》(1895~1905) '잡보란'이 조명
한 근대>, 《한국고전여성문학연구》 29 집, 한국고전여성문학회,
2014, 231~285 쪽.)

＿＿＿＿，〈古代小說的感性語法和情感符號：以《蘇賢聖錄》的情感修辭
爲中心〉，《古小說研究》第 39 輯，韓國古代小說學會，2015，第
103~139 頁。

（＿＿＿＿, <고소설의 감성 문법과 감정 기호: <소현성록>의 감정 수사
를 중심으로>, 《고소설연구》 39 집, 한국고소설학회, 2015, 103~
139 쪽.)

＿＿＿＿，〈「啓蒙的悖論」和「敘事的近代」的多重性：以《帝國新聞》
（1898.8.10.~1909.2.28）的「論說·小說·雜報·廣告」欄和
「（古）小說」爲中心〉，《古代小說研究》第 42 輯，韓國古代小
說學會，2016，第 279~331 頁。

（＿＿＿＿, <'계몽의 역설'과 '서사적 근대'의 다층성: 『제국신문』(1898.
8. 10.~1909.2. 28) '논설·소설·잡보·광고'란과 '(고)소설'을 경유하
여>, 《고소설연구》42, 한국고소설학회, 2016, 279~331 쪽.)

韓基亨，〈新小說形成的形式基礎：以「短篇敘事」和新小說的關係爲中
心〉，《民族文學史研究》第 14 輯，民族文學史研究所，1999，第
132~172 頁。

（한기형, <신소설 형성의 양식적 기반: '단편서사물'과 신소설의 관계
를 중심으로>, 《민족문학사연구》 14 집, 민족문학사연구소, 1999,

132~172 頁.）

洪仁淑，〈近代啓蒙期知識、女性、書寫的關係〉，《女性文學研究》第
　　24 號，韓國女性文學學會，2010，第 57~86 頁。
（홍인숙, <근대 계몽기 지식, 여성, 글쓰기의 관계>, 《여성문학연구》
　　24 호, 한국여성문학학회, 2010, 57~86 쪽.）

2. 韓文著作

林永浩編譯，《斯圖亞特・霍爾的文化理論》，Han Narae，1996，第
　　1~367 頁。
（임영호 편역, 《스튜어트 홀의 문화이론》, 한나래, 1996, 1~367 쪽.）

周炯日，《讀洪席耶的《無知的大師》》，Sechangmidieo，2012，第
　　1~246 頁。
（주형일, 《랑시에르의 <무지한 스승> 읽기》, 세창미디어, 2012,
　　1~246 쪽.）

洪仁淑，《近代啓蒙期女性論述研究》，梨花女大博士論文，2006，第
　　1~192 頁。
（홍인숙, <근대 계몽기 女性談論 研究>, 이화여대 박사논문, 2006,
　　1~192 쪽.）

羅蘭・巴特著，Jung Hyun 譯，《神話論》，現代美學社，1995，第 1~246
　　頁。
（Barthes, Roland, 《신화론》, 정현 옮김, 현대미학사, 1995, 1~246 쪽.）

米歇・傅柯著，吳生根譯，《規訓與懲罰》，Nanam，2003，第 1~464
　　頁。
（Foucault, Michael, 《감시와 처벌》, 오생근 옮김, 나남, 2003, 1~464
　　쪽.）

賈克・洪席耶著，Yang Changryeol 譯，《無知的大師》，Gung Ri, 2008，
　　第 1~287 頁。
（Ranciere, Jacoues, 《무지한 스승》, 양창렬 옮김, 궁리, 2008, 1~287
　　쪽.）

周蕾，《書寫離散》，張秀賢・Kim Wooyoung 譯，Lee San，2005，第

1~304 頁。

（ Ray Chow, 《디아스포라의 지식인》, 장수현·김우영 옮김, 이산, 2005, 1~304 쪽.）

殖民地時期親密性暴力與女性犯罪

_ 蘇榮炫[*]

[*]　本稿原載於《東方學志》第 175 卷（延世大學國學研究院，2016），修改後收錄於本書中。

　　　　於是一個同姦夫合謀毒殺丈夫的 15 歲毒婦誕生了。

　　　　　　　　　　　　　　　　——白信愛，《小毒婦》

對親密性暴力之文學再現的重新思考

　　在金東仁的小說《土豆》（1925）中，女主人公「福女」是一個家訓嚴明的農家女。她在 15 歲時被父親以 80 元的價格賣給了比自己大 20 歲的同村鰥夫，從此逐漸走向了墮落的深淵。福女的丈夫天性懶惰，早就賣掉了繼承的土地，村裡也沒人願意雇他種地。夫妻倆只能打打零工，但也做得並不長久，最終搬到了貧民窟。後來，福女成為了去松林抓松毛蟲的工人，發現了「不幹活就能得到工錢」的秘訣，即與監工發生關係。她的道德觀和人生觀自此發生了翻天覆地的變化。後來，她在貧民窟附近的中國人菜地偷盜土豆和白菜，被抓住後開始與菜地主人進行身體交易。終於，她找到了生活的捷徑——賣春。在成為了「不勞而獲」的工人以後，她覺得自己「第一次有了做人的自信」[1]。但就像所有被慾望主宰的女性一樣，福女的結局也註定是悲慘的。

　　然而，即便不是買賣婚姻，即自由結合的女性也很難擺脫「貧困現實」的制約。羅稻香小說《水碓》（1925）的主人公是一個「滿懷激情、渴望幸福」，卻沒有名字的 22 歲女子。她於兩年前無視丈夫的死亡威脅，同姦夫私奔，最終落腳在村裡富戶家中，以租種土地為生。與一同私奔的姦夫「李芳源」和村裡有權有勢的富人「申治圭」不同，她沒有名字，只是被稱作「芳源

1　金東仁，《金東仁全集》1，朝鮮日報社，1988，頁 350。

的女人」，而非「妻子」。但文中對她的外貌進行了詳細的描寫：「她神情冷漠，膚色暗淡，眉毛細長，眼眶微微泛青，但嘴型很漂亮，臉頰豐滿，鼻樑高挺，身材高挑，臀部挺翹。看起來像個非常理智的女人，又像個娼婦。」[2]小說中，她看似受不了申治圭的死纏爛打才同他在一起，其實是對他許諾的富足生活動了心，沒能抵抗住他的誘惑。

　　從長工李芳源的立場來看，這是主人搶了自己的女人，但小說強調「女人」的變心是她自己的選擇。李芳源為這個女人賭上了自己的一切。他因私奔遠離故土，甚至被主人迫害坐了牢。敘述者對他的處境有一種微妙的同情。但他對「女人」的愛情實際上表現為一種典型的家庭暴力。

　　　女人被他用腳推了幾下屁股，順勢栽倒在地，又站了起來。散開的頭髮輕輕擺動，抽搐的雙眼中夾雜著一絲殺氣。
　　　「為啥打人啊？你這混蛋！你殺了我啊，來殺啊，殺我試試啊。我死了，你這混蛋也別想活！」她一邊說著一邊撲了上去，又被李芳源打倒。
　　　「你這娘們真想死麼，用這麼大勁兒！」
　　　李芳源打她只是攥緊拳頭，並沒想用多大的力氣。他明白的，當他的拳頭落在女人身上時，他心裡的苦楚遠大於女人身體上的疼痛。火氣上來，打了人，實際上和自己啃食

2　羅稻香著，朱鍾演等編，《羅稻香全集（上）》，集文堂，1988，頁234。

自己的心沒什麼區別。

（……）

他打了女人，出了氣，心臟就像是被刀割一般後悔。這時一個大力的擁抱就能給他慰藉。芳源又充滿了無窮的力量和對生活的信心，但這只是他一個人的感受。（羅稻香，頁 238）

也許她「拒絕難堪的、低賤的生活」（羅稻香，頁 247），選擇了錢而非愛情，這並不僅僅是一種庸俗的行為。她更忠實於自己的「追求」，即自己的慾望。即便一直受到死亡的威脅也沒有屈服。結果她還是命喪於男人的刀下。

這些小說中的女性，身處在家庭的大環境中，慾望太強或太過冷淡都會過得很艱難。當她們成為了慾望主體的瞬間，就會不可避免地走向死亡或必須接受類似的懲罰。夫婦間不平衡的性慾引發了性暴力，甚至把女性變成了罪犯。在 20 世紀二、三十年代的小說中，年輕的少婦們從事著繁重的勞動，甚至會在勞作途中因喪失意識而昏迷。她們的生活與被人呼來喝去、任人打罵的奴婢沒有什麼不同。[3]但在小說中，無法忍受以「妻子的義務」

3　根據某口述生涯史研究，貧農階級的婦女每天都要重複以下勞動：「白天要打水、舂米、洗衣，晚上刷了碗後還要蒸、晾大麥、織布，吃了飯還要整晚煮麻、紡棉、舂大麥。」在家事以外，她們還要到村裡富人家幹活，或要種地。視情況而定，還要到丈夫做工的人家幫傭。值得注意的是，婆家的生活水準對女性勞動量的影響並不大。「富人家的媳婦」也一樣要辛苦勞動。尹澤林，〈韓國近現代史中的農村女性生活及其歷史理解〉，《社會與歷史》59，2001，頁 219。

爲名義實施的性暴力，才是她們成爲罪犯最主要的原因。

> 今年只有 15 歲的順兒嫁過來已經有一個多月了。在睡夢
> 中她總是覺得喘不過氣來。胸口像壓著一塊大石頭般沉
> 重。如果真是石頭，至少還能感到一絲冰涼。但壓在順兒
> 柔軟心上的東西就像是淫雨霏霏的夏日，潮乎乎、濕漉漉
> 的，悶熱的很，又重如千斤。她像三伏天的狗一般氣喘吁
> 吁的。腰部和臀部像被劈裂、被掰開、被撕碎一般，到處
> 都像散架了一般陣陣地抽痛、灼痛、酸痛，疼得受不了。
> 「鐵棒」順著五臟六腑的一側，像要湧上胸口一般猛烈的
> 抽插著。這時順兒只能大張著嘴，向上支撐起身體……但
> 即便疼成這樣，只要還能挺得住，順兒一睡醒就要打水、
> 春米、推磨，還要去田間給工人們送飯，累得都睜不開眼
> 睛。[4]

這是玄鎮健小說《火》（1925）的開篇部分。在小說中，15
歲的少婦順兒才嫁到婆家一個多月，但只要丈夫的房間一亮燈，
她就覺得「心情沉重，全身像要散架了一般」。這種每晚被「鐵
棒」折磨的痛苦，她實在是忍受不了了。以「妻子的義務」這一
名義實施的性暴力，對她來說就是每晚都在重複的死亡威脅，就
是恐怖本身。

在白信愛的小說《小毒婦》（1938）中，出嫁一年多的 15
歲少婦之所以會想起村裡的青年甲述，也是因爲從嫁過來那天起

---

[4]　玄鎮健，《玄鎮健文學全集》1，國學資料院，2004，頁 145。

就被「可怕的、痛苦的妻子義務」所折磨著。甲述忘不了出嫁的
少婦，哭著對她表白，「我不知道你會嫁給別人，這簡直是要我
的命啊」。最終他在酒裡下了藥，殺掉了少婦的丈夫。有一個不
是丈夫的男人在身邊打轉，而丈夫又被殺害了，這樣的案件甚至
不需要細究也能知道犯人的身分。

> 傳聞從泉水邊傳開了。
> 「天哪，太可怕了。膽可真大。」
> 「就是，才 15 歲的小丫頭連丈夫都敢殺！」
> 「可不是，和甲述那傢夥也不知道什麼時候搞到一起
> 的……。還偷人……哪有這種該死的丫頭。」
> 「哎呦，這可怕的毒婦。」
> 「肯定是倆人合謀殺的，小丫頭年紀輕輕的怎麼就
> 能……。」
> 就在村裡人聲鼎沸之時，少婦與甲述被兩名巡查綁了起
> 來。他們繞過了長著檀香樹的泉水邊，一路向左，被帶到
> 了駐在所。[5]

伴隨著泉水邊的傳聞，不知不覺間，少婦就成了「與姦夫合
謀，毒殺丈夫的 15 歲毒婦」。（白信愛，頁 281）

經過了 20 世紀二、三十年代，大部分的農民喪失了土地，
陷入了貧困的深淵中。與此同時，在殖民地時期的朝鮮，金錢的

---

[5]　白信愛著，李仲基編，《白信愛選集》，現代文學，2009，頁 280-
281。

威力被強化了。在這樣的現實中，當時的小說包含著複雜的感情：一方面，對日漸墮落的人進行批判；另一方面，又對被徹底犧牲的人懷有憐憫之情。這些小說甚至可以作爲殖民地時期貧農女性的生活報告。貧農階級的未婚女性，很多時候會因爲春荒或是債務被家長賣了換錢。[6]考慮到買賣的價值，年輕已婚女性的生活，與女僕或買來的奴婢沒什麼太大的區別。就像這樣，殖民地時期貧農階層的女性境遇悲慘。尤其是年輕村婦的生活，將朝鮮農村的殘酷展現得淋漓盡致。

當時的小說，將殖民地時期朝鮮的農村家庭刻畫成了一個長期充斥著暴力與犯罪（買賣婚姻、家庭暴力、婚內強姦、殺夫殺妻、殺嬰、放火等等）的空間，並認爲這是由近代前期的貧困所造成的。就像是前文提到過的《火》或《小毒婦》，這些小說告訴人們，貧農階層的年輕村婦們因爲肉體上，尤其是在性方面所要履行的「義務」，感受到了死一般的恐怖。她們迫切渴望消除這種恐懼，這就導致了各類女性犯罪的發生。在小說中，這種親密性關係中產生的暴力或犯罪很難明確受害、加害模式。因此，表面上的加害者，實際上可能是悲慘的受害者。這些小說爲此提供了典型案例，儘管這可能與小說本來的寫作意圖無關。

這些案例表明，首先，在以文學爲代表的文化產物中，女性犯罪被看做是慾望流露的結果。她們的慾望是父權主義規範的對象，是無法自我調節、控制的多餘的慾望。再有，女性的慾望是公共制約的對象，是始終爲共同體所排斥的。然而對於女性慾望

6　Moon Sojeong，〈對日帝下農村家族的研究──以 1920，30 年代的租佃貧農層爲中心〉，《社會與歷史》12，1988，頁 109-110。

的控制僅僅是女性本身或家庭內部的問題嗎？

　　女性犯罪論是近代社會統治手段的一環。考慮到這一點，如果對當時的小說進行重新解讀，不難發現，親密性關係正是女性犯罪發生的根源。儘管如此，當時的大部分小說將親密性犯罪在性的層面進行了還原。小說整體上將女性刻畫成與性慾相關的對象，將親密性暴力視作後續情節發展的背景。用更加開闊的視野對這類場景進行思考並非易事，此前學界對此也沒有形成充分的討論。通過女性犯罪及其文學再現對親密性犯罪進行研究時，容易局限在生理學特徵和女性的範疇內，我們應當對此進行重新思考。

　　此前，筆者曾在其他文稿中對殖民地時期的殺夫犯人進行過討論。學界曾圍繞女性與犯罪問題進行過討論，當時筆者也對殺夫問題進行了重新探討。[7]而本文中筆者想要討論的是，作為近

---

[7]　關於女性犯罪研究參見下列文獻。Yoo Seunghyun，〈舊韓末～日帝下女性早婚的實態與早婚廢止社會運動〉，《誠信史學》16，1998；李鐘旼，〈傳統、女性、犯罪──殖民地權力女性犯罪分析問題〉，《韓國社會學會社會學大會論文集》，2000；Yoo Seunghyun，〈日帝下早婚所引發的女性犯罪〉，《女性：歷史與現在》，國學資料院，2001；金玲一，〈對日帝下早婚問題的研究〉，《東亞文化研究》41，2007；張龍經，〈殖民地時期本夫殺害案件與女性主體〉，《歷史與文化》13，2007；崔愛洵，〈殖民地朝鮮的女性犯罪與韓國蕩婦的誕生──以方仁根《魔都的香火》為中心〉，《精神文化研究》32（2），2009；全美慶，〈殖民地時期本夫殺害案件與妻子的正常性──以「脫儒教」過程為中心〉，《亞洲女性研究》49（1），2010；洪良姬，〈殖民地朝鮮「本夫殺害」案件與再現的政治學〉，《史學研究》102，2011；洪良姬，〈殖民地時期「醫學」「知識」與朝鮮的「傳統」〉，《醫史學》44，2013；Park Jinkyung, "Husband Murder as the 'Sickness' of Korea:

代社會統治手段的女性犯罪論和由近代知識所塑造的女性認識體系，是如何在全球化的日常層面與文化層面進行廣泛傳播的。換言之，筆者試圖弄清楚對女性的偏見和固化思維突出了女性的哪些方面，又有哪些方面被刻意忽略了。這也是以殺夫犯罪為代表的女性犯罪和親密性犯罪不能單純地被還原為女性個人或夫婦間性生活問題的理由。

女性犯罪的形成與含義：
親密性犯罪與被關注、被忽略的女性

命名機制與女性犯罪

我們可以通過文學再現的產物瞭解到殖民地時期的中後期，被害者為女性的親密性犯罪開始成為一種日常的「文化」。然而在當時的文化討論中，此類行為並不被看做是一種「犯罪」。與此相反，只有當女性成為了罪犯時才會引發社會的關注。建立在親密性基礎上的犯罪多見於女性犯罪的相關新聞中。在此類報導中，會頻繁地使用本夫殺害（殺夫）、毒婦、毒殺、少婦等詞語。《每日申報》1916 年 11 月 29 日的一篇新聞對於用霍亂細菌殺夫的案件評論道：「作案手法十分巧妙，聞所未聞」。[8]其

Carceral Gynecology, Race, and Tradition in Colonial Korea, 1926-1932", *Journal of Women's History* 25, 2013；崔在穆、金正坤，〈對工藤武城「醫學」與「黃道儒教」的考察〉，《醫史學》51，2015；蘇榮炫，〈野蠻的熱情，犯罪的科學——所謂殖民地時期朝鮮特有的（女性）犯罪這一種族主義〉，《韓國學研究》41，2016 等。

[8]　〈用虎列剌菌殺夫〉，《每日申報》，1916 年 11 月 29 日。

關注點在於新奇的作案手法，而非殺夫犯人本身。從 20 世紀 20 年代前期開始，在《朝鮮日報》、《東亞日報》上也持續刊載了有關殺夫女性的報導。相比「本夫殺害（殺夫）」，這些報導主要使用「毒婦」或「少婦」、「毒殺」等作為題目。1930 年左右，《每日申報》、《東亞日報》、《朝鮮日報》、《朝鮮中央日報》上關於殺夫案件的報導呈明顯增加趨勢，而殺夫罪犯為少婦的情況也越來越多。[9]

9　這種變化只能從側面反映出社會對於「年輕」女性罪犯的關心有所增加，並不意味著「現實中」大部分的殺夫罪犯都是少婦。〈絞殺丈夫的毒婦〉，《東亞日報》1922 年 2 月 21 日；〈因三十年虐待殺夫〉，《東亞日報》1922 年 7 月 8 日；〈殺夫毒婦〉，《東亞日報》1922 年 9 月 16 日；〈毒婦不服死刑控訴〉，《朝鮮日報》1923 年 10 月 14 日；〈惡毒少婦與姦夫合謀殺夫〉，《朝鮮日報》1923 年 11 月 11 日；〈試圖毒殺丈夫的少婦〉，《朝鮮日報》1924 年 5 月 16 日；〈毒殺丈夫美人，死刑不服〉，《東亞日報》1924 年 7 月 17 日；〈本夫毒殺事件〉，《東亞日報》1924 年 10 月 3 日；〈犯案後三年，稀世的毒婦！〉，《東亞日報》1924 年 10 月 28 日；〈與青年合謀斫殺丈夫的毒婦〉，《東亞日報》1924 年 12 月 10 日；〈縊殺丈夫的毒婦〉，《東亞日報》1925 年 1 月 23 日；〈本夫毒殺未遂，1 年後事發〉，《朝鮮日報》1925 年 5 月 12 日；〈十九歲花樣少婦毒殺丈夫未遂〉，《朝鮮日報》1931 年 3 月 17 日；〈十七歲少婦企圖毒殺丈夫〉，《朝鮮日報》1935 年 4 月 11 日；〈十六七歲少婦企圖毒殺丈夫〉，《朝鮮日報》1935 年 6 月 5 日；〈十七歲少婦毒殺丈夫未遂〉，《朝鮮日報》1935 年 7 月 2 日；〈十五歲少婦企圖毒殺丈夫〉，《朝鮮日報》1935 年 12 月 28 日；〈向就寢中的丈夫嘴中倒入毒物，毒殺未遂的平原少婦判刑〉，《朝鮮日報》1936 年 11 月 27 日；〈十七歲少婦企圖毒殺丈夫〉，《朝鮮日報》1937 年 3 月 28 日；〈對愚昧少婦的同情判決〉，《朝鮮日報》1937 年 7 月 16 日；〈試圖毒殺丈夫的十七歲少婦，在法庭上〉，《朝鮮日報》1938 年 3 月 12 日；〈圖謀殺害丈夫的

　　相關標題有的會「略帶香艷色彩」地強調殺夫行為本身或是手段的殘忍，也有的會對女性罪犯的外貌傾注相當多的筆墨。但無論選擇何種標題，殺夫案件類的報導有一個共同點，就是多會摻雜一些關於女性罪犯性生活的桃色內容。儘管如此，報導內容本身並不傾向於煽情，反而比較側重於真實地記錄案件的審判過程，甚至連法官、檢察官的名字以及罪犯、被害人的地址都會被準確寫明，對「殺人原因、殺人過程」也會描述地比較詳細。從提供基本的資料，到對整個案情、時間地點、殺人工具、殺人方法等進行詳細的介紹，儘管報導內容會有一些差異，但即便隨機選取幾篇文章進行探討，也能很容易地瞭解到，這些報導的核心內容是以檢察官的調查為基礎進行的審判和判決。

　　有一女子，名為李貞玉（21 歲）。原籍平南孟山郡玉泉面北創里[10]，現居中國間島延吉縣四道溝楊木亭子三浦村。李貞玉 16 歲嫁給沈秉祿（34 歲），後二人一直在三浦村生活。丈夫數年前於外地染病，長時間身體虛弱，因此無法滿足李貞玉的性需求。她心懷不滿，於去年陰曆三月中的一天前往附近獨居的鄰居高德文（48 歲）家中，央求其與自己發生關係。此後，二人一直往來，直到被李貞玉的丈夫察覺。於是，李貞玉決心除掉丈夫，與姦夫一

少婦〉，《朝鮮日報》1938 年 6 月 4 日；〈殺夫未遂少婦昨日送局〉，《朝鮮日報》1938 年 8 月 26 日。

10　譯者注：道、市、郡、區、面、邑、洞、里為韓國的行政區劃單位。

同生活……。[11]

江原道鐵原郡鐵原面官田里有一趙姓女子（20 歲），以殺夫未遂嫌疑被起訴到鐵原支廳。法官經審訊認為此案證據不足，趙某被免於起訴。但檢察官將此案上訴至京城法院，法院檢察局重新著手審訊。[12]

京畿道利川郡清溪面放石里 257 號金三南（25 歲）的妻子姜小煥（16 歲），於去年 12 月 29 日出嫁。但此女出嫁前已與同郡雪星面新草里的簡山鎮（18 歲）私通，並約好要一起過日子，因此對丈夫懷有厭惡之情。今年 1 月 29 日下午 1 時左右，姜小煥在年糕湯中放入毒藥，試圖毒死丈夫。辛好金三南只喝了一口，便覺得味道有些奇怪，因此撿回了一條命。此事於本月 15 日敗露，姜小煥已被利川警署逮捕，現正在審訊中。[13]

平南平原郡順安面郡上里 24 號林元植（24 歲）的妻子李福太（16 歲）十分厭惡丈夫。她絞盡腦汁，覺得只有殺死丈夫才是擺脫的唯一辦法。[14]

---

[11]　〈教唆姦夫打殺丈夫的毒婦〉，《東亞日報》1926 年 4 月 30 日。

[12]　〈殺夫案件，預審法官免訴〉，《每日申報》1927 年 1 月 17 日。

[13]　〈十六歲少婦殺夫未遂〉，《東亞日報》1927 年 3 月 17 日。

[14]　〈大膽的二八少婦毒殺丈夫未遂）〉，《朝鮮日報》1927 年 4 月 9 日。

江原道麟蹄郡南面金富里 306 號南幹蘭（30 歲）與南玉出（45 歲），於不久前以殺人罪被京畿地方法院判處死刑。（二人不服，）現正向京畿法院提起上訴……。[15]

【新義州】麻田洞 294 號一名為金斗河（31 歲）的女子，於 5 月 20 日凌晨 3 時左右，用腰帶勒住丈夫朴世和的脖子，並用斧子砍中其頭部致其死亡。此案近日於新義州警署進行了審訊。本月 9 日，女子與卷宗一同送達新義州地方法院檢察局……。[16]

【咸興】……他們是居住在咸南德元郡豐下面內百里的金亨祚（33 歲）與金福男（20 歲）。

金亨祚自昭和 6 年春開始與同村的金福男發生了幾次關係，其間預謀殺害了金福男的丈夫崔成實（42 歲），並佔有了他的土地和存款等財物……。[17]

　　儘管這些報導是以檢察官的調查為基礎寫成的，但很難說對案件的全部真相進行了客觀的介紹。而令人印象深刻但也十分諷刺的是，殺夫罪犯的名字也隨著案情介紹一同公開了。一旦成為了殺人犯，就能在報紙上找到自己的名字。這些女性罪犯的行為與其所生活的地區聯繫了起來，這是此類新聞報導的另一個重要

15　〈麟蹄郡殺夫犯求刑兩年〉，《每日申報》1929 年 5 月 27 日。

16　〈先下手為強〉，《每日申報》1931 年 6 月 11 日。

17　〈殺夫姦夫淫婦，死刑與無期求刑〉，《朝鮮中央日報》1935 年 1 月 30 日。

特徵。

　　通過上述引文可以瞭解到，同小說一樣，當時報紙上出現的殺夫罪犯也大多是貧農階層的婦女。她們年紀輕輕就被賣給別人做媳婦，做著繁重的體力勞動，還要傳宗接代。她們活得不像個人，更像是履行妻子義務的工具。曾經，她們只是被社會忽視的勞動工具，卻因成為殺夫罪犯而變得人盡皆知。

　　殖民地時期朝鮮人口的百分之 85 以上都是從事農業勞動的。考慮到這一點，那麼農村婦女才應該被看做是朝鮮女性的主體。然而她們在與受過近代教育的「新女性」進行比較的過程中，被視爲舊習俗的代言人，成爲了「被忽視的存在」。換言之，農村女性象徵著舊習俗，是沒有名字的、「被忽視」的存在。但只有當她們成爲被共同體所排斥的存在（通姦女、殺人犯）時，才能引起關注。她們的生活是矛盾的悲劇。[18]

所謂「惡毒的犧牲者」這一悖論

　　值得注意的是，報紙上反復強調殺夫案件發生的一個重要原因，是女性罪犯們「發生了婚外情」。在相關報導中，罪犯大多是「幻想著和年輕男子乾柴烈火」的女性。她們從婚前就與情夫保持著不正當的關係；婚後也不願與丈夫同房，而是盼望著「和情夫一同生活」，因此想要殺害丈夫。[19]在親密性犯罪中，爲了

---

[18] 有關「通過女性犯罪論使『被忽略的』女性『受到關注』」這一理論的分析參見 Joanne Belknap 著，尹玉卿等譯，《女性犯罪論：性、犯罪的刑事司法》，Cengage Learning，2009，頁 112-162。

[19] 〈本夫殺害未遂〉，《東亞日報》1921 年 5 月 4 日；〈與青年合謀斫殺丈夫的毒婦〉，《東亞日報》1924 年 12 月 10 日；〈毒殺丈夫未

謀奪財產而殺害丈夫或是前夫、丈夫前妻的孩子，這種情況也是存在的。不過由於受到丈夫等婆家人長期的虐待而殺害丈夫或自殺的情況也並不少見。[20]

遂，大邱女子被求刑七年〉，《朝鮮日報》1925 年 4 月 25 日；〈教唆姦夫打殺丈夫的毒婦〉，《東亞日報》1926 年 4 月 30 日；〈出世三年，改嫁五次〉，《東亞日報》1927 年 2 月 27 日；〈因厭惡絞殺老夫，將其屍身投井的毒婦〉，《朝鮮日報》1927 年 4 月 24 日；〈斫殺丈夫〉，《東亞日報》1927 年 5 月 3 日；〈將毒藥放入熟睡的丈夫口中，殺夫時被他人發覺〉，《每日申報》1928 年 7 月 29 日；〈四角關係癡情劇〉，《每日申報》1928 年 8 月 20 日；〈稀世毒婦絞殺丈夫〉，《朝鮮日報》1928 年 10 月 17 日；〈本夫殺害未遂犯〉，《每日申報》1929 年 3 月 2 日；〈利用白癡的殺夫未遂犯，27 日開庭公審〉，《每日申報》1929 年 5 月 27 日；〈本夫殺害犯被求極刑〉，《每日申報》1930 年 10 月 24 日；〈本夫殺害犯人，一審死刑〉，《東亞日報》1932 年 2 月 29 日；〈殺夫的姦夫淫婦送局〉，《東亞日報》1932 年 6 月 2 日；〈殺害癡情丈夫〉，《每日申報》1932 年 7 月 3 日；〈殺夫犯金明淑因被求死刑而痛哭〉，《朝鮮中央日報》1934 年 11 月 30 日；〈殺夫姦夫不服死刑判決上訴，24 日將於高等法院宣判〉，《朝鮮中央日報》1935 年 5 月 2 日；〈聳人聽聞！十七歲少婦絞殺醉酒丈夫〉，《朝鮮日報》1935 年 5 月 8 日；〈殺夫姦婦覆審被求死刑〉，《朝鮮中央日報》1935 年 6 月 26 日；〈殺夫姦夫淫婦上訴，不服死刑判決〉，《每日申報》1936 年 12 月 3 日。

[20]　〈因三十年虐待殺夫〉，《東亞日報》1922 年 7 月 8 日；〈因丈夫虐待自殺未遂〉，《朝鮮日報》1925 年 1 月 30 日；〈因虐待自殺的十七歲少婦〉，《朝鮮日報》1925 年 1 月 30 日；〈十五歲少婦　自殺未遂〉，《朝鮮日報》1925 年 2 月 5 日；〈用手斧斫殺丈夫〉，《東亞日報》1925 年 2 月 7 日；〈貪圖情慾和財產、虐殺嬰兒的毒婦〉，《東亞日報》1925 年 8 月 9 日；〈因生活艱辛與家庭不和將幼兒投井殺害〉，《東亞日報》1925 年 9 月 5 日；〈私生子生不停、殺不停的稀世毒婦〉，《東亞日報》1925 年 9 月 5 日；〈毒殺情夫妻子的毒婦

　　如果將討論的範圍擴大到殺夫未遂案件的相關報導，那麼可以發現這些女性罪犯們大多認為丈夫「年紀太大，長得也不合心意，所以一直過得不順心」[21]。她們「在偷情的過程中」，覺得都是因為丈夫，才「無法和情夫幸福地生活在一起」，因此「十分怨恨」[22]丈夫。她們會和情夫「約定百年好合」[23]，沉浸在「兩個人一起組建幸福家庭」[24]的渴望中。她們「明知不應該，卻還是愛上了丈夫以外的人」[25]。而一旦殺夫的謀劃落空，這些女子還會和姦夫一起私奔[26]。她們不願和不合心意的丈夫生活一輩子。甚至為了今後過得稱心如意，寧願冒著坐牢的風險[27]也要

被判懲役五年〉，《朝鮮日報》1928 年 2 月 17 日；〈少婦因妒殺害繼子〉，《東亞日報》1933 年 1 月 22 日；〈改嫁少婦殺害親子？〉，《東亞日報》1933 年 7 月 21 日；〈對丈夫無愛生怨，少婦毒殺親子〉，《東亞日報》1934 年 1 月 24 日；〈嫁給不愛之人，悲憤少婦服毒自殺〉，《東亞日報》1934 年 4 月 18 日；〈殺夫姦夫淫婦，死刑與無期求刑〉，《朝鮮中央日報》1935 年 1 月 30 日；〈十七歲少婦試圖毒殺丈夫〉，《朝鮮日報》1935 年 5 月 12 日。

[21] 〈毒殺丈夫未遂，只因厭惡丈夫年老〉，《朝鮮日報》1925 年 5 月 30 日。

[22] 〈毒殺丈夫未遂犯獲刑五年，姦夫淫婦抗訴〉，《朝鮮日報》1925 年 4 月 21 日。

[23] 〈與姦夫合謀殺夫的毒婦〉，《朝鮮中央日報》1936 年 5 月 18 日。

[24] 〈慾望無法滿足引發的血腥慘劇〉，《朝鮮中央日報》1935 年 7 月 13 日。

[25] 〈殺夫姦夫淫婦死刑〉，《東亞日報》1932 年 12 月 31 日。

[26] 〈殺夫未遂，事發後與姦夫一同逃亡〉，《朝鮮日報》1925 年 9 月 8 日。

[27] 〈為了將來的幸福，殺害不稱心的丈夫〉，《東亞日報》1928 年 10 月 21 日。

擺脫丈夫。通過這些報導可以看出，女性殺害丈夫並不僅僅是因為她們的慾望，也並不僅僅是因為害怕或厭惡丈夫。

【高敞】高敞郡高敞面邑內里朴二次（28 歲）病了兩個多月，元氣大傷，極度衰弱。其妻金雙東（18 歲）趁機於本月 4 日上午 10 時左右，試圖殺害纏綿病榻的丈夫，用火灼燒其咽部。爭執過程中，聽到丈夫求救的鄰居趕來施以援手。金某被員警抓走。經調查，其 16 歲就與同村青年朴卜基偷情，甚至生了一對 3、4 歲的雙胞胎。金某於去年 12 月 19 日與朴二次結婚後，次日便開始在婆家生活。但她始終拒絕接納丈夫，表現得心有所屬。某天，金某趁家中無人，就用炭火盆灼燒丈夫的咽部，還強迫丈夫張開嘴。朴二次大驚失色，用盡全力大喊，終於逃過一劫。高敞員警署對金某的審訊已經完成，會將她移送到井邑檢察局。[28]

【新義州】某二八青春少婦一直被年長 10 歲的丈夫寵愛。但不知是否因為對丈夫的愛感到了厭倦，竟從今年春天開始與同村男子偷情。丈夫發現此事後，對少婦展開了嚴密的監視。少婦和情夫見面的機會減少，但對其的思念之情卻越來越無法控制，於是將睡在身旁的丈夫（義州郡玉尚面北社洞，張致福，29 歲）用鐮刀刺死。本月 15日，新義州地方法院檢察官谷田請求判決少婦金玉女（18

---

[28] 〈趁夫病弱下殺手未遂〉，《東亞日報》1932 年 2 月 16 日。

歲）死刑，法官菊地判處其無期徒刑。[29]

【平壤】最近成川郡一 18 歲少婦企圖謀害丈夫，動手前
被人察覺，後被當地員警署逮捕。目前正在審訊中。成川
郡九龍面龍淵里 32 號宋弘傑（17 歲）的妻子金彈實（18
歲）於 9 月 15 日回娘家（同郡崇仁面仁里 28 號）時，
與同村 30 號金某（23 歲）發生關係，二人發誓今後要一
同生活。此後金彈實回到夫家，於本月 10 日在丈夫吃的
飯菜中加入了大量的草木灰。丈夫因飯菜散發惡臭沒有
吃，並立即將此事告訴了父親。結果金彈實的罪行暴露，
被當地員警署逮捕。現正以殺人未遂罪進行審訊中。[30]

【鎮南浦】有一年方十九的美人，企圖謀害不稱心的丈
夫，同情人一起生活，但沒能成功，被以殺人未遂罪拘
留。主人公為鎮南浦某碾米廠的女工朴濟道（19 歲）。
她於去年 10 月，被父母嫁給了億兩機里的李鳳壽（33
歲）。然而她原本就不喜歡丈夫，一起生活後對其的厭惡
與日俱增，竟數十次回到娘家。但父母也並不同情她，只
是斥責她，讓她盡快回夫家去。因此朴濟道決定殺掉丈
夫。她於本月 16 日在丈夫的飯菜中放入大量毒藥，事情
敗露後已被鎮南浦員警署逮捕。但朴某對於罪行一概保持

29　〈為擺脫監視，將同床丈夫殺害〉，《每日申報》1934 年 8 月 18 日。
30　〈十八歲少婦殺夫未遂〉，《每日申報》1934 年 10 月 14 日。

沉默，審訊陷入困境。[31]

　　對於殺夫或殺夫未遂的農村婦女，我們應當如何理解其通姦行為呢？儘管通姦及不倫等詞語大多被用於指稱女性的行為，但實際上有著更深層的意義。上文中提到過，由於大多數農村婦女都是強制婚姻或買賣婚姻，所以在朝鮮的農村，她們的婚事無法自己決定。為了與情人偷情或是為了以後同情人一起生活，這些女性們產生了殺夫的意圖，成為了罪犯或未遂犯。儘管有著年齡或出生地的差異，但這些女性大多是農村婦女，這一點看似十分重要。然而，就算是所謂的新女性（摩登女孩）有了通姦行為，其下場也是類似的。因為在當時，女性同丈夫以外的男子偷情，幾乎不可能不被共同體所排斥。在殖民地時期的朝鮮，不同於男性，女性的通姦行為等於放棄了社會生活。

　　有些農村女性在和情夫偷情後，渴望與其做一對真正的夫婦，於是殺害了丈夫。她們通過「愛」發現了自我，渴望主宰自己的慾望。儘管這種「愛」在旁人看來不過是一種「失德的快樂」。[32]而同時代的男性則希望能夠拋棄妻子，即「無知的舊女性」，與受過近代教育的「新女性」談一場戀愛，組建一個幸福的家庭。那麼在慾望覺醒方面，這樣的男性以及所謂的「新女性」，他們同「在偷情中發現了自我」的農村女性又存在著哪些不同呢？覺醒了自身慾望的農村婦女又為什麼會被稱作是「殺夫

31　〈十九歲少婦毒殺丈夫未遂〉，《朝鮮日報》1935 年 3 月 20 日。
32　〈與姦夫合謀，毒殺丈夫未遂〉，《朝鮮日報》1925 年 2 月 14 日。

毒婦」呢？[33]她們的行為雖然過了界，但筆者認為還是稱她們為早婚等強制婚姻的受害者更為妥當。[34]

　　無論是在東方還是西方，通過投票權來賦予女性法律地位，這並不是一件歷史悠久的事情。此前，女性的法律地位大多是掌握在家中的男性或共同體手中，這從側面反映出大多數的女性罪犯都無法得到家庭或共同體的保護。[35]為了能夠進一步瞭解女性罪犯背後的隱情，我們應該對殺夫罪犯大多為貧農階層婦女這一點更加注意，也應該在社會變化的層面對殺夫案件進行更為多元地探索。

---

[33] 事實上這個問題的提出有助於對所謂「新、舊女性」的劃分進行批判性的思考。因為這一劃分方法是在虛構的、男性視角的基礎上進行的一種帶有偏見的設定。

[34] 當然以下的見解也並非沒有可能。「自由戀愛思想作為近代『舶來品』，以探索性生活的形式在整個朝鮮傳播。而由婚外情所導致的殺夫案件可以看做是在這一過程中形成的悲劇。同時，可能導致家庭、社會重組的近代認識，從城市向農村擴散。這種動盪不可避免地在兩性問題上表現了出來。殺夫案件的報導大多會對農村婦女的品行進行批判，將她們命名為『女性罪犯』。這些報導雖然試圖從社會輿論的角度對性生活問題進行調節，但也暴露出了女性慾望無法完全控制、調節的一面。從個體層面來看，殺夫罪犯是惡毒的存在；從社會的角度來看，她們又是舊習俗的犧牲者。」

[35] Nicole Castan，《女性罪犯們》，《女性的歷史 3（下）》，Natalie Davis・Arlette Farge 編，Cho Hyoungjun 譯，Sae Mulgyeol 出版社，1999，頁 683-685。

女性犯罪的地位：在司法制度與性科學之間

　　與案件發生頻率無關，社會上對於殺夫的關注是在 20 世紀 20 年代中期開始大幅增加的。其契機正是1924年5月9日發生在咸境道明川郡一個偏遠鄉村中的「美人金貞弼毒殺丈夫案」。由於審判過程，此案在20世紀20年代的朝鮮社會引發了廣泛討論。

> 　　昨日，一宗美人毒殺丈夫被判死刑的案件移交到了京城法院。這個美人名為金貞弼，居住在咸境北道明川郡下加面池明洞 638 號，年方二十，貌美如花。她於今年 4 月嫁給了住在池明洞的金浩哲（17 歲）。但此女品行不端，出嫁前就與同村的金玉山發生過幾次關係。她覺得丈夫金浩哲相貌醜陋、沒有文化、性情愚鈍，為此感到十分鬱悶。進而想到，要是殺了丈夫，就能和其他稱心的男子在一起。今年 5 月 9 日，她偶然聽到村裡人說有一種老鼠藥能毒死人，就產生了可怕的念頭。第二天，她讓同村人幫她買了這種藥，放到了飯團和飴糖裡。5 月 23 日，她親暱地對丈夫說道：「這藥能治你的胃病和淋病。我的親戚吃了效果很好，你也安心試試吧。」丈夫吃了飯團，出現了惡心嘔吐的症狀。她又勸丈夫吃了點飴糖，終於於 5 月 27 日導致了丈夫的死亡。二十歲花樣年華的金貞弼，因上述罪行於上月 26 日在清津地方法院被判處了死刑，後向京城法院提起上訴。[36]

36　〈毒殺丈夫美人，死刑不服〉，《東亞日報》1924 年 7 月 17 日。

　　這篇報導有著殺夫案的典型情節：咸境北道偏遠山區的某村婦在婚前就有一個情人，婚後毒殺了病弱的年輕丈夫。依靠供詞，金貞弼於 6 月 26 日一審被判處死刑。但她不服判決，提起上訴。這期間案件開始出現了新的證詞和證據。在法庭上，金貞弼否認全部控罪，使得審判陷入了僵局。

圖片 1：「想看的照片」，《東亞日報》1925 年 10 月 23 日。

　　固然「毒殺丈夫」類案件本身就是社會焦點，但本案之所以能夠引發如此大的關注，其原因顯而易見，就是金貞弼的美貌。二審判決結果金貞弼被判無期徒刑，收押在西大門監獄中。此後應讀者請求，《東亞日報》在「想看的照片」版塊中刊登了金貞弼在法庭上的照片[37]。甚至多年以後還有報導稱金貞弼獲得假釋後回到故鄉[38]，對「金貞弼審判」的社會關注可見一斑。

37　〈想看的照片〉，《東亞日報》1925 年 10 月 23 日。

38　〈苦命的「獄中佳人」金貞弼，保釋出獄後歸鄉〉，《朝鮮日報》1935

　　原定於 8 月 15 日進行的審判，因旁聽者過多而被推遲到 8 月 22 日。22 日開庭當天，京城法院的旁聽席座無虛席。從上午開始持續湧入的聽眾造成了法庭秩序的混亂。甚至因為沒有空間容納更多的人，一些群眾只得無奈離開。種種情況使得法庭只能改日宣判，並提出在被告找到朝鮮人法律援助律師後，才能再次申請公開審判。

　　此後，法庭收到了許多同情金貞弼的來信，也收到了由丈夫同鄉們簽名的死刑判決請願書。不過有人匿名舉報稱這份請願書並非出於自願，而是金貞弼的公婆四處活動的結果。以上這些使得民眾對審判的關注空前增加。公審定於 10 月 10 日進行。當天無需領取旁聽票就能參加。為此法院不得不出動了 67 名法警來維持秩序。2,000 多名群眾裡三層外三層將鐘路法庭團團圍住，現場一片混亂。即使在公審結束後，仍有旁聽者不停寫信提出異議。[39]

年 4 月 21 日。

[39] 〈站在法庭上的絕世美人〉，《東亞日報》1924 年 8 月 16 日；〈被判死刑的絕世美人〉，《東亞日報》1924 年 8 月 22 日；〈死刑美人延期宣判〉，《朝鮮日報》1924 年 8 月 23 日；〈死刑美人申請公開審判〉，《朝鮮日報》1924 年 8 月 26 日；〈毒殺美人案件申請再次公審〉，《東亞日報》1924 年 8 月 26 日；〈再次公審死刑美人〉，《東亞日報》1924 年 9 月 8 日；〈本夫毒殺事件〉，《東亞日報》1924 年 10 月 3 日，〈毒殺丈夫案件，來信不斷〉，《東亞日報》1924 年 10 月 4 日；〈殺夫美人公審，無需旁聽票〉，《朝鮮日報》1924 年 10 月 7 日；〈警戒森嚴〉，《朝鮮日報》1924 年 10 月 10 日；〈在法庭上毆打怒號〉，《朝鮮日報》1924 年 10 月 11 日；〈殺夫美人金貞弼被判無期徒刑〉，《朝鮮日報》1924 年 10 月 23 日；〈獄中花金貞弼〉，《朝鮮日報》1924 年 10 月 28 日。

　　此後，因爲社會對殺夫「美人」的關注，這個案件仍不時會被提及。然而不同於單純的社會倫理案件，此案還關係到朝鮮對於女性犯罪、女性罪犯的法律處理問題。儘管此案暴露了朝鮮司法體系自身的不完備，但最重要的問題在於帝國主義法官與殖民地村婦被告人之間存在著制度上、等級上的隔閡。日帝出身的法官與檢察官用日語進行審判，這本身就帶有帝國主義、殖民主義的等級色彩。而貧農階級的村婦與代表丈夫的共同體，二者之間的差距也很難被縮小。因偷情、殺夫而被共同體排斥的女性很難得到所謂「公正的」審判。事實上，旁聽席有人指出庭審中存在著很多問題。比如翻譯官水準有限，無法將被告的陳述準確地傳達給法官；同時證人和證據都是由被告的公婆提供的，對被告不利等等。由朝鮮人律師提供免費辯護，申請公開審判，這些舉措也與此案審理過程中存在的種種法律問題有關。[40]

　　在法庭收到的來信中，也有一些對公審起到了決定性的作用。有一封沒有署名的日語來信提出了一些需要進一步調查的疑點：證人的陳述過於偏向公婆一方；被告人關於購買滅鼠藥的陳述自相矛盾；關於丈夫死前說了什麼，公婆與被告人各執一詞等等。值得注意的是，來信提出審判中存在著不公正的行爲。信中指出，警署審訊官曾威脅被告人，「你越否認就會越遭罪」，推測這可能是被告人先認罪後翻供的理由。此外，來信還附上了對被告人的生理觀察記錄，以作爲支撐其觀點的依據。這封來信不僅指出了審判流程上存在的問題，同時還從科學家（具體可能是醫學家、生理學家、精神病理學家或心理學家）的視角出發，對

---

[40]　〈毒殺美人案件申請再次公審〉，《東亞日報》1924 年 8 月 26 日。

被告人進行了觀察。從被告人的身體、精神面貌上來判斷其有罪與否，這種觀點十分有趣。[41]

> ◇她的性格：臉色蒼白，皮膚嫩薄，顴骨突出，應該患有神經質。有神經質的人多愛幻想，而幻想又常會導致虛榮心增強，無疑她也是如此。儘管她的眼睛很大，但眼神憂鬱，可以斷定性格不夠果斷和勇敢，遇事猶豫不決。（筆者十幾年來長期患有神經質，對此有些經驗）。再有她的皮膚透明、有光澤，不像一般的囚犯。（囚犯大多皮膚慘白，這是因為長期生活在陰暗的房間中，不能見光，導致了一種病態的白，是沒有光彩的。）思維很清晰，應對十分沉著……。[42]

41　〈再次公審死刑美人〉，《東亞日報》1924 年 9 月 8 日。

42　後文中還記錄了大段的生理學觀察。「（接上文）她在供述中說道『我這麼討厭我丈夫的話，不會和他離婚麼？為什麼要……』筆者認為能提出這些反駁，證明她還是比較沉著的。
　　◇她的聲音：比普通人更加分明。給人一種『雖然人為刀俎我為魚肉，但我有什麼罪，還怕什麼呢？』這樣的感覺。她說話時結尾會因發音急促而有所停頓，使聽者感到一種悲歡和懇求。
　　◇她的體貌：十分瘦削。但在體態和禮儀上毫無錯亂之處。她經過了長時間的審訊，一直處於恐慌之下，卻依然沒有失儀。看起來好像是在說，『我沒有罪，我相信法律是神聖的』。像是心裡十分平靜，將生命等所有一切都交給了法律來定奪。筆者注視著她，有些哽咽，『一個二十歲的農村女子，不知經歷了多少才能如此熟悉法庭禮儀。但即便如此，還是要為罪名所累！』她已經擺脫了高度神經緊張的狀態。似乎是在極度苦悶過後，進行了自我安慰，使自己保持了鎮定。（也可以說

　　如上所述，寫信人指出從面色、聲音、體貌等方面來看，被告人可能患有神經質，所以她在清津地方法院的供詞可能是由於神情恍惚所致。再有，對於年輕的農村婦女來說，接受審判是從沒有過的經歷，很容易在心理上感到壓抑，因此有可能是由於心裡不安才在員警面前認了罪。寫信人從心理學分析的角度著手，認為並不能確定金貞弼就是兇手，提議重新進行調查。

　　一方面，這封信反映出在親密性關係中發生的暴力或犯罪，其司法處理上會受到歧視性階級邏輯（帝國與殖民，城市與農村，丈夫與妻子等）的影響。參考朝鮮後期的刑法，如果妻子與姦夫合謀殺害丈夫，大多會被判處斬刑或凌遲處死；而丈夫殺妻則會視情況而定，一般會獲得減刑。[43]這種差別與儒家倫理有關。女性犯罪很大程度是因為性別上的歧視造成的。但諷刺的

是自暴自棄，反正非死即生）。神經病大多是天生的，當受到外界的強烈刺激或是成長中身體上的影響就會發作，以下為筆者的經驗（中略——一記者）。儘管在生理學上按照慣例，女性會比男性早成熟一兩年。但由於男性更早地知曉世故，所以對照筆者的經驗來看，男女成熟的程度是差不多的。即，此女應該是在最近兩三年間才有了虛榮心變強、空想、失眠、鬱悶、神經衰弱等症狀。但強烈的刺激會導致神經質發作地更加厲害，發病時會覺得頭腦發熱，血脈噴張，疼痛難忍，就像是放在唱片機上的『唱片』，仿佛天地都在旋轉，精神上會產生一些錯覺。」〈再次公審死刑美人〉，《東亞日報》1924 年 9 月 8 日。

[43] 朝鮮時期刑法法規的基本特徵就是完全按照上下、尊卑、貴賤等儒家等級關係來制定。夫妻間適用的刑法法規，在妻妾間也同樣適用。白玉敬，〈朝鮮時期的女性暴力與法律：以慶尚道地區的〈檢案〉為中心〉，《韓國古典女性文學研究》19，2009，頁 99-105；柳承喜，〈朝鮮後期刑法上的性別 gender 認識與女性犯罪的實態〉，《朝鮮時代史學報》53，2010，頁 260。

是，對於親密性犯罪，除了身分、階級，罪犯的性別也會對司法程序產生影響。實際上殺夫只是這類親密性犯罪中的特例，但這類女性犯罪或女性罪犯卻成爲了社會的焦點，我們需要從更爲宏觀的角度對其原因進行考察。

另一方面，信的內容對殺夫美人的相貌過於關注。雖然信中將被告的身分，即一名年輕的農村婦女與審判中的不公正問題聯繫在一起，又將女性犯罪和女性的生理學特徵聯繫在了一起，但並沒有像強調外貌一樣清楚地指明其中的關係。不過此類觀點的出現與當時性科學理論的傳播不無關係，並對此後女性犯罪認識的形成有著廣泛的影響。比如，在刊載了公審金貞弼相關報導的《東亞日報》（1924 年 9 月 8 日）上，底端刊登了一則書籍廣告（〈朝鮮諺文版女子的顧問〉：圖 2）。這本書把在東京發行的大眾醫學書籍翻譯成朝鮮語，介紹了與產婦有關的各種精神、身體疾病及其治療方法。

圖片 2：《東亞日報》
1924 年 9 月 8 日

從 20 世紀 20 年代初、中期開始，伴隨著「性的問題就是人生的問題」[44]這種觀點，性科學的概念（當時被翻譯成「性慾學」）被傳播到朝鮮。人們開始運用科學的理論來說明日常生活中的「性別政治」。性科學在生物學、心理學、醫學的基礎上對

---

[44]　柳尚默，〈早婚與性的關係〉，《東亞日報》1922 年 12 月 24 日。

男女之間的性別差異進行了集中探討。在西方，整個 20 世紀始終有著巨大影響力的人體測量學（Anthropometrics）以及 21 世紀初與「荷爾蒙」概念一同出現的性內分泌學（Sex Endocrinology），通過科學的指標確定了性別的差異，利用科學的權威使性別的優劣變得合理化。實際上，性科學試圖以「生理決定論」爲基礎，用科學的語言對男性的性慾望、性看法做出合理的解釋。性談論取代了儒家規範，用生物學（心理學、醫學）理論重新構建了當代的倫理學，爲男女間的性別差異及等級關係做出了合理的解釋。[45]

回到殺夫犯罪上來，考慮到殖民地時期的輿論導向，可以說我們很難對女性犯罪（女性罪犯）的眞實情況進行細緻地考察，但這也正是我們進行此類研究的理由。當時犯了罪的女性被認爲是無知的、殘忍的、除了生育沒有任何意義的存在。不僅如此，「殺夫罪犯」甚至成爲了一種專門的稱呼。我們需要探討的是，這些輿論讓人們關注了女性的哪些方面，又有意隱藏了些什麼，以及在殖民地這一特定時空下又發揮了怎樣的效果。

被忽略的女性勞動與對文學、文化研究的建議

怎樣看待通過突出女性的某一方面來隱藏另一方面這個問題呢？親密性犯罪是很複雜的。但在殖民地時期，輿論引導者傾向

---

[45] 參見河政玉，〈男女的生物學差異，其歷史與含義〉，《超越男性的科學》，吳趙永蘭‧洪性旭編，創作與批評，1999，頁 21-48；Lee Myoungsun，〈近代殖民地的「性科學」談論與女性的性（sexuality）〉，《女性健康》2（2），2001。

於將其單純地歸結爲夫妻關係中存在的性慾問題，並以女性犯罪的名義引發關注。應該說這是在殖民地時期朝鮮的法規與統治倫理下，試圖用科學倫理說明女性犯罪時所浮現出的社會問題。[46]

　　在這種機制的作用下，隨著「女性犯罪者」這種稱呼的出現，曾經被社會忽略的女性反而獲得了作爲「女性」的地位。然而這種所謂的社會關注並不是眞正意義上的對女性的討論。殺夫論使得「某些」女性，或者說女性的「某些」方面受到了關注。但呈現出來的這些「女性」或這些「方面」，都是與夫妻關係中女性的義務有關的。這意味著輿論中的女性只是生兒育女的工具。殺夫論的輿論意義並不是批判早婚的危害或離婚制度的不完善，而是在於使人們徹底忽略女性除了生育工具以外的其他存在價值。

　　如果我們能夠確認，通過殺夫論塑造的女性形象，有意突出了一些方面，又隱匿了一些問題；而且其中存在著殖民地輿論的推波助瀾，那麼能夠對所謂「舊習俗的犧牲者」、「無知的生育工具」──朝鮮農村婦女有哪些新的定義呢？[47]又該怎樣重新認識被殺夫論等同化的「女性存在論」呢？解答這些問題，我們不能只局限於對殖民地時期的朝鮮女性進行探討，而是要轉換思路，在宏觀的角度進行思考。當然，這並不是一件容易的事情。即使在全球化時代的今天，親密性關係中的暴力及犯罪都是具有隱蔽性的。當以女性爲代表的少數群體或弱勢群體受到傷害時，

---

[46] 筆者產生這種觀點是受到了鄭駿永相關科學研究的啟發。參見〈血液中的種族主義與殖民地醫學：京城帝大法醫學教室的血型人類學〉，《醫史學》39，2012。

[47] 這個問題還關係到如何還原被隱匿的或被排斥的存在。

在加害人與被害人之間存在著不易察覺的性別等級關係，很難說現在的我們已經形成了對這種關係的敏銳觸覺和普遍認識。[48]

在殖民地時期殺夫案件相關的報導和文學作品中，殺害丈夫的罪犯會被稱爲「毒婦」，而早婚陋習的受害者多被稱爲「少婦」。即，犯了罪的農村婦女已經被貼上了固定標籤，我們很難瞭解到她們的其他方面。但比起史料的局限性，觀點的不成熟才是我們徹底認識殺夫罪犯的最大阻礙。如上文所述，在殖民地時期的小說中，貧農階級將貧困生活的壓力轉嫁給妻子、兒媳，這是一種剝削。但筆者通過這些小說確認了朝鮮農村是一個親密性暴力與犯罪（買賣婚姻、家庭暴力、婚內強姦、殺夫、殺妻、殺嬰、放火等）普遍存在的空間。這正是從「其他角度」進行思考的結果。

當時的新聞報導從側面反映出朝鮮農村婦女（性）慾望的覺醒，但卻完全忽略了女性勞動的相關內容。筆者在上文中討論過，殖民地時期的敘事性作品對於女性犯罪論等女性固定認識的社會傳播起到了一定的作用。實際上當時的很多敘事性作品幾乎完全引用了印刷媒體上描述親密性犯罪場景的報導內容。從這一點來看，轉換思路可能會引發一些連鎖反應，可以說是有很大意義的。因爲只有轉換思路才能發現殖民地時期，尤其是 20 世紀二、三十年代反映朝鮮農村婦女的文學作品，不僅眞實再現了當時貧窮的現實及她們的悲慘生活；也通過帝國與殖民、城市與農村、丈夫與妻子等內容反復提出並強調了種族、性別等級秩序。

---

[48]　Rebecca Solnit，《男人們總想要指揮我》，Kim Myungnam 譯，創批，2015。

在近代以前以及近代朝鮮，一直把女性的形象定義成生育的工具，而這種理論成為了解決女性犯罪問題的依據，也就變得更加合理化，這一點需要我們重新加以討論。

　　儘管當時的敘事性作品存在著種種問題，但不可否認的是，我們只能通過它們來瞭解被隱匿的真相。在本文開頭，筆者對當時小說中的女性人物進行了討論。儘管在這些小說中，女性參與勞動似乎是一件稀鬆平常的事情。但進一步瞭解就會發現，沒完沒了的勞動正是她們痛苦的根源。儘管農村婦女的勞動是殖民地時期貧農階級維持生計的必要條件，但強調了「殺夫罪犯」這一名稱後，她們作為勞動力的意義和價值就被抹掉了。從這一點上來看，轉換思路，「重新閱讀」殖民地時期的小說迫在眉睫。迄今為止，殖民地時期農村婦女的勞動一直被認為是次要的、輔助性的。筆者認為轉換思路，「從其他角度進行解讀」，將會成為改變此種認識的契機。

譯者：苑芳草

參考文獻

原始材料

《每日申報》（매일신보）

《東亞日報》（동아일보）

《朝鮮日報》（조선일보）

《朝鮮中央日報》（조선중앙일보）

金東仁，《金東仁全集》1，朝鮮日報社，1988。

（김동인，《김동인전집》1，조선일보사，1988.）

白信愛著，Lee Choongkee 編，《白信愛選集》，現代文學，2009。

（백신애 저, 이중기 편집,《백신애 선집》, 현대문학, 2009.）

羅稻香著，朱鍾演等編，《羅稻香全集（上）》，集文堂，1988。

（나도향 저, 주종연등 편,《나도향전집(上)》, 집문당, 1988.）

玄鎮健，《玄鎮健文學全集》1，國學資料院，2004。

（현진건,《현진건 문학 전집》1, 국학자료원, 2004.）

研究文獻

1. 韓文論文

Kim Keongil，〈對日帝下早婚問題的研究〉，《東亞文化研究》41，
　　2007，頁 363~395。

（김경일, <일제하 조혼 문제에 대한 연구>,《동아시아 문화연구》41,
　　2007, 363~395 쪽.）

Kim Myoungsook，〈日帝時代女性出奔研究〉，《韓國學論叢》7，
　　2012，頁 513~533。

（김명숙, <일제시대 여성 출분出奔 연구>,《한국학논총》7, 2012,
　　513~533 쪽.）

Yoo Seunghyun，〈舊韓末～日帝下女性早婚的實態與早婚廢止社會運
　　動〉，《誠信史學》16，1998，頁 1~79。

（류승현, <구한말～일제하 여성 조혼의 실태와 조혼폐지사회운동>,
　　《성신사학》16, 1998, 1~79 쪽.）

_____，〈日帝下早婚所引發的女性犯罪〉，《女性——歷史與現在》，
　　國學資料院，2001。

（_____, <일제하 조혼으로 인한 여성 범죄>,《여성: 역사와 현재》,
　　국학자료원, 2001.）

Moon Sojeong，〈對日帝下農村家族的研究——以 1920，30 年代的租佃貧
　　農層爲中心〉，《社會與歷史》12，1988，頁 109~110。

（문소정, <일제하 농촌 가족에 관한 연구: 1920, 30 년대 소작 빈농층을
　　중심으로>,《사회와역사》12, 1988, 109~110 쪽.）

Pak Sunyoung，〈日帝殖民主義與對朝鮮人身體的「人類學」視線〉，
　　《比較文化研究》12(2)，2006，頁 57~92。

（박순영, <일제 식민주의와 조선인의 몸에 대한 "인류학적" 시선>, 《비교문화연구》 12(2), 2006, 57~92 쪽.）

Baek Okkyoung，〈朝鮮時期的女性暴力與法律：以慶尙道地區的〈檢案〉爲中心〉，《韓國古典女性文學研究》19，2009，頁 99~105。

（백옥경, <조선시대의 여성폭력과 법: 경상도 지역의 <檢案>을 중심으로>, 《한국고전여성문학연구》 19, 2009, 99~105 쪽.）

So Younghyun，〈野蠻的熱情，犯罪的科學——所謂殖民地時期朝鮮特有的（女性）犯罪這一種族主義〉，《韓國學研究》41，2016，頁 527~555。

（소영현, <야만적 정열, 범죄의 과학: 식민지기 조선 특유의 (여성) 범죄라는 인종주의>, 《한국학연구》 41, 2016, 527~555 쪽.）

So Hyunsoog，〈強迫的「自由婚姻」，殖民地時期離婚問題與「舊女性」〉，《史學研究》104，2011，頁 123~164。

（소현숙, <강요된 '자유이혼', 식민지 시기 이혼문제와 '구여성'>, 《사학연구》 104, 2011, 123~164 쪽.）

_____，〈在守節與再嫁之間〉，《韓國史研究》164，2014，頁 59~89。

（_____, <수절과 재가 사이에서>, 《한국사연구》 164, 2014, 59~89 쪽.）

Yoo Sookran，〈日帝時代農村的貧困與農村女性的出稼〉，《亞洲女性研究》43(1)，2004，頁 65~103。

（유숙란, <일제시대 농촌의 빈곤과 농촌 여성의 出稼>, 《아시아여성연구》 43(1), 2004, 65~103 쪽.）

Yoo Seunghee，〈朝鮮後期刑法上的性別 gender 認識與女性犯罪的實態〉，《朝鮮時代史學報》53，2010，頁 235~270。

（유승희, <조선후기 형사법상의 젠더 gender 인식과 여성 범죄의 실태>, 《조선시대사학보》 53, 2010, 235~270 쪽.）

Yoon Taeklim，〈韓國近現代史中的農村女性生活及其歷史理解〉，《社會與歷史》59，2001，頁 207~236。

（윤택림, <한국 근대사 속의 농촌 여성의 삶과 역사 이해>, 《사회와 역사》 59, 2001, 207~236 쪽.）

Lee Myoungsun，〈近代殖民地的「性科學」談論與女性的性（sexuality）〉，
　　《女性健康》2(2)，2001，頁 97~124。

（이명선, <식민지 근대의 '성과학' 담론과 여성의 성 sexuality >, 《여성
　　건강》2(2), 2001, 97~124 쪽.）

Lee Jongmin，〈輕罪重判——以 1910 年代立即處分對象爲中心〉，《社
　　會與歷史》107，2015，頁 7~40。

（이종민, <가벼운 범죄·무거운 처벌 - 1910 년대의 즉결처분 대상을
　　중심으로>, 《사회와역사》107, 2015, 7~40 쪽.）

_____，〈危險的犧牲羊——看待殖民地女性犯罪的觀點問題〉，《誠信
　　史學》6，2000。

（_____, <위험한 희생양: 식민지 여성 범죄를 읽는 관점의 문제>,
　　《성심사학》6, 2000.）

_____，〈傳統、女性、犯罪——殖民地權力女性犯罪分析問題〉，《韓
　　國社會學會社會學大會論文集》，2000，頁 90~95。

（_____, <전통·여성·범죄: 식민지 권력에 의한 여성 범죄 분석의
　　문제>, 《한국사회학회사회학대회논문집》, 2000, 90~95 쪽.）

Jang Yonggyeong，〈殖民地時期本夫殺害案件與女性主體〉，《歷史與文
　　化》13，2007，頁 105~125。

（장용경, <식민지기 본부 살해사건과 여성주체>, 《역사와문화》13,
　　2007, 105~125 쪽.）

全美慶，〈殖民地時期本夫殺害案件與妻子的正常性——以「脫儒教」過
　　程爲中心〉，《亞洲女性研究》49(1)，2010，頁 73~122。

（전미경, <식민지기 본부 살해本夫殺害 사건과 아내의 정상성:
　　'탈유교' 과정을 중 심으로>, 《아시아여성연구》49(1), 2010,
　　73~122 쪽.）

Jung Joonyoung，〈血液中的種族主義與殖民地醫學：京城帝大法醫學教室
　　的血型人類學〉，《醫史學》 39，2012，頁 513~549。

（정준영, <피의 인종주의와 식민지의학: 경성제대 법의학교실의
　　혈액형인류학>, 《의사학》39, 2012, 513~549 쪽.）

Jung Jiyoung，〈近代一夫一妻制的法制化與「妾」的問題〉，《女性與歷

史》19，2008，頁 79~119。

（정지영, <근대 일부일처제의 법제화와 '첩'의 문제>, 《여성과역사》
19, 2008, 79~119 쪽.）

Cho Nammin，〈女性身體詞語的出現與意識的變化〉，《社會言語學》
20(2)，2012，頁 425~446。

（조남민, <여성 신체어의 출현과 의식의 변화>, 《사회언어학》20(2),
2012, 425~446 쪽.）

Cha Minjung，〈對 1920～1930 年代「變態」性生活談論的研究〉，梨花
女子大學大學院碩士學位論文，2009。

（차민정, <1920~1930 년대 '변태'적 섹슈얼리티에 대한 담론 연구>,
이화여자대학교 대학원석사학위논문, 2009.）

崔在穆、金正坤，〈對工藤武城「醫學」與「黃道儒教」的考察〉，《醫
史學》51，2015，頁 659~708。

（최재목·김정곤, <구도 다케키(工藤武城)의 '의학'과 '황도유교'에
관한 고찰>, 《의사학》51, 2015, 659~708 쪽.）

Hong Yanghee，〈殖民地朝鮮「本夫殺害」案件與再現的政治學〉，《史
學研究》102，2011，頁 79~114。

（홍양희, <식민지 조선의 "본부 살해本夫殺害" 사건과 재현의 정치학
>, 《사학연구》102, 2011, 79~114 쪽.）

_____，〈殖民地時期「醫學」「知識」與朝鮮的「傳統」〉，《醫史
學》44，2013，頁 579~616。

（_____, <식민지시기 '의학' '지식'과 조선의 '전통'>, 《의사학》44,
2013, 579~616 쪽.）

2. 韓文著作

Kim Haekyung，《殖民地統治下近代家族的形成與性》，創批，2006。
（김혜경, 《식민지하 근대가족의 형성과 젠더》, 창비, 2006.）

Shin Dongil，《優生學與刑事政策》，韓國刑事政策研究院，2007。
（신동일, 《우생학과 형사정책》, 한국형사정책연구원, 2007.）

Oh Cho Younglan·Hong Sungwook 編，《超越男性的科學》，創批，

1999。

（오조영란・홍성욱編,《남성의 과학을 넘어서》, 창비, 1999.）

Jun Bonggwan,《京城苦悶相談所》,民音社,2014。

（전봉관,《경성고민상담소》, 민음사, 2014.）

George Mosse,西江女性性文學研究會譯,《Nationalism and Sexuality》,
　　Somyung 出版,2004。

（George Mosse, 서강여성성문학연구회譯,《내셔널리즘과 섹슈얼리
　　티》, 소명출판, 2004.）

Joan Scott 著,Kong Imsoon 等譯,《女性主義：偉大的悖論》,LP,
　　2006。

（Joan Scott, 공임순等譯,《페미니즘 위대한 역설》, 앨피, 2006.）

Joanne Belknap 著,Yoon Okkyong 等譯,《女性犯罪論：性、犯罪的刑事
　　司法》,Cengage Learning,2009。

（Joanne Belknap, 윤옥경等譯,《여성 범죄론: 젠더, 범죄의 형사사법》,
　　Cengage Learning, 2009.）

Miriam Silverberg 著,Kang Jinseok 等譯,《Erotic Grotesque Nonsense: The
　　Mass Culture of Japanese Modern Times》,現實文化,2014。

（Miriam Silverberg, 강진석等譯,《에로틱 그로테스크 넌센스: 근대
　　일본의 대중문화》, 현실문화, 2014.）

Natalie Davis・Arlette Farge 編,Cho Hyoungjun 譯,《女性的歷史 3
　　（下）》,Sae Mulgyeol 出版社,1999。

（Natalie Davis・Arlette Farge 編,조형준譯,《여성의 역사 3 하》,
　　새물결, 1999.）

3. 英文論文

Park Jinkyung, "Husband Murder as the "Sickness" of Korea: Carceral
　　Gynecology, Race, and Tradition in Colonial Korea, 1926-1932", *Journal
　　of Women's History* 25(3), 2013.

| 羞愧與創傷 |

韓國轉型期正義的情感動力學

_ 金明姬[*]

[*] 本文根據《記憶與展望》第 34 期（民主化運動紀念協會，2016）收錄的原文修改而成。

在世越號事件後重讀《26 年》

　　5・18 是韓國現代史上最為沉重傷痛的歷史事件之一。作為歷史的 5・18 理應由事件的直接受害者，即市民及其親屬的集體記憶來構成。媒體在重構 5・18 時也應當集中關注他們的發聲。然而在 2000 年代以後，5・18 的歷史事實卻受到了否認主義（denialism）的挑戰，受害者的聲音仍舊得不到公共領域的有效關注。[1]並且，由於最近引發爭議的「全斗煥回憶錄」和「Ilbe」[2]等詆毀 5・18 民主化運動的言論四起，韓國社會正在形成與歐洲否認大屠殺相似的拒絕清算過去的文化。這些現狀提醒我們在清算歷史時，不應該只停留在單純地對事件和加害行為進行懲罰，而是應該對國家暴力得以發生的社會結構進行深入考察和改革。[3]

---

[1]　從 2000 年到 2013 年為止，在五月期間報導的有關 5・18 的新聞數量分別為 KBS 臺 52 篇，MBC 臺 58 篇，SBS 臺 59 篇。其中關注 5・18 事件受害者及其生活的新聞報導數量分別為 KBS 臺 3 篇，MBC 臺 2 篇，SBS 臺 3 篇，總共 8 篇，只占新聞總數的 4.7%。周在元，〈作為媒體敘事的歷史和集體記憶的再現〉，《韓國輿論情報學報》總第 71 期，2015，第 9~32 頁。

[2]　譯者注：「일베」（Ilbe）是韓國論壇「일간베스트」的簡稱。該論壇網民常發表歧視女性、歧視外籍勞工、歧視韓國某些地區、惡意貶損光州事件的家屬以及否定光州事件的意義、批評攻擊及惡意抹黑左派人士、貶低世越號事件等充滿仇視和偏見的激進言論。

[3]　否認清算過去的現象會在完成清算過去後特定歷史契機形成時出現。例如 2004 年初盧武鉉總統被彈劾，2004 年 7 月有關不明死亡真相調查明委員會的政治色彩論爭，2004 年第 17 屆國會成立後因四大改革立法引起的進步與保守陣營的持續對立，均為否認論的形成創造了條件。2007 年大選時，電影《華麗的休假》上映，當時大國家黨候選人李明

　　漫畫《26 年》即是在這一背景下誕生。該作品從 2006 年 4 月~10 月在網站 Daum 上連載。[4]與教科書僅以寥寥數句就概括了當時的事件不同，《26 年》以豐富的筆觸刻畫了在人與人的關係與情感世界中再現的那「從未結束的 5‧18」。作爲紀實（faction）漫畫，《26 年》結合歷史事實和虛構元素，描述了在 5‧18 事件發生的 26 年後，當年身爲戒嚴軍的金甲世（音譯）和他的兒子，與堅守市政府帶頭抗爭的市民遺屬後代一起，對尚未繩之於法的屠殺「戰犯」全斗煥（「那人」）進行復仇和定罪的故事。開拓了網絡漫畫新領域的「網絡漫畫第一代作家」江草在電影《26 年》上映之前，在某採訪中曾坦言創作《26 年》的初衷是希望在社會強行要求人們與不被懲戒的加害者和解並給予原諒的氛圍下，用作品對 5‧18 的加害者進行一次「文化上的懲罰」。本文將以網絡漫畫《26 年》爲主要對象，探究處於韓國轉型期正義（transitional justice）[5]過程中的核心人物之間的情感動力學。

　　博有關「光州事態」的發言進一步助長了否認 5‧18 民主化運動過去清算的論調。金寶敍，〈是誰在否認歷史：否認 5‧18 過去清算的邏輯和現象〉，金東椿‧金明姬等，《透過創傷解讀大韓民國》，歷史批評社，2014，第 352 頁。

[4]　《26 年》的作者以全斗煥前總統的「我手頭上只有 29 萬韓元」這句話為線索展開故事，作品從 2006 年 4 月開始連載。電影版於 2008 年起投入製作，幾經波折後於 2012 年上映。

[5]　轉型期正義指的是在清算過去的過程中發揮作用的正義，「作為政治變化的一部分，力圖去正視和處理過去發生的政治暴力。」Leebaw, Bronwyn, *Judging State Sponsored Violence*, Cambridge: Imagining Political Change, 2011。因各國情況不同，轉型期正義的實現程度也有所差異，但致力推動轉型期正義是世界一致的趨勢。

　　產生上述問題意識的背景主要有兩方面。一是，在 2014 年
世越號慘劇後，韓國社會迅速做出否認（denial）和遺忘的姿
態。筆者目睹這一社會倒退現象，切實地感到「社會的危機」或
「社會的沉沒」正在發生。這一社會局面令筆者想起了社會學家
史丹利・寇恩（Stanley Cohen）的「States of Denial」所蘊含的
雙重含義：「否認的國家」和「否認的狀態」。它指的是①國家
（和加害者）侵害人權，卻予以否認；②一般大眾明知人權侵害
和其造成的痛苦，卻傾向於否認這一事實。[6]在這一意義上，有
學者指出在慘劇發生後，政府及其追隨者和眾多媒體所做的「二
次指責犧牲者」言論和否認行為體現了「慘劇發生後國家犯罪」
和「國家・社會犯罪」的特徵，這一洞見極具啟發意義。[7]換句
話說，很多人明知世越號慘劇屬於結構性事件而不是一次偶發的
慘劇，也清楚世越號的死難者家屬並不是出於追討補償金的需要
而敦促政府修訂世越號特別法，卻依然裝作對這一切懵然不知。
我們到底應該怎樣理解和闡明這種行為？

　　本文試圖透過分析否認 5・18 的情感生態系統來間接回答以
上問題。這裡的「情感生態系統」是一種情感理論的分析框架，
它試圖打破既有情感理論只關注個人的視野局限，全面檢視在特
定事件的時空脈絡中相互依存的關係人物之間的情感磁場和動
態。[8]作為文化記憶的一種形態，《26 年》為我們提供了可供分

6　史丹利・寇恩，《否認狀態：瞭解暴行與苦難》，趙孝濟譯，創批，
　　2009，第 29 頁。

7　李在承，〈世越號慘劇和受害者的人權〉，《民主法學》第 60 期，
　　2016，第 29 頁。

8　這一分析框架與全南大學情感人文學研究組近來提出的「共感場」概念

析的文本，使我們能藉此考察在國家暴力再度生成的過程中相關行為人物之間的情感矩陣。一般情況下，國家暴力之所以長期得以維持，是因為背後有大量默默支持或旁觀的普通民眾（即鄂蘭所說的「我們之中的艾希曼們」）。透過思考這一行為結構的各種關係，我們會發現圍繞歷史事件的「我」和「他」不是偶然和個別的行為人，而是有意或無意間與事件的再生產發生關係的結構性行為者（agency），這為我們考察「牽連」關係的結構提供了可能性。本文尤其關注 4·16 世越號事件發生後作為重要行為人的目擊者·旁觀者，死難者家屬以及加害者（代理人）的行為動力學及其相互作用。[9]

另外，本文以「網絡漫畫」《26 年》為中介進行分析的另一個原因是，筆者認為現在我們所目睹的「社會的危機」與歷史教科書國家統一化方針或東亞歷史修正主義所體現的「歷史的危機」是互相關聯的。要辨明這一狀況，我們需要深刻反思和積極探索歷史交流方法論的課題。在這一點上，泰莎·莫利斯·蘇祖克（Tessa Morris Suzuki）曾提出歷史交流的多種途徑，其觀點

類似。共感場既是共鳴得以發生的條件，也是各不相同的共鳴相遇和鬥爭的關係網。這一概念基於情感皆是社會的和歷史的這一前提，由此分析以共同歷史記憶為根基的共鳴現象所帶有的政治性和文化性的機制。全南大學情感人文學研究組，《共感場是什麼：情感人文學緒論》，Gil，2017。

[9]　後文將提到，目擊者·旁觀者的存在對本文的分析脈絡具有重要意義。正是由於他們的沉默和漠視，幫助掩蓋了國家對人權的侵害行為。金鍾曄·金明姬·李榮真·金鍾坤·崔元·Kim Domin·鄭龍澤·Kim Hwanhui·康誠賢·金王培·Kim Seogyeong·鄭晶熏·李在承·朴明林，《世越號事件後的社會科學》，Greenbee，2016，第 17 頁。

值得參考。

　　根據泰莎‧莫利斯‧蘇祖克的分析，歷史修正主義不僅「修改」了人們對過去的理解，而且企圖抹殺公共意識中有關特定事件的記憶，是名副其實的「抹殺的歷史學」。在這裡，歷史敘述方法論的問題成為了熱議的焦點。因為依據敘述的不同，我們在對待錯誤的歷史遺產時所產生的責任意識會出現差別，履責方式的意義也隨之不同。她尤其敏銳地指出「圍繞教科書的議論竟然全都集中在教科書」的矛盾現象。因為正規的學校歷史教育內容是主要問題所在，所以令人產生一種學校歷史教育決定了歷史認識的錯覺。但仔細觀察的話會發現，現在我們比以往任何一個年代都能更容易地透過各種媒體學習歷史。電影、紀錄片、電視劇、光盤、漫畫、網絡等不依循既有敘述方式的大眾文化在公共記憶（public memory）的深井之中打撈出大量有助於瞭解過去的素材，對人們認識歷史產生了巨大的影響。[10]

　　由此，我們可以重新發現漫畫作為公共記憶媒介的潛力。公共記憶這一概念的出現可以追溯至 20 世紀初法國社會學家莫里斯‧哈布瓦赫（Maurice Halbwachs）的研究。他確立了所有記憶本質上是社會的記憶這一理論前提。當個人，家庭和社會集體對共同經歷的事件達成統一的觀點時，公共記憶便得以產生。[11]

---

[10]　泰莎‧莫利斯‧蘇祖克，《潛藏於我們自身的過去》，金京媛譯，Humanist，2006，第 27~35 頁。

[11]　近來有關社會記憶的研究將集體記憶（collective memory）和公共記憶（public memory）兩者加以區分。集體記憶在個體對同一事件形成各自的記憶時產生，它更類似於「私下互相不認識，但擁有對同一事件記憶的龐大集體的記憶」。Edward. S. Casey. "Public Memory in Place

另外，網絡漫畫作為一種新媒體，不論是以何種形態對歷史事件介入（再現）和進行傳播，總會留下交流的痕跡。在「他人經歷痛苦的中介過程可以作為一個重要的契機誘發接受者新的公共行為」[12]這一點上，網絡漫畫可以成為另一種彌補公共記憶縫隙的媒體。

例如，《26 年》以網絡漫畫這一獨特的體裁和形式，為讀者提供了以歷史事件為契機，在當下與他者邂逅的途徑。第一，在形式上，漫畫由於無需像照片或電影那樣受制於具體的現實主義準則，可以盡可能地將其他手段難以構建的有關過去的圖像呈現出來。漫畫比照片更深刻地表達出語言和圖像的結合關係。文本與圖像融為一體，不僅可以表達語言的意義，而且透過物理的外形產生新的表意效果，開拓了語言新的境界。

第二，漫畫這一媒體易於閱讀，讀者層廣泛，它以令人難以忘記的圖像想像和重構過去，向讀者講述故事，具有極大的感染力。漫畫體裁結合了其它網絡文化的長處，篇幅相對較短且易於瀏覽的網絡漫畫因此具備了「無限傳播」的優勢。[13]第三，提到

---

and Time." in K. P. Pillps, Browe, Stephen, & Biesecker, Barbara, eds. *Rhetoric, Culture, and Social Critique: Framing Public Memory*. Alabama: University of Alabama Press. 2004，pp. 23~24。相反，公共記憶則是人們身處與其它大眾成員構成的關係中，並透過這一關係來記憶時所形成的。Goodall, Jane and Christopher Lee, eds. *Trauma and Public Memory*. New York: Palgrave Macmillan. 2014, pp.4~6。

[12] 朴晉佑，〈災難，媒體媒介與共情的文化政治〉，《認知科學》第 26 卷第 1 期，2015，第 97 頁。

[13] 有關歷史敘述的多種方法論可參考泰莎・莫利斯・蘇祖克（2006），有關「網絡漫畫裡的代際情感結構」可參考金修煥，〈網絡漫畫裡的代際

網絡漫畫能帶來的歷史交流可能性，我們有必要首先指出《26年》這一網絡漫畫具備的優點。正如其它論者指出，江草的作品不僅故事紮實，而且將網絡漫畫特有的滾動條閱讀法的優勢發揮到淋漓盡致。尤其作爲長篇敘事漫畫，《26 年》比電影更有效生動地表達了經歷 5‧18 事件的行爲主體之間的情感敘事和動力學。[14]它所採取的「多重敘事主體」手法比第一人稱敘事法更有助於讀者理解緊密圍繞在同一事件的不同行爲人之間的情感動態。下文將從韓國轉型期正義的兩難困境這一視角考察《26年》所處於的歷史社會條件。

韓國轉型期正義的兩難困境：
否認 5‧18 的情感生態系統

在如何處理過去政治暴力的問題上，「5 月運動」作爲敦促查明眞相的社會運動和民主化運動的一環，正式開啓了韓國追求轉型期正義的篇章。5 月運動促使了學界透過 1980 年代後期光州民主抗爭的「證言」來研究韓國的社會記憶，爲全面整理眾多積壓已久的分斷現代史課題提供了契機。[15] 5 月運動的成果具體

情感結構：從剩餘到惡趣〉，《跨界人文學》第 9 期，2011，第 101~123 頁。

14　網絡漫畫並非像漫畫書那樣在四方格和對話框中畫成。若留意閱讀網絡漫畫的特殊方式，會發現圖畫不受方格位置的影響，可以隨著滾動條的移動從下而上移動，這製造出如同在觀看電影和視頻的幻覺。姜炫求，〈江草長篇漫畫講述故事的競爭力〉，《人文內容》第 10 期，2007，第 240 頁。

15　鄭根埴的論文考察了具備後／殖民，後／冷戰（分斷）以及後／獨裁三

表現為「光州五原則」的確立，卻止步於推進制度落實時發生的兩難困境。雖然「光州五原則」明確提出懲處加害者等訴求，在世界範圍內看可謂是清算力度較高的行動方針，然而它在實現真相查明和處罰責任者兩方面卻明顯存在局限。[16]

我們可以透過「創傷」這一特定語境把握5‧18轉型期正義模型的局限。有關5‧18參與者的精神健康研究顯示，參與者承受著極大的精神痛苦，幾乎無法從周遭環境得到支持，以致於在30多年後的今天，他們仍帶著慢性創傷生活。實際上，5‧18參與者的高自殺率和死難者家屬的自殺問題也是促成 2012 年光州創傷中心成立的因素。在這一背景下，Kang Eunsuk 運用「社會創傷」的框架考察5‧18市民軍機動突擊隊生涯史，指出他們的創傷與過去沒有得到清算以及補償過程中發生的波折息息相關。金寶敬則進一步將有關否認5‧18民主化運動的組織性策略概念化，並稱這些否認的言論加劇了民主化運動中經歷創傷的倖存者的後遺症。真相的遮蔽導致真正的哀悼無法實現，無從得知真相

種重疊時空和同質性的韓國其社會記憶研究的軌跡，〈在多重轉型與全球史背景下看韓國社會記憶研究的軌跡〉，《民主主義與人權》第 13 卷第 2 期，2013，第 347~394 頁。

[16]　Pak Hyeonju，《韓國轉型期正義的兩難困境：以三種案例的查明死因真相過程為中心》，聖公會大學碩士學位論文，2015。「處理 5 月問題的五大原則」最終確定為①查明真相，②懲罰責任人，③恢復名譽，④賠償，⑤紀念事業。然而實際上，光州屠殺事件的核心真相至今未能查明，連部分人士的懲處也換成是以赦免為前提的懲處。另外「賠償」不是恢復（rehabilitation）意義上的「賠償」，而是成了「補償」性質的金錢發放。康誠賢，〈圍繞歷史與世越號慘劇真相查明的爭議與評價〉，《歷史批評》總第 109 期，2014，第 62~67 頁。

的創傷群體也必然產生極度憤怒和怨恨的情緒。[17]這些研究均證明了轉型期正義的社會脈絡對個人痛苦產生的影響。[18]

然而，這些研究成果主要聚焦於否認5‧18的加害主體和受害者之間的關係，並未考慮到否認文化中範圍更廣，更多樣的行為人。近來學者特別指出，約從 2004 年起，創傷後應激障礙（Post-Traumatic Stress Disorder, PTSD）成為表述人類痛苦的國際通用語和社會普遍觀念之一，但 PTSD 只從醫學角度認識和探討倖存者或目擊者的倖存者症候群。這種診斷方法關注的是倖存者是否感到恐懼，害怕或無力等主觀反應，而不是瞭解倖存者如何認識和解讀創傷事件本身。

以醫學診斷為主的症狀中心主義和僅關注個人的方法論，並沒有切實重視倖存者處於其他災難犧牲者或共同體成員之中時所經歷的罪疚感、羞愧、自我貶低等相互主觀式的情感體驗。[19]正

---

[17] 國外研究顯示，在紅色高棉政權（Khmer Rouge）統治下遭受嚴重創傷的柬埔寨倖存者中，認為真相大白的人出現 PTSD 的幾率較低。Choe Hyeonjeong，〈「PTSD 時代」的痛苦認識與應對：探索創傷恢復的對策模式〉，《認知科學》第 26 卷第 2 期，2015，第 187 頁。

[18] Oh Suseong‧Shin Hyungyoon‧趙鎔範，〈5‧18 受害者慢性創傷後的壓力與精神健康〉，《韓國心理學會志》第 25 卷第 2 期，2006，第 59~75 頁；Choe Jeonggi，〈清算過去時發生的記憶戰爭與轉型期正義的難題：以光州民主化運動的相關補償問題與受害者的創傷為中心〉，《地區社會研究》第 14 卷第 2 期，2006，第 3~22 頁；Kang Eunsuk，〈從 5‧18 市民軍激動突擊隊員的生涯看社會性創傷的形成過程〉，《記憶與展望》總第 26 期，2012，第 269~308 頁；金寶敬，〈是誰在否認歷史：否認 5‧18 過去清算的邏輯和現象〉，金東椿‧金明姬，《透過創傷解讀大韓民國》，歷史批評社，2014。

[19] 金明姬，〈世越號事件後的治癒：以傑弗里‧亞歷山大的「創傷過程」

因爲如此，創傷記憶總是被當作是個人和醫學的問題來處理，這反過來導致了人們被動地將受害者對象化。同時，更爲嚴重的政治後果是，它令相關行爲人的公共責任不了了之。借用克里斯多福・拉施（Christopher Lasch）的觀點，即是「隨著應報式正義轉移成治癒式正義，抵抗道德的過度單純化造成了破壞道德責任感的後果。」[20]這是本文之所以運用情感理論考察 5・18 參與者痛苦的原因。

同樣地，運用修復式正義（restorative justice）的理論試圖把握 5・18 遺留的社會痛苦也有其局限。修復式正義是與以懲罰加害者爲目標的應報式正義（retributive justice）相對的理論模式。該理論認爲受害者、加害者、共同體是爲了修復正義而不是施加懲罰的主體，它關注哪些傷害已經發生，受害者的訴求是什麼，爲了實現修復目標人們應該擔負何種責任。簡單來說，修復式理論強調受害者和加害者之間，當事人和共同體之間關係的恢復。[21]

然而問題是，修復式正義的理念無法有效地推進政治改革和體制的轉型，不利於受害者的權利伸張，也難以保證同類事件不

理論爲中心〉，《文化與社會》第 19 期，2015，第 19 頁。

[20]　克里斯多福・拉施，《自戀主義文化》，崔景熹譯，文學與知性社，1989，第 269~270 頁。

[21]　南非共和國的事實和解委員會或盧旺達的加卡卡法庭（Gacaca court，社區型法庭）是在經歷國家暴力的社會裡建立修復式正義的先例。相關討論可見李在承，〈和解的語法：公民政治是希望所在〉，金東椿・金明姬・Kang Eunsuk・Choe Hyeonjeong・李在承・鄭鎮林・金原錫・金宰敏・Kwak Sajin・金寶敬，《透過創傷解讀大韓民國》，歷史批評社，2014，第 169~170 頁；李榮宰，〈轉型期正義的本質與形態研究〉，《民主主義與人權》第 12 卷第 1 期，2012。

再發生。在處理大規模人權侵害事件背後的責任問題時亦力有未逮，因此修復式正義常被詬病帶有「地方主義的局限」。實際上，在《26 年》裡，5・18 的經歷者們試圖向「那人」復仇，也是由於國家權力沒有明確處罰下令屠殺的主謀者和相關人士。原諒的實現取決於復仇（懲罰）是否可能。假如受害者徹底失去了現實中復仇的可能性，那麼寬恕也就無從談起。5・18 受害者因為國家的罪行失去了生命中重要的人（伴侶・父母・自我），而國家卻主導了懲罰犯罪者的過程，將受害者排除在外，這反過來導致了受害者連救贖和修復創傷的機會也一同被剝奪而去。換句話說，《26 年》裡 5・18 受害者憤怒的原因，不是因為在懲罰加害者的過程中自身被排除在外，而是因為國家主導審判過程卻根本沒有行使懲罰權（不處罰，impunity）。簡而言之，在連國家暴力的受害者都不能復仇的情況下，以及理應實現應報式正義的國家公權力卻沒有將政治暴力加害者繩之於法的情況下，受害者是無法產生原諒加害者的態度或意向的。[22]

由於修復式正義模型和應報式正義模型只關注受害者與加害者的二元範疇，忽視與受害者－加害者的相互再生產有關的其它行為人，因此本文將嘗試以「生態系統式的」視角考察 5・18 否認文化的結構。

正如眾多創傷研究指出，創傷中必然存在加害者－受害者－旁觀者的結構，其中包含了諸多道德・政治的議題。史丹利・寇恩以佛洛伊德的否認概念為基礎，闡明了國家和社會對人權侵害置若罔聞的現象。他選用了「旁觀者」一詞展開闡述，而沒有使

---

[22] 李在承，〈和解的語法：公民政治是希望所在〉，第 174~176 頁。

用「第三者」或「觀察者」這類表達。在這裡，旁觀者指的否認文化中的所有個體。持否認態度的旁觀者對創傷的後果集體無視，視恐怖爲自然日常。因此，作爲導致創傷發生的一環，旁觀者實際上是加害者的「同謀」。人們生活在現代社會訊息的洪流中，無暇關注他人的痛苦，造成了否認同時代人（contemporary denial）的現象。透過假裝不知道或不相信，或沉默，或服從暴力，或視之爲理所當然等否認的行爲，旁觀者採取了「知道（know）」但「不承認（acknowledge）」的立場。[23]

在這一點上，最近有學者在研究校園暴力現象和應對措施時，擺脫以往以加害者與受害者關係爲主的分析方法，從生態系統式的角度積極考察第三者或旁觀者的角色。這一研究範式的轉變值得我們注意。例如，從個人角度分析加害者－受害者的二元結構，會造成一種加害與被害的關係循環。然而當我們一同考慮重構加害與被害關係的社會環境時，則會發現目擊者經歷的罪疚感和羞愧感會轉化爲道德情感，進而激發出他們揭露事件眞相，推動社會關注的實踐動力。而在否認和迴避事件的情況下，這些罪疚和羞愧感也有可能化爲助長國家暴力再生產的旁觀者情感。克服加害者－受害者二元的個人式分析方法的局限，以下將以圖表的形式（圖 1）展示生態系統式分析方法揭示的加害者－受害者－旁觀者關係的核心理念。[24]

---

[23] 史丹利・寇恩，《否認狀態：瞭解暴行與苦難》，趙孝濟譯，創批，2009，第 66~69 頁；Choe Hyeonjeong，〈「PTSD 時代」的痛苦認識與應對：探索創傷恢復的對策模式〉，第 164 頁。

[24] Mun Jaehyeon，《停止校園暴力！》，Sallimteo，2012，第 16；20 頁。

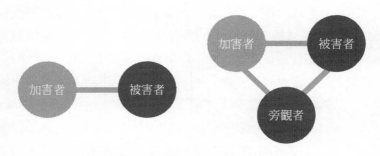

圖1：個人式分析法和生態系統式分析法

從社會關係的角度考察情感

　　然而應該注意的是，正如野田正彰在《戰爭與罪責》（2000）中指出，負罪感和羞愧感一方面是人類擁有的「普遍」情感，另一方面也會受到所在社會的文化和道德規範所形成的「相對時空」的制約。因此，對處在具體歷史時空中的相關行為人的情感動力學進行個案研究（case study），顯得十分必要。

　　我們可以借鑒威廉斯的「感覺結構」理論，幫助探究轉型期正義的情感生態系統。根據威廉斯的觀點，「感覺」一詞與「世界觀」或「意識形態」等更為穩定的概念不同，它不是與思想相對的情感，而是「感覺到的思想」和「被想起的感覺」，是對現存事物的實踐性意識。[25]這一定義取消了感覺和認知之間的二元

25　根據論者和上下文的需要，韓語감정一詞可表示 emotion, affect, feeling, passion, sentiment 等。本文所使用的감정指的是與認知相對的，與某對象構成關係的行為者（們）所具有的實踐性情緒。一般情況下，情感或認知好像只有其中之一能規制行動，二者看起來是對立的。但認知與情

對立關係，確立了感覺的實踐性特質。感覺結構這個概念並沒有將感覺局限在個人領域，把它理解為互相孤立的元素，而是從元素之間的關係和互動（dynamics）來理解感覺，把它看作是「相互碰撞，既存在緊張關係，同時也構成特殊內在關係的一對組合」。感覺結構可以說是「一個時代的文化」，也是「經驗的結構」。威廉斯將感覺結構定義為和政治經濟相對應的心靈結構，指出當一個社會的感覺結構發生變化時，這個社會才真正地發生變革。也就是說，不亞於政治自由或經濟自由等外在發展的重要性，國民內部的意識結構所發揮的作用亦十分關鍵。當意識結構發生變化時，真正的革命才能實現。因此，他認為西方的現代化歷史需要經歷一段漫長的革命。[26]

感結合在一起時，能發揮強大的作用，同樣極具意義。長久維持的情緒和情感紐帶能使人對特定的信仰和理解方式更為敏感。因此比起將情感和認知看做是零和用語，我們更應該考察兩者之間的相互作用和結合情況。傑夫·古德溫、詹姆斯·M·雅柏、佛朗西斯卡·波萊塔著，《激情的政治》，朴炯信·李真希譯，Hanul Academy，2012。借用伊萬·梅斯特羅維奇解讀涂爾幹的觀點，「一級的社會生活如果是情感的話，那麼二級的社會生活就是認知的。」，斯捷潘·梅斯特羅維奇，《後情感社會》，朴炯信譯，Hanul Academy，2014，第 202 頁。

[26] 可見，韓國諸多「不合理的」政治文化正好反證出在 21 世紀一種合適的感覺結構尚未在韓國社會形成。因此可以說，韓國政治的未來在於尋找出新的感覺結構，即尋找出能夠適應新的政治權力和經濟結構的公民特質。洪性旼，〈情感結構與大眾政治學〉，《政治思想研究》第 21 卷第 1 號，2015，第 9~34 頁。根據威廉斯的觀點，漫長的革命是「改變人類和制度的一場真正的革命。它在數百萬人的推動下持續擴大和深化，並不斷受到各種各樣的反對，其中既有公然的反動，也有慣常形式和思想壓力所造成的阻撓。」詳細觀點可參考雷蒙·威廉斯，《漫長的革命》，成銀愛譯，文學村，2007，第 12~13 頁；雷蒙·威廉斯，

　　參考這一觀點，情感生態系統的概念可以理解爲特定歷史事件中相關行爲人的情感融合和相互作用的動態體系。另一方面，威廉斯的「感覺結構」和涂爾幹的「集體意識（情感）」概念也出自類似的問題意識。涂爾幹將紐帶關係視爲社會學研究的中心議題，他認爲在社會學中「情感」不僅僅是外推的（extrapolation）的元素。進入現代社會的進程正是集體意識（conscience collective）發生變化的過程。

　　集體意識是「社會成員平均具有的信仰與情感的總和」，「作爲社會心理形式具有自身的特性，生存條件和發展模式」。行爲主體經歷的情感在與其相關的社會條件和事件經過中歷史地形成，即「情感必然從它得以產生的根源中誕生，同時它也一直保留著這些根源。」[27]因此在實踐中，理性的作用是幫助同時代的人們瞭解自身的慾望和情感。在這一理論層面上，對情感生態系統的考察有助於我們深入瞭解韓國轉型期正義的再生產情況，爲我們提供了一種能夠闡釋和批判「把不合理的情感轉換成合理情感」的非認知性結構。

　　《馬克思主義與文學》，朴萬俊譯，經文社，2003，第 190~231 頁。

[27] 艾彌爾・涂爾幹，《社會分工論》，閔文泓譯，Acanet，2012，第 128；153 頁。涂爾幹認爲情感是需要透過科學探究來說明的對象。從「雖然情感是科學研究的一個課題，但它無法成爲科學事實的標準」這一表述可知。Durkheim, Émile. *The Rules of Sociological Method*, tr. by W. D. Halls, NY: The Free Press, 1982, p.74.有關涂爾幹的情感理論可參考金明姬，《整合型人文科學的可能性》，Hanul Academy，2017，第 427~432 頁。

《26 年》的情感生態系統與情感動力學

以上述分析為基礎，本章將試圖解讀《26 年》體現的情感動態關係及其含義。正如前文指出，《26 年》發揮了網絡漫畫這一媒體的特性，有效呈現了與否認 5‧18 的生態系統有關的各種行為人的情感動力學。

5‧18 遺屬二代和代際間的創傷動力學

《26 年》的基本情節是主人公替代無法果斷懲處 5‧18 屠殺者的國家，成為追求應報式正義主體的過程。有趣的是，這種追求應報式正義的嘗試起始於曾是戒嚴軍的金甲世和死難者家屬二代的相遇。在 5‧18 當時擔任戒嚴軍，並殺害市民的大企業會長金甲世多年來飽受罪疚感的折磨。他將視如己出的私人保安企業室長金主安（音譯）和黑社會流氓郭鎮裴（音譯），國家射擊運動員沈美進（音譯），警察權正赫（音譯），半身像雕刻家李致英（音譯）一同集結起來。看似毫無關聯的他們實際上都在 5‧18 事件中失去至親，帶著傷痛生活了 26 年。郭鎮裴的父親在當時作為市民軍被射殺，大受刺激的鎮裴母親此後每逢看到民防訓練便會精神錯亂。她瞥見鎮裴入伍的軍服，激動得揮刀誤傷了鎮裴的臉。而沈美進的父親因妻子被鎮壓的軍人無辜殺害，消沉度日的他後來衝至「那人」的官邸扔擲汽油彈，卻反被汽油彈誤傷身亡。可以說，他們都是在家庭這一親密領域（intimate sphere）中，以 5‧18 事件留下的歷史創傷（historical trauma）溝通兩代人情感的「受害者們」。

與此同時，他們也是為了暗殺逍遙法外的最高責任者「那

人」而齊心合力的，「對事件具有權利」的主體。這一設定打破
了以往官方論述單方面地將遺屬刻畫爲國家暴力「受害者」的模
式，是《26 年》的創新之處。既有的 5・18 象徵界掩蓋了的一
個重要事實，即在歷史上遺屬不僅只是受害者，他們還是能動地
介入到事件之中的，能夠解決問題的主體和動態的「行爲者」。
[28]「對事件具有權利」這一概念意味著受害者作爲主體參與解決
事件的整個過程（爲事件正名、查明眞相、審判、證實被害事
實、後續措施），有權發表對事件的立場，提議解決方案，監督
和批評事件處理的過程，擔當起公共的角色。換句話說，「對事
件具有權利」不僅是指受害者享有的個人權利的一種或集合，它
還是民主社會中僅次於國民主權的權利，是受害者處置國家暴力
和大型慘劇的主權。它是受害者在面臨各種情況時將自身主體化
的策略性概念。[29]

---

[28] 詳細的實證研究可參考 Kim Hwasuk，〈從女性主義看女性的社會抗爭
經驗〉，《女性學論集》第 16 期，1999；No Yeongsuk，《探究五月母
親之家的形成》，全南大學碩士學位論文，2015。

[29] 近代國家由於認同了應當重視罪犯人權的啟蒙主義式觀點，相應地削弱
了受害者的影響力。刑事法的合理化反而加劇了犯罪受害者的無力感和
疏離感。然而，如今國際人權法更傾向於強化受害者的地位。詳細討論
可見李在承，〈世越號慘劇和受害者的人權〉，《民主法學》第 60
期，2016，第 159 頁。

　　《26 年》的另一新意是，當作爲國家犯罪執行者的上一代人的罪疚感與遺屬二代的創傷力量相遇時，能夠創造出和解和原

諒的新的可能性。然而這個過程在一開始並不順利。郭鎭裴經歷了一番艱難的心路歷程後才原諒了殺父兇手金甲世。當中首要的前提是金甲世眞誠地反省和懺悔，再者是鎭裴逐漸認識到他和金甲世同爲「結構性暴力」的受害者。面對現實無法消除以「那人」爲象徵的結構性暴力，他們都產生了「憤怒」和渴求實現「正義」的情感。這種情感共鳴聯結了金甲世和遺屬二代的復仇之心。

　　憤怒是人在生活當中自然會產生的一種情緒。亞里斯多德在《尼各馬可倫理學》中指出，擁有溫和德性的人在適當的時機，面對合適的對象，在適當的時間範圍內是有理由產生憤怒的。因此當憤怒生成時，我們應該要問的是觸發憤怒的事實是否正當，其中存在的價值關係是否均衡。簡而言之，若憤怒和復仇的情感指向的是製造罪惡之人，那麼便是正義的情感，復仇劇是演繹正義論述的元素。[30]《26 年》中的復仇情節表明了在應報式正義缺席的情況下，強求加害者－受害者和解的修復式正義是不可能實現的，這爲重新解決韓國轉型期正義兩難困境提供了新的可能性。

加害者的兩種路徑：罪疚與羞恥，作用與反作用

　　反思的加害者金甲世和受害者遺屬第二代的聯盟和團結開啓了追求應報式正義的新局面，卻因各方勢力的介入而屢受挫折。《26 年》中呈現了兩種截然不同的戒嚴軍類型，他們或是推動

---

[30]　瑪莎・努斯鮑姆，《厭惡與羞恥心》，趙啟元譯，民音社，2015，第36 頁；李在承，〈和解的語法：公民政治是希望所在〉，第 173 頁。

了應報式正義的實現，或是從中施加阻撓，成為反作用的向量
（vector）。金甲世和同樣參與鎮壓 5‧18 市民軍的馬尚烈（音
譯）正是這兩種類型的代表人物。兩人在殺人後同樣產生了類似
的罪疚感，可這種罪疚感卻沿著兩種不同的途徑演變，產生了鮮
明的對比。

　　首先，金甲世作為「羞愧者」，為自己的所作所為感到罪疚
萬分。他對過去後悔不已，反思不斷。不但策劃對真正的加害者
的復仇，還主動嘗試與受害者重新建立關係，走上了懺悔和謝罪
之路。他從不「否認」，且明確「承認」了自己的加害行為。

　　　「真的很痛苦……乾脆……沒辦法了，只得由我。」

　　　「很羞愧……羞愧得想一死了之……死去的人堂堂正正，
　　苟活的人無地自容……我想把那時所有的一切改正過
　　來。」

　　羞愧成為了他「想把一切改正過來」的反思和謝罪的動力。
由此，金甲世同樣作為「對事件擁有權利」的主體，得到了他渴
望獲取原諒的犧牲者後代的認同。[31]

31　正如作品結尾處，遺屬二代半身像雕刻家李致英說，「不是……你。你
　　也是……受害者。雖然你對我犯了罪……但我原諒……你。」在認同和
　　原諒發生的一瞬間，加害者與受害者的關係便發生了重要改變，從原先
　　的不平衡權力關係置換成新的連帶關係。

　　與此相反，當 26 年的時間轉眼過去，馬尚烈作為前總統的警衛室長再次出場時，他仍然是「不知羞恥的加害者」（下側漫畫）。雖然他曾像金甲世那樣，對5‧18前後（當時作為戒嚴軍

殺害了孩子母親）自己的所作所爲感到內疚，並試圖爲此自殺。
但他最後選擇去「合理化」[32]自己的行爲，堅信當時自己只不過
是「履行了上級命令」，是正確妥當的舉動。他把對「那人」權
威的忠誠等同於對「國家」的忠誠，認爲自己所射殺的犧牲者不
過是「暴徒」和「間諜」。透過自我的正當化，他走上了內化國
家意識形態的道路。

　　我們應該如何解釋這兩名加害者的選擇？借用研究大屠殺現
象的社會學家齊格蒙特・鮑曼的觀點，[33]馬尙烈的情感動態在某
種程度上是一種代理人狀態（agentic state）。一旦經過行爲人的
同意把責任轉移到上級命令之時，行爲人就會被投進一種代理狀
態中。在代理人狀態中，行爲人由上級權威界定，在被監督的狀
態下完全服從支配。有關行爲人作爲權威代理人的描述也有助於
我們界定代理人的狀態。例如，「假如他是錯誤的話，那麼就意
味著我全部的過去也是錯誤的。因此我必須保護他。」從馬尙烈
的表述可知，他透過將責任迴避・轉移到上級權威身上，推諉了
自身加害行爲的法律・道德責任。

---

[32]　合理化指的是透過邏輯性的根據和發現去說明令人困惑的行爲，以此使
　　自身變得正當。

[33]　齊格蒙特・鮑曼，《現代性與大屠殺》，鄭一畯譯，Holywave，
　　2013，第 272~275 頁。

我沒什麼可愧疚的，他們是間諜，是暴徒！是的，他們是暴徒，是間諜。

我只是執行了命令而已。

如果說是他錯了，那也就是說我所有的過去都是錯！！！！！

所以，我應該保護他才行！！！

我來捍衛您，總統閣下！！！

捍衛您的過去。

　　值得注意的是，代理人在處理自身和受害者的關係時，會透過「將臉抹去（effacing face）」把對方抽象化，以此加強自身的合理性。「將臉抹去」的機制透過增加社會距離，將受害者作爲「一張臉」可以與行爲人相遇的這樣一類存在中驅逐出去。在這一空間裡，個體之間可以相互作用的領域不復存在，使得作爲抽象範疇的「他者」與我所知的「他者」之間無從溝通。以馬尚烈爲例，他在精神上把犧牲者隔離（segregation）爲「暴徒」和「間諜」。被官方定義爲敵人的人只會在技術和工具的價值層面上被評價和分類，他們被完全排除在日常相遇空間之外。鮑曼稱這種機制爲「範圍式殺人」。這種物理‧心理距離的效果藉由加害行爲的集體化和官僚分工得到進一步的強化。官僚組織透過行使發號施令的權威，來操控相關事態的走向，更容易地將行爲人轉換成執行者，將對象轉換爲受害者。[34]

　　體現這一機制的另一個例子是《26 年》中的崔警官。崔成泰（音譯）是惡名昭著的擅長拷問技術的警察。他對被拉到對共科室的赤色分子不假思索地進行拷問，並堅信這是爲國家獻身的正確方法。後來，透過和文益煥（音譯）牧師的會面，他開始懷疑國家命令自己所做的事情是否眞的正確。雖然除了抓捕政治思想犯之外，他「與一切並無關聯」，但他的懷疑也沒有動搖自己對「職業倫理」的忠誠。透過與文牧師的會面所引發的反思，即

[34] 這裡也包含了醫學領域裡的犧牲者化現象。例如停戰後，「倖存者的罪疚感」這一診斷名稱給許多精神科醫生帶來了名聲和財富。然而隨著時間的過去，以往在醫學診斷中無比確鑿的「罪疚感」逐漸被「生存情結」這一診斷名稱所取代，只留下對自我保存心理的肯定。齊格蒙特‧鮑曼，《現代性與大屠殺》，第 265；356~385 頁。

「像我這種人，怎樣生活才是對的」，最終還是被「我是警察」，「我應該這樣活著」的自我合理想法壓倒。在這層意義上，崔警官也是阻止將「那人」定罪的旁觀者和共謀者。

　　而同為警察的遺屬第二代權正赫則是與這種旁觀者和共謀者角色對立的人物。雖然他和崔警官一樣掙扎在職業倫理和家庭倫理的矛盾之中，但他比崔警官更進一步地反思了自己「為何想要當警察？」。最後，他放棄了有違良心的警察職務，轉而成為主動參與復仇行動的行為人。

　　鮑曼對大屠殺現象的分析相當多地借助了心理學家斯坦利‧米爾格拉姆（Stanley Milgram）的「對權威服從的實驗」。在這一實驗中，他提出了受害者和加害執行者之間的「人際關係函數」概念。其中最令人驚訝的發現是，受試者殘忍的傾向與他和犧牲者的接近程度成反比。物理距離越近，可持續互相協助的執行者之間便越能形成相互的義務感和連帶感。反之，在物理和心理距離上與受害者愈遠的受試者則更容易變得殘暴。鮑曼在米爾格拉姆的實驗中發現的一個重要規律是，所有道德行為的基本要素即責任是建立於與他者接近（proximity）的基礎之上。當透過身體和精神上的孤立使接近程度受到折損時，道德衝動便會被沖淡，由此道德轉為沉寂。正是社會距離的隔絕導致數千人成為殺人者，數百萬人成為坐視不理的旁觀者。[35]

　　雖然這一觀點部分解釋了馬尚烈的共謀行為，但卻無法充分解釋與他截然相反的金甲世的抉擇。他的事例只不過說明了，充滿罪惡的社會裝置並沒有徹底泯滅行為人的自律性，歷史上總會

---

[35]　齊格蒙特‧鮑曼，《現代性與大屠殺》，第262~264‧307頁。

出現拒絕擔任代理人的個別案例。

> 一些普通人，平常遵紀守法、謙虛有理、循規蹈矩，也不
> 善冒險，卻勇敢地抵抗那些掌權者，忘卻結果而優先考慮
> 自己的良心——很像那些極少而分散的、單獨行動的人，
> 他們反抗無所不能、寡廉鮮恥的權力，冒著最後遭懲罰的
> 危險竭力拯救大屠殺中的受害者。而要從社會的、政治的
> 或者宗教的「決定因素」來探究他們的獨特性是徒勞的。
> 他們的道德良知，在非戰爭的狀態下蟄伏不動，現在卻被
> 喚醒了，確實是他們自己個人的品質和個人的所有——跟
> 不道德不同，後者必然是社會性的產物。[36]

　　然而對於經歷了同一歷史事件並擔任相同角色的金甲世和馬
尚烈，如果只說他們是依靠歷史的偶然和個人的選擇而走上了各
自不同的道路的話，那麼我們依然難以徹底擺脫加害者與被害者
的二元循環結構。這時，米爾格拉姆的論點可以再次派上用場，
幫助我們進一步理解曾是加害者代理人，卻與受害者堅決結盟的
金甲世的典型行為動力學。

> 如果能讓受試者更清楚地理解犧牲者的痛苦，讓他們感覺
> 到犧牲者的存在，即讓他們看到，聽到，感受到犧牲者的

---

[36] 齊格蒙特・鮑曼，《現代性與大屠殺》，第 281~282 頁。譯者注：本
　　譯文轉引自鮑曼著，楊渝東・史建華譯，彭剛校，《現代性與大屠
　　殺》，譯林出版社，2002，第 220 頁。

話，那麼也許受試者就不會出現服從的情況了。[37]

米爾格拉姆的服從實驗仔細地考察了實驗過程中出現的複雜
的函數關係，爲我們提供了思考實驗場以外情況的豐富線索。一
是，「共鳴」暗示。與犧牲者的痛苦相關的視覺線索喚起了受試
者的共鳴反應，因此受試者能更完整地體會犧牲者的經歷。由於
共鳴反應本身是一種不愉快的體驗，受試者本能地希望能結束引
起這一激動反應的情景。二是，否認的機制和對犧牲者的「認
知」場形成函數關係。例如，在接觸情境下，由於犧牲者就在眼
前，否定機制因此無法產生作用。三是「交互場」。當犧牲者清
楚地看到受試者的行爲時，受試者會感受到羞恥和負罪感，這有
助於抑制受試者做出攻擊的行爲。四是「行爲的感受統一性」。
在受試者與犧牲者距離越近，能看到自身行爲對犧牲者帶來的痛
苦時，受試者更能獲得感受的統一性。第五，在同一空間條件
下，犧牲者的激烈反抗和抗議降低了受試者進行電擊的可能性。
總而言之，當受試者和犧牲者的物理・情緒・認知距離愈近，他
們愈有可能選擇拒絕服從命令，反抗服從行爲的犧牲者與受試者
更容易地形成一種聯盟的關係。

當相互距離愈近時，犧牲者更容易和受試者形成聯盟，共同
對抗實驗者。受試者無需再單獨面對實驗者。透過相互合作，渴
望對抗實驗者的同盟軍與受試者更爲緊密。因此在某些實驗條件
下，空間狀態的變化能在情感上改變同盟關係。[38]

---

[37] 斯坦利・米爾格拉姆，《對權威的服從》，鄭泰連譯，Ecolivres，
2009，第 65 頁。

[38] 斯坦利・米爾格拉姆，《對權威的服從》，第 65~73 頁。

　　實際上，在《26 年》的開頭，市民軍犧牲者（郭鎮裴的父親）曾當面（interpersonal）質問金甲世，「你難道不感到羞愧嗎，一點都不羞愧嗎」。簡短有力的一句發問佔據了金甲世的良心深處，推動他反省自己的人生。同樣地，在作品結尾，馬尚烈得知自己犯下的惡行連累了受害者沈美進的一生時，也出現了真心希望贖罪的轉變。[39]這種行為人物之間透過相互影響引發的情感變化貫穿了整個故事，《26 年》以同心圓擴散的方式鋪展了承受 5・18 沉重傷痛的相關行為人之間的情感共鳴磁場。

目擊者－旁觀者－防禦者的情感動力學

　　最後將考察一下從目擊者轉變為旁觀者，再成為支持者（防禦者）的黑社會頭目安秀浩（音譯）的角色。眾多有關暴力的研究已指出，旁觀者對暴力的進行過程產生了影響。因為對於施暴者而言，他人的沉默等同於讚同。旁觀者的沉默幾乎相當於對暴行的默許，因此可以說沉默的多數確保了施暴者能夠橫行霸道。[40]由此可知，社會運動的成敗取決於如何引導介入到加害－受害關係再生產過程中的第三者即旁觀者產生共鳴。當旁觀者作為受害者和反抗者的支持者（防禦者）介入時，受害者－加害者的不平等權力關係將發生改變。黑社會頭目安秀浩從 5・18 的目擊者

39　當然，作為同一暴力加害者（代理人）的金甲世所呈現的另一種人生可能性（謝罪與原諒）也對馬尚烈的轉變產生了影響。

40　圍觀者沉默地在旁觀看，施暴者沒有受到任何的阻止，可以任意妄為。渥夫剛・索夫斯基，《暴力十二章：暴力不會消失，它只是改變面貌》，李翰雨譯，Prunsoop，2010，第 164~165 頁。

和長期旁觀者，轉變成幫助郭鎮裴復仇的防禦者（支持者），是《26年》試圖實現應報式正義的過程中較晚出現的一個變數。

當示威群眾上街高聲呼籲抗爭時，「對自己身手充滿自信的」安秀浩卻嚇得躲在屋裡無所適從。他所經歷的恐懼和無力感在日後轉變為「沒有勇氣在白天走上錦南路」的嚴重的逃避心理。然而嚴格來說，他只是某一特定場景下的旁觀者。儘管當時沒有身在市政府，但他也算是目擊「那場事件」發生的，需要活命的暴力現場目擊者，更是5‧18事件的倖存者和飽受罪疚感與羞愧感折磨的受害者。遭到暴力對待的人由於自身的基本人權益受到侵害而產生痛苦。無論是過去多麼勇猛，擁有多麼豐富資源的人，也會經歷一定程度的倖存者症候群。倖存者會一邊回顧和批判自己的行為，一邊產生罪疚感和羞愧感。這是創傷事件後遺症的普遍症狀。當倖存者目睹他人的痛苦或死亡時，會產生十分沉重的罪疚感。[41]「我活下來了。這就是罪……朋友，摯友，不認識的人代替我死去，所以我才能在這裡活著。」罪疚感往往令倖存者走進這種思維定式的死胡同。[42]

然而，罪疚感也與改過自新，給與原諒，認同攻擊性的局限等態度有關，因此它具備了創造性的潛力。相反，羞愧感雖然和罪疚感很相似，但羞愧是個人行為與部分自我發生衝突時產生的。這個自我已經內化了他人的某種態度，當他害怕喪失對他很

---

[41]　旁觀者最普遍的反應是產生一種根植於心的「目擊者罪疚感」，這和「倖存者罪疚感」類似。茱蒂絲‧赫曼，《從創傷到復原》，Choe Hyeonjeong 譯，Planet，2007，第 245 頁。

[42]　喬治‧阿甘本，《奧斯維辛的殘存者》，鄭文永譯，Holywave，2012，第 134 頁。

重要的他人的愛與尊重時，他自身的那種自動化機制會被激化，由此產生羞愧感。[43]安秀浩的罪疚感與他人的生命聯繫在一起，而他的羞愧感指向了膽小怕事的自我，兩者如同無法分離的硬幣的兩面，共同作為「那件事」的遺緒留存在安秀浩的生命歷程中。而當他看到關係密切的郭鎮裴堅決展開復仇，即因受害者主體化而深受觸動時，他長期抑壓的罪疚感轉變成了羞愧感。與此同時，當他從旁觀者轉變為防禦者（支持者），重新恢復為對事件擔負責任的主體時，他成為了促進應報式正義實現的決定性力量。我們可以用圖表（圖 2）的形式簡單繪出安秀浩身上體現的目擊者－旁觀者－防禦者（支持者）的動態譜系。

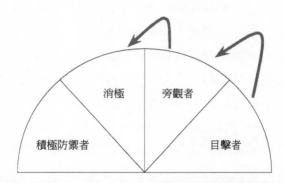

圖2：生態系統式分析2：目擊者－旁觀者－防禦者譜系

　　值得注意的是，在以上考察的三種案例中，即受害者與加害者（代理人）同盟，加害者（代理人）的反省和謝罪，以及目擊

---

[43]　可參考瑪莎・努斯鮑姆，《厭惡與羞恥心》，趙啟元譯，民音社，2015，第 381 頁；諾博特・伊里亞思，《文明的進程 II》，Pak Miae 譯，Hangilsa，1999，第 383 頁。

者與受害者（同時是反抗者）同盟中，「羞愧感」是改變事件走向的核心情感機制。羞愧感在本質上具備了實踐的意義。眾多考察 5‧18 集體情感體驗的研究表明，倖存者的羞愧感是 5‧18 這一歷史經驗觸發的道德意識表現，也是推動韓國民主化進程的動力。[44]對《26 年》的人物來說，羞愧是實踐的一種動力，讓他們不斷扣問「那場事件」所留下的人生課題。同時，它也是克服過去政治暴力遺產的歷史反思動力和規劃另一種人生方式的反思性範疇。[45]

想像另一種人生：歷史交流的可能性

透過以上方式，《26 年》細緻巧妙地再現了否認 5‧18 的情感生態系統，探索出因歷史事件而備受痛苦的他者與相關的行為人之間形成反思性共鳴的可能性。當然《26 年》描繪的終究不是文本以外實際存在的行為人的真實世界。然而，對社會生活進行再現便如同是在介入實際的社會構成過程一樣，《26 年》促使我們反思以事件史為中心的既有歷史敘事無法觸及的「人們的世界」。《26 年》引導我們思考在組織性和系統性的政治暴力持續再生產的環境裡，那些必然產生的責任灰色地帶（grey

---

44　殷宇根，〈羞愧或提問的歷史意識：5 月民眾抗爭與光州‧全南天主教教會〉，《神學展望》第 179 期，2012，第 191~240 頁。

45　從社會哲學角度考察羞愧如何界定和組織複雜多樣的現代社會，可參考 Jung Myungjung，〈試論羞愧的反思性〉，《情感研究》第 12 卷，2016。齊格蒙特‧鮑曼亦關注到羞愧作為實踐動力，可以幫助我們恢復可加工的歷史經驗的道德意義。《現代性與大屠殺》，第 339 頁。

zone）[46]是如何運作的，為我們提供了症候式解讀情感結構是如何橫跨時空，溝通不同的歷史事件。《26 年》的故事創造了一個讓時而共謀，時而反抗的各種行為人重新相遇與對話的空間。這是受害者與加害者的二元思維模式無法補捉的充滿動態變化的場域。

　　筆者認為以上的討論對思考韓國轉型期正義帶來的啟示如下。

　　第一，《26 年》立足於轉型期正義實現過程中的兩難處境，指出處罰 5・18 責任者的歷史任務最終不能依靠現實的政治途徑完成，不得不由遺屬後代以實現應報式正義的方式來重新解決。同時，《26 年》也表明了若要實現應報式正義，只能透過受政治暴力牽連的行為者首先反思自身的定位和造成痛苦的結構性起因。與其說應報式正義和修復式正義的任務是互相矛盾的，不如說它們實際是相互牽動和重疊的課題。如果說「正義（justice）」概念的形成原本就是依賴於相關局面的政治力量關係以及社會對正義的認知，那麼在極度偏向於否定轉型期正義的韓國社會氛圍下，《26 年》反而竭力主張由被害者和社會來主導揭露真相和伸張正義，其中蘊含的意義無疑極為重要。[47]

---

[46]　每個社會都會存在灰色地帶，它由作為犯罪體制中介的那些「平凡而面目模糊的人」組成，是受害者和加害者之間的地帶。普里莫・萊維，《被淹沒和被拯救的》，Lee Soyeong 譯，Dolbegae，2014。

[47]　有關以受害者一社會為中心的真相查明和實現正義的方案可參考康誠賢，〈圍繞歷史與查明世越號慘劇真相的爭議與評價〉。

　　筆者嘗試將《26 年》呈現的以共同體為基礎的轉型期正義模型（圖 3）描述如下。[48]

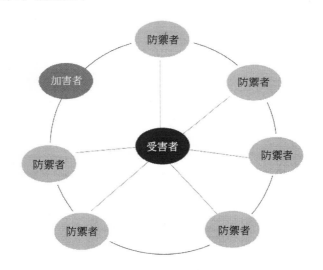

圖 3：生態系統式分析 3：以共同體為基礎的轉型期正義模型

　　在圖 3 的「加害者－受害者－防禦者」模型中，促使受害者與防禦者聯盟的關鍵情感機制是以憤怒和正義，羞恥和共鳴為中介形成的連帶。然而需要強調的是，這裡的「共鳴」既是情緒與認知上（cognitive）的共鳴，也是關係型和說明型的共鳴。關係型・情緒型的共鳴和認知型・說明型的共鳴出現的過程，即是升

---

[48] 這一圖表借鑒了 Mun Jaehyeon 提出的校園暴力問題生態關係式分析框架。Mun Jaehyeon，《停止校園暴力！》，Sallimteo，2012，第 23 頁。與 Mun Jaehyeon 模型中的圓形代表「照顧」不同，這一模型中的圓形將受害者和防禦者「連接」起來，構成孤立加害者暴力的同盟關係。

華[49]產生的過程。換句話說，當憤怒和羞愧的情感在凝聚社會和恢復正義的集體實踐中合二為一時，就會出現情感的升華。如此看來，清算政治暴力殘餘的最有力方法就是修復共同體的情感，即修復正義共同體的社會性（sociality）和連帶性（solidarity）。一個社會能引以自豪的不是其物質上的博大或富裕，而是憑它營造了最正義和最具組織性的社會環境，以及建立了最良好的道德結構。[50]

第二，這樣的連帶關係並非是自然形成的。它是在無法發聲的群體被人們從道德的無視領域轉移到得以顯現（appearance）自身的空間這一再現的過程中形成；在將「各自一直思考的問題」逐漸確立為「共同的問題」這一論述構造的過程中形成；在將同一種經歷升華為「共同的經歷」這一論述構造的過程中形成。[51]簡而言之，當無視不僅是物理距離的問題，而且是認知和道德的函數關係問題時，我們更有必要以公共記憶的方法論考察和反思這些「關係」的特質。作為公共記憶的一種形態，《26年》透過拓寬我們對5·18否定結構中相關行為人的理解，打開了反思和共鳴「仍未結束的5·18」的可能性。而《26年》的開

---

[49] 根據佛洛伊德的觀點，升華是自我防禦機制的一種形態，是當代理對象作為更高的文化目標出現時發生的置換。西格蒙德·佛洛伊德，《精神分析引論》，孫禎秀譯，培材書館，1997。

[50] 詳細觀點可參考艾彌爾·涂爾幹，《職業倫理與公民道德》，Gwon Gidon 譯，Holywave，1998，第 142 頁。涂爾幹指出這與道德的淪喪和理性的缺失有關，因此他多次闡述了「有機的紐帶」和「修復社會性」的重要意義。

[51] 齋藤純一，《公共性》，尹大石·柳受延·尹美爛譯，Eum，2009，第 38 頁。

放式結局也不無反諷地象徵了追求轉型期正義的道路仍然漫長，共鳴的倫理終究需要透過與承受痛苦的他者（們）不斷接觸才能得以辯證地實現。

在這一脈絡下，我們有必要認識到，當我們了解過去時，不能只是從認知層面上去習得歷史知識，歷史本身既有解讀的層面，也有情感的層面。它激發了情感和行動，構建了主體在世界中實踐的體驗。[52]與此同時，歷史知識不僅隨時代發生變化，也會受到創造和傳達它的媒體的影響。社會透過媒體普及暴力，擴大和再生產了否認的文化。但反過來，媒體也能找到將存留在私人記憶中的暴力碎片連接起來的環扣，進而將其轉化為公共記憶，促進人們反思歷史。

作為公共記憶媒介的《26 年》獲得了大眾的好評，它的成功意味著漫畫作品能幫助人們擺脫對歷史事實的單純認知，並能作為「中介」有效地將關於事件人物及其相互關係的真實向社會共同體傳遞和呈現。這揭示了執行集體（carrier group）的橋樑作用和再現政治是歷史交流研究中應予以關注的新課題。換言之，我們應該從根源上對構築歷史敘事和再現的社會領域，即歷史知識之間互相競爭和交流的可變性（transitive dimension）[53]進

52　因此，瞭解關於過去的知識與情感或身分認同有何種的關聯，深入考察其情感的根源或意義是十分重要的。泰莎・莫利斯・蘇祖克，《潛藏於我們自身的過去》，第 41~43；325 頁。

53　這一概念指歷史知識既指示對象自身（intransitive dimension），也指示作為知識的對象的功能（transitive dimension）。它融合了歷史知識的存在論層面和認識論層面，進一步讓人們認識到，圍繞歷史敘述的社會活動，即歷史知識的變動可以辯證地介入到當下的歷史過程。例如，最近提出的「公共歷史」概念，則有別於以大學和學術界為中心的專業學

行反思。

譯者：趙穎秋

參考文獻

原始資料

江草，《26 年》，Daum 漫畫裡的世界（http://webtoon.daum.net/webtoon/view/kangfull26），2006.（2016.03.16. 瀏覽）

（강풀，《26 년》,다음 만화속세상(http://webtoon.daum.net/webtoon/view/kangfull26), 2006. (2016.03.16. 접속)）

參考資料

1. 韓文論文

Kang Eunsuk，〈從 5‧18 市民軍機動突擊隊員的生涯史看社會性創傷的形成過程〉，《記憶與展望》總第 26 期，2012，第 269~308 頁。

（강은숙, <5‧18 시민군기동타격대원의 생애사를 통해 본 사회적 트라우마티즘 형성 과정>, 《기억과 전망》 통권 26 호, 2012, 269~308 쪽.）

康誠賢，〈圍繞歷史與世越號慘劇眞相查明的爭議與評價〉，《歷史批評》總第 109 期，2014，第 62~93 頁。

（강성현, <과거사와 세월호 참사 진상 규명을 둘러싼 쟁점과 평가>, 《역사비평》 통권 109 호, 2014, 62~93 쪽.）

姜炫求，〈江草長篇漫畫講述故事的競爭力〉，《人文內容》第 10 期，2007，第 235~261 頁。

術研究意義上的「歷史」。李東奇，〈公共歷史：概念，歷史，展望〉，《德國研究》第 31 期，2016，第 119~142 頁。有關知識的自身層面和可變層面的區別可見羅伊‧巴斯卡爾，《奪回現實》，李基鴻譯，Humanitas，2007，第 57~61 頁。

（ 강현구, <강풀 장편만화 스토리텔링의 경쟁력>, 《인문콘텐츠》
　　제 10 호, 2007, 235~261 쪽.）

金明姬，〈世越號事件後的治愈：以傑弗里‧亞歷山大的創傷過程理論為
　　中心〉，《文化與社會》第 19 期，2015，第 11~53 頁。

（ 김명회, <세월호 이후의 치유: 제프리 알렉산더의 외상 과정 논의를
　　중심으로>, 《문화와 사회》 제 19 권, 2015, 11~53 쪽.）

金修煥，〈網絡漫畫裡的代際情感結構：從剩餘到惡趣〉，《跨界人文
　　學》第 9 期，2011，第 101~123 頁。

（ 김수환, <웹툰에 나타난 세대의 감성 구조: 잉여에서 병맛까지>,
　　《탈경계 인문학》 제 9 집, 2011, 101~123 쪽.）

Kim Hwasuk，〈從女性主義看女性的社會抗爭經驗〉，《女性學論集》第
　　16 期，1999，第 320~322 頁。

（ 김화숙, <여성의 사회적 저항 경험에 관한 여성주의적 접근> 《여성
　　학논집》 제 16 호, 1999, 320~322 쪽.）

金洪中，〈尋找社會性事物的合情性：社會理論的情感式轉換〉，《社會
　　與理論》第 23 期，2013，第 7~48 頁。

（ 김홍중, <사회적인 것의 합정성(合情性)을 찾아서: 사회 이론의
　　감정적 전환>, 《사회와 이론》 제 23 집, 2013, 7~48 쪽.）

朴晉佑，〈災難、媒體媒介與共情的文化政治〉，《認知科學》第 26 卷第
　　1 期，2015，第 97~123 頁。

（ 박진우, <재난과 미디어 매개, 그리고 공감의 문화정치>, 《인지과
　　학》 제 26 권 1 호, 2015, 97~123 쪽.）

Oh Suseong‧Shin Hyungyoon‧趙鎔範，〈5‧18 受害者慢性創傷後的壓力
　　與精神健康〉，《韓國心理學會志》第 25 卷第 2 期，2006，
　　第 59~75 頁。

（ 오수성‧신현균‧조용범, <5‧18 피해자들의 만성외상후 스트레스와
　　정신건강>, 《한국심리학회지》 제 25 권 제 2 호, 2006, 59~75
　　쪽.）

殷宇根，〈羞愧或提問的歷史意識：5 月民眾抗爭與光州‧全南天主教教
　　會〉，《神學展望》第 179 期，2012，第 191~240 頁。

（은우근, <부끄러움 또는 질문하는 역사의식: 5 월민중항쟁과 광주‧
　　　전남 가톨릭 교회>, 《신학전망》 제 179 호, 2012, 191~240 쪽.）

李東奇，〈公共歷史：概念，歷史，展望〉，《德國研究》第 31 期，
　　　2016，第 119~142 頁。

（이동기, <공공역사: 개념, 역사, 전망>, 《독일연구》 제 31 호, 2016,
　　　119~142 쪽.）

李榮宰，〈轉型期正義的本質與形態研究〉，《民主主義與人權》第 12 卷
　　　第 1 期，2012，第 121~151 頁。

（이영재, <이행기 정의의 본질과 형태에 관한 연구>, 《민주주의와
　　　인권》 제 12 권 1 호, 2012, 121~151 쪽.）

李在承，〈世越號慘劇和受害者的人權〉，《民主法學》第 60 期，2016，
　　　第 145~179 頁。

（이재승, <세월호 참사와 피해자의 인권>, 《민주법학》 제 60 호, 2016,
　　　145~179 쪽.）

鄭根埴，〈在多重轉型與全球史背景下看韓國社會記憶研究的軌跡〉，
　　　《民主主義與人權》第 13 卷第 2 期，2013，第 347~394 頁。

（정근식, <한국에서의 사회적 기억 연구의 궤적: 다중적 이행과
　　　지구사적 맥락에서>, 《민주주의와 인권》 제 13 권 제 2 호, 2013,
　　　347~394 쪽.）

_____，〈作爲清算與復原的 5 月運動〉，光州市 5‧18 史料編撰委員
　　　會，《5‧18 民主抗爭史》，2001，第 653~679 頁。

（_____, <청산과 복원으로서 5 월운동>, 광주시 5‧18 사료편찬위원회,
　　　《5‧18 민중 항쟁사》. 2001, 653~679 쪽.）

Jung Myungjung，〈試論羞愧的反思性〉，《情感研究》第 12 卷，第
　　　2016，第 5~30 頁。

（정명중, <부끄러움의 성찰성을 위한 시론>, 《감성연구》 제 12 권,
　　　2016, 5~30 쪽.）

周在元，〈作爲媒體敘事的歷史和集體記憶的再現〉，《韓國輿論情報學
　　　報》總第 71 期，2015，第 9~32 頁。

（주재원, <매체 서사로서의 역사와 집합기억의 재현>, 《한국언론정보

학보》 통권 71 호, 2015, 9~32 쪽.)

ChoiYubin，〈創作《26 年》的理由？想對 5・18 進行「文化上的處罰」〉，《韓民族日報》，2012.11.04。

（최유빈, <'26 년' 그린 이유? 5・18 에 '문화적 처벌'을 내리고 싶었다>, 한겨레신문 2012/11/04.)

Choe Eulyeong，〈江草：能夠瞄準禁忌的大眾漫畫家〉，《人物與思想》總第 176 期，2012，第 55~72 頁。

（최을영, <강풀: 금기를 정조준할 수 있는 대중만화가>, 《인물과사상》 통권 176 호, 2012, 55~72 쪽.)

ChoeJeonggi，〈清算過去時發生的記憶戰爭與轉型期正義的難題：以光州民主化運動的相關補償問題與受害者的創傷爲中心〉，《地區社會研究》第 14 卷第 2 期，2006，第 3~22 頁。

（ 최정기, <과거 청산에서의 기억 전쟁과 이행기 정의의 난점들: 광주민주화운동 관련 보상과 피해자의 트라우마를 중심으로>, 《지역사회연구》 제 14 권 2 호, 2006, 3~22 쪽.)

Choe Hyeonjeong，〈「PTSD 時代」的痛苦認識與應對：探索治愈創傷的對策模式〉，《認知科學》第 26 卷第 2 期，2015，第 167~207 頁。

（ 최현정, <'PTSD 시대'의 고통 인식과 대응: 외상 회복의 대안 패러다임 모색>, 《인지과학》 제 26 권 2 호, 2015, 167~207 쪽.)

洪性旼，〈情感結構與大眾政治學〉，《政治思想研究》第 21 卷第 1 號，2015，第 9~34 頁。

（홍성민, <감정 구조와 대중정치학>, 《정치사상연구》 제 21 집 1 호, 2015, 9~34 쪽.)

2. 韓文著作

傑夫・古德溫，詹姆斯・M・雅柏，佛朗西斯卡・波萊塔著，《激情的政治》，朴炯信・李眞希譯，Hanul Academy，2012。

（굿윈, 제프・제스퍼, 제임스・폴레타, 프란체스카 (Jeff Goodwin, James M. Jasper, Francesca Polletta) 엮음, 《열정적 정치 (Passionate Politics)》, 박형신・이진희옮김, 한울아카데미, 2012.)

金東椿・金明姬・Kang Eunsuk・Choe Hyeonjeong・李在承・鄭鎮株・金原
　　錫・金宰敏・Kwak Sajin・金寶敬，《透過創傷解讀大韓民國》，
　　歷史批評社，2014。
（김동춘・김명희・강은숙・최현정・이재승・정진주・김원석・김재
　　민・곽사진・김보경，《트라우마로 읽는 대한민국》，역사비평
　　사，2014.）
金明姬，《整合型人文科學的可能性》，Hanul Academy，2017。
（김명희，《통합적 인간과학의 가능성》，한울아카데미，2017.）
金鍾曄・金明姬・李榮眞・金鍾坤・崔元・Kim Domin・鄭龍澤・Kim
　　Hwanhui・康誠賢・金王培・Kim Seogyeong・鄭晶熏・李在承・朴
　　明林，《世越號事件後的社會科學》，Greenbee，2016。
（김종엽・김명희・이영진・김종곤・최원・김도민・정용택・김환희・
　　강성현・김왕배・김서경・정정훈・이재승・박명림，《세월호 이
　　후의 사회과학》，그린비，2016.）
瑪莎・努斯鮑姆，《厭惡與羞恥心》，趙啓元譯，民音社，2015。
（너스바움，마사(Martha Nussbaum)，《혐오와 수치심 (Hiding from
　　Humanity)》，조계원 옮김，민음사，2015.）
野田正彰，《戰爭與罪責》，Seo Hyeyeong譯，Gil，2000。
（노다 마사아키(野田正彰)，《전쟁과 인간 (戰爭と罪責)》，서혜영 옮
　　김，길，2000.）
No Yeongsuk，《探究五月母親之家的形成》，全南大學碩士學位論文，
　　2015。
（노영숙，<오월어머니집 형성에 관한 연구>，전남대학교 석사학위논문，
　　2015.）
艾彌爾・涂爾幹，《社會分工論》，閔文泓譯，Acanet，2012。
（뒤르케임，에밀(Émile Durkheim)，《사회분업론 (De la division du travail
　　social)》，민문홍 옮김，아카넷，2012.）
_____，《職業倫理與公民道德》，Gwon Gidon譯，Holywave，1998。
（_____，《직업윤리와 시민도덕 (Lecons de sociologie, physique des
　　moeurs et du droit)》，권기돈 옮김，새물결，1998.）

克里斯多福・拉施，《自戀主義文化》，崔景燾譯，文學與知性社，
　　1989。
（라쉬, 크리스토퍼(Christopher Lasch),《나르시시즘의 문화 (The Culture
　　of Narcissism)》, 최경도 옮김, 문학과 지성사, 1989.）

普里莫・萊維，《被淹沒和被拯救的》，Lee Soyeong 譯，Dolbegae，
　　2014。
（레비, 프리모(Primo Levi), 《가라앉은 자와 구조된 자 (I sommersi e i
　　salvati)》, 이소영 옮김, 돌베개, 2014.）

Mun Jaehyeon，《停止校園暴力！》，Sallimteo，2012。
（문재현, 《학교폭력 멈춰!》, 살림터, 2012.）

斯捷潘・梅斯特羅維奇，《後情感社會》，朴炯信譯，Hanul Academy，
　　2014。
（메스트로비치, 스테판 G. (Stjepan G. Meštrović), 《탈감정사회 (The
　　Postemotional Society)》, 박형신 옮김, 한 울아카데미, 2014.）

泰莎・莫利斯・蘇祖克，《潛藏於我們自身的過去》，金京媛譯，
　　Humanist，2006。
（모리스—스즈키, 테사(Tessa Morris Suzuki), 《우리 안의 과거 (The
　　Past Within Us)》, 김경원 옮김, 휴머 니스트, 2006.）

斯坦利・米爾格拉姆，《對權威的服從》，鄭泰連譯，Ecolivres，2009。
（밀그램, 스탠리(Stanley Milgram), 《권위에 대한 복종 (Obedience to
　　Authority)》, 정태연 옮김, 에코리브르, 2009.）

齊格蒙特・鮑曼，《現代性與大屠殺》，鄭一畯譯，Holywave, 2013。
（바우만, 지그문트(Zygmunt Bauman),《현대성과 홀로코스트 (Modernity
　　and Holocaust)》, 정일준 옮김, 새물 결, 2013.）

羅伊・巴斯卡爾，《奪回現實》，李基鴻譯，Humanitas，2007。
（바스카, 로이(Roy Bhaskar), 《비판적 실재론과 해방의 사회과학
　　(Reclaiming Reality)》, 이기홍 옮김, 후 마니타스, 2007.）

Pak Hyeonju，《韓國轉型期正義的兩難困境：以三種案例的查明死因眞相
　　過程爲中心》，聖公會大學碩士學位論文，2015。
（박현주, <한국 이행기 정의의 딜레마: 세 가지 사례의 의문사 진상

규명 과정을 중심으로>, 성공회대학교 석사학위논문, 2015.）

齋藤純一，《公共性》，尹大石・柳受延・尹美爛譯，Eum，2009。

（사이토 준이치(齋藤純一)，《민주적 공공성: 하버마스와 아렌트를 넘어서(公共性)》，윤대석・류수연・윤미란 옮김，이음. 2009.）

喬治・阿甘本，《奧斯維辛的殘存者》，鄭文永譯，Holywave，2012。

（아감벤, 조르조(Giorgio Agamben),《아우슈비츠의 남은 자들 (Quel che resta di auschwitz)》，정문영 옮김，새물결, 2012.）

諾博特・伊里亞思，《文明的進程 II》，Pak,Mi-Ae 譯，Hangilsa，1999。

（엘리아스, 노르베르트(Norbert Elias)，《문명화 과정 II (Uber den prozeß der zivilisation)》，박미애 옮김，한길사, 1999.）

雷蒙・威廉斯，《漫長的革命》，成銀愛譯，文學村，2007。

（윌리엄스, 레이먼드(Raymond Williams)，《기나긴 혁명 (The Long Revolution)》，성은애 옮김，문학동네, 2007.）

_____，《馬克思主義與文學》，朴萬俊譯，經文社，2003。

（_____，《문학과 문화이론 (Marxism and Literature)》，박만준 옮김，경문사, 2003.）

李在承，〈和解的語法：公民政治是希望所在〉，金東椿・金明姬・Kang Eunsuk・Choe Hyeonjeong・李在承・鄭鎭株・金原錫・金宰敏・Kwak Sajin・金寶敬，《透過創傷解讀大韓民國》，歷史批評社，2014，第 165~190 頁。

（이재승, <화해의 문법: 시민정치가 희망이다>，김동춘・김명희・강은숙・최현 정・이재승・정진주・김원석・김재민・곽사진・김보경，《트라우마로 읽는 대한민국》，2014, 165~190 쪽.）

全南大學情感人文學研究組，《共感場是什麼：情感人文學緒論》，Gil，2017。

（전남대학교 감성인문학연구단，《공감장이란 무엇인가: 감성인문학 서론》，길, 2017.）

渥夫剛・索夫斯基，《暴力十二章：暴力不會消失，它只是改變面貌》，李翰雨譯，Prunsoop，2010。

（조프스키, 볼프강(Wolfgang Sofsky)，《폭력사회: 폭력은 인간과 사회

를 어떻게 움 직이는가 (Traktat uber die Gewalt)》, 이한우 옮김,
　　푸른숲, 2010.）

史丹利‧寇恩，《否認狀態：了解暴行與苦難》，趙孝濟譯，創批，
　　2009。

（코언, 스탠리(Stanley Cohen), 《잔인한 국가 외면하는 대중: 왜
　　국가와 사회는 인 권침해를 부인하는가 (States of Denial: knowing
　　about atrocities and suffering)》, 조효제 옮김, 창비, 2009.）

西格蒙德‧佛洛伊德，《精神分析引論》，孫禎秀譯，培材書館，1997。

（프로이트, 지그문트(Sigmund Freud), 《정신분석입문 (Introductory
　　Lectures on Psycho-Analysis)》, 손정수 옮김, 배제서관, 1997.）

茱蒂絲‧赫曼，《從創傷到復原》，Choe Hyeonjeong 譯，Planet，2007。

（허먼, 주디스(Judith Herman), 《트라우마: 가정폭력에서 정치적 테러
　　까지 (Trauma and Recovery : Aftermath of violence)》, 최현정 옮
　　김, 플래닛, 2007.）

3. 英文論文

Casey, Edward. S. "Public Memory in Place and Time." in K. P. Pillps, Browe,
　　Stephen, & Biesecker, Barbara, eds. *Rhetoric, Culture, and Social
　　Critique: Framing Public Memory*, Alabama: University of Alabama
　　Press, 2004, pp. 17-31.

Kim Myung-Hee, "Dilemma of Historical Reflection in East Asia and the Issue
　　of Japanese Military 'Comfort Women'-Continuing Colonialism
　　and Politics of Denial". *S/N Korean Humanities* Vol. 3. No.1. 2017,
　　pp.43-68.

4. 英文著作

Durkheim, Émile. *The Rules of Sociological Method*, tr. by W. D. Halls, NY: The
　　Free Press, 1982.

_____, *Sociology and Philosophy*. tr. by D. F. Pocock, London: Cohen & West
　　Ltd, 1953.

Goodall, Jane and Christopher Lee, eds. *Trauma and Public Memory*, New York:

Palgrave Macmillan, 2014.

Halbwachs, Maurice. *The Collective Memory*, trans. by F. Ditter & Ditter, New York: Harper Colophon V Y, 1980[1925].

Leebaw, Bronwyn, *Judging State Sponsored Violence*, Cambridge: Imagining Political Change, 2011.

| 挫折與受辱感 |

煽情或物化的情感

_ 徐東振[*]

---

* 本文根據《話與活》第 11 期（2016）上發表的原稿修改而成。

煽情的世界──幾個場面

#1

　　「眞心究竟能夠勝過爭議嗎？」被大大小小爭議圍繞的〈Show me the money 第四季〉引起許多話題。〈Show me the money 第四季〉有兩位飽受爭議的人物，分別是優勝團隊的成員明浩和饒舌歌手 Black nut，兩人在節目中陷入歧視女性和〈ilbe〉[1]的爭議之中，明浩在對決時所唱的歌曲「怯」，將自己六個月漫長的練習生生活中所經歷的苦惱與自我矛盾寫進了歌詞中。Black nut 也在歌曲「我所能做的事」中唱出了 RAP 歌手的生活，他坦承：「我將孤獨的心情寫入歌詞，不期待這會改變別人對我的印象，但希望別人能理解爲何我會變成現在這樣。」，勝敗兩方都有所獲得，也就是節目觀眾的同感，在了解歌手們的生活環境與內心想法後自然地產生同感，就連爭議所產生的負面形象也帶來了正面的影響。〈Show me the money 第四季〉逐漸發展爲「歌詞攻擊」的模式，有人認爲這是找到了節目的重心，也有人認爲這是「煽情」。前陣子的負面爭議引起了注意，在節目最後階段激起節目觀眾的情感，特別是節目常常利用揭露參賽者的家庭背景來達到「煽情效果」的策略。在歷經許多波折後，〈Show me the money 第四季〉終於邁入了決勝戰，究竟這些歌手是否能勝過這些爭議得到觀眾們的認可呢？值得我們的關注。[2]

---

[1]　譯註：討論各種議題的網路論壇，類似臺灣的 PTT。

[2]　真實與煽情之間，〈노컷뉴스〉，2015.8.22。http://www.nocutnews.co.kr/news/4461917 (檢索時間：2016 年 3 月 12 日)

#2

「不要閉上雙眼，雖然嘴巴一直嚼卻沒有東西可吃。看著日漸消瘦的夏娃，束手無策的母親乾脆閉上了雙眼。每天有 8 千多名的兒童因為營養失調而去世，請不要閉眼不去面對這樣的現實，每個月只要 3 萬元就可以提供營養餐給 29 名像夏娃這樣營養失調的兒童，光靠營養餐兒童就能找回健康，他們的母親也能重新振作起來，希望您能關心。」[3]

#3

精神科專門醫師鄭惠欣博士說道：「被解雇的勞工所經歷最大的痛苦，是解僱過程、解雇當下和被解雇後自己在述說被解雇的抑鬱時所感受到的極大侮蔑感」。鄭惠欣博士在 15 日接受《告發新聞》的電話訪談時提到了傷後障礙的嚴重性，「被解雇的勞工和其家庭所感受到的痛苦超乎我們的想像」、「心理上內傷的後遺症甚至可能持續數十年」。鄭博士為了解決此問題，強調「在解決基本問題的同時，我們要認同被解僱勞工和其家人內心所留下的傷痛」、「社會應該集結智慧來讓他們打開心胸」。[4]

#4

墨西哥的首都墨西哥城裡，一棟大樓的外牆上播放著宣傳國會議員的數位廣告，廣告裡呈現的是用高畫質攝影機所捕捉到人們臉部細微的表情變化和視線。設置這個廣告的是一家政治諮商

---

[3]　UNICEF 定期後援廣告內容。

[4]　雙龍汽車的南丁格爾鄭惠欣降臨，〈Go 발뉴스〉，2013.2.16。http://www.gobalnews.com/news/articleView.html?idxno=1180 (2016.3.12 最後檢索)

公司，他們分析有權利投票者的反應並藉此規劃選舉策略，這就是結合神經科學與政治活動的「神經政治學」。

紐約 TIMES 雜誌在 3 日（寫作時間）報導最近全世界邁入神經政治學的時代，也就是分析投票者的視線、表情、瞳孔放大……等，並藉此制定選舉策略。神經政治學起源於數年前被用做行銷的「神經商業學」，企業利用神經科學和心理學的方法來分析消費者的腦波、表情、視線變化、心跳次數……等反應，並藉此來制定提高銷售的策略。

其中最積極的國家就是墨西哥，潘尼亞尼托總統在 2012 年大選時透過分析支持者的表情、腦波心跳……等來製作廣告。潘尼亞尼托總統的制度革命黨 PRI，在已過六月的大選時也透過此方法來找出受有權投票者歡迎的候選人，墨西哥的希達哥市在制定市的主要政策時，利用了神經政治學來代替問卷調查確認市民的反應。[5]

這只是隨便挑選的幾個場面，都是在所謂感情與感性的鏡頭下所捕捉到的現實狀況，有的人喜歡用更哲學的「情動」一詞的概念來說明。對於哲學史知識較熟的人應該知道海德格爾（Heidegger）的哲學宗旨（leitmotif），他動員了氛圍（mood）、氣氛（attunement）、不安（anxiety）等概念試圖提出新的社會理論和更龐大的存在論，這也是現今歐美乃至韓國的知識分子集團內普遍形成的事實，這是很具挑戰性的研究方法，裡面包含了

---

[5]　分析表情，掌握投票者的心——神經政治學的登場，《每日經濟》，
　　2015.11.4 。　http://news.mk.co.kr/newsRead.php?no=1053769&year=2015
　　(2016.3.12 最後檢索)

許多主張。但這裡我們並不是關注所謂的感情轉換或情動轉換（affective turn）在學術研究上的趨勢，不僅因為現實世界比學術界還要更關心感情、感性，而且就算不依賴理論性研究仍然可以靠直接的感覺來理解，因為感情、感性、心情等詞彙正是我們理解現實的途徑。

現實狀況就是如此。從透過「煽情」的方式來獲得關心的藝人，到經歷解雇過程遭受侮蔑感的勞工，感情一詞是分析現實的最佳工具。上網瀏覽或觀看臉書（facebook）、推特（twitter）上的動態時，常會被許多「感動」且叫人落淚的故事與人物所吸引。從被虐待的寵物到被父母遺棄的孤兒、被解雇的勞工、多元家庭裡的外籍新娘，甚至撒哈拉沙漠以南餓死的飢兒和逃離敘利亞的難民，我們可能時刻都會接觸到這班經歷痛苦的一群人，我們被迫透過憐憫與共感來接受這些是他們所該經歷的痛苦與悲傷。

兇惡的犯罪者或是犯下殘暴事件的人常被定義為「無法共感」的精神病患，他們因為缺少與人共感的感情而成為問題人物，這是從道德中樞的情感方面來解釋他們犯罪的原因。國際援助組織幾乎在所有的先進國家裡，利用天使般的兒童打廣告來放大痛苦的真相，藉此呼籲陷入內戰地獄的非洲和世界各地發生的衝突，以及全球化資本主所帶來的不平等與貧困所造成的社會性公共安全網的喪失，但這樣的廣告卻將貧困、戰爭、屠殺和暴力等現實受害者的臉龐藏在後面。

神經政治學的活躍，並不只是應用神經商業學的政治性廣告而已，（新）康德主義式的倫理[6]悄悄地從後門進來，共感、憐

6　這裡所謂的新康德主義是指我們無法瞭解現實，而只能領會到無法瞭解

憫、恐懼……等感情，成爲控制政治選擇與決定的因素，政治對
現實的批判被認爲是不可信的。神經政治學成爲重整神經美學、
神經地理學、神經經濟學等科學的祕密關鍵，這並不只是反映了
神經科學的野心與活力，更主張感情、感性和情動就是現實的本
身，也就是說感情、感性、情動並不是對現實的反應，也不是主
觀的經歷，而是反映現實的鏡子，甚至成爲了現實本身。

　　針對這樣的趨勢，出現了學術性的批判與通俗性的社會批
評。藉此神經醫學方面出現新的治療方法，也引發了新的社會運
動方式，對各個領域造成了影響。這趨勢是以感情、感性和情動
這些新觀念爲中心來理解這個世界，並且以驚人的速度擴散開
來。將社會看作是感情的產物來分析，從某方面想，比用粗糙抽
象的框架來理解世界要來得細膩且具體多了。與其自我且抽象地
用外部客觀的方式來表達這個世界，不如分析世人的經歷與感
情，還更能突顯自我且符合經驗。[7]不是從外部來理解這群人，
而是從這些人經歷且感覺到的角度來觀看這個世界。這很可能會

現實的自身，製造新的現實意指轉換我們內心的態度和方向。從社會主
義的立場來看，德國社會民主黨所領導的運動，不只是社會主義應該要
達成的，更是一個「永遠的運動」，認爲資本主義的生產形式所造成的
不平等可以用抽象的人類感情來克服，這樣的立場又被稱爲「真正的社
會主義」，在獨裁資本主義時代曾被許多人批判是政治性虛無主義。

[7]　一位叫海明斯的學者在文化研究（cultural studies）領域的一篇批判感
　　情與感動的文章中，指出這樣的切入方式有以下幾個特點。i)批判有關
　　社會實踐的客觀規定，不僅無法全盤考量，還過度地強調。ii)透過數量
　　性和經驗性的理解或是閱讀細部的內容來發揮對社會的影響力。iii)並
　　不是對立或敵對的型態，而是強調透過親密或連結感（tie）等型態可
　　以更了解自身。他雖然沒有網羅文化研究裡所有處理感情的部分，但清
　　楚地總結了這種方式的幾個特點。

被當作是反駁從抽象的人格特質如所得、地位、年齡、性別、國籍、學歷……等，來將此人的經驗當作是理所當然的科學性方法。如果繼續追究這些理論，會發現感情是引發其他感情的客觀原因，是指某種無法回溯的東西。因此我們若是要完全理解他人，會被要求將自己的理解用括號框起來，並努力接近他人所感受到的感情，透過這樣的過程，發展出政治正確且符合倫理的新行為準則，並用這個準則來規範我們的行為。但是我們對這樣的趨勢應該要保持懷疑，也就是這樣的「煽情行為」是不是復活的道德性感傷主義（sentimentalism）？[8]神經科學、腦科學以及精神藥理學等新興科學被動員來強化 Queer 政治、女性主義、脫殖民主義……等新的身分認同，用「自負與自我認同」來對付「嫌惡與羞恥心」的行為，是否是為了脫離解放與變革的政治呢？但是把感性、感情與情動當作是假的或是神經病來看待，這也是無視這些必然被討論的條件的不實批判。總而言之，這並不是內在的批判而是外部的拒絕。

對感性、感情與情動的關注是不是可以看做是批判意識有所

8　道德性感傷主義（moral sentimentalism）是法國大革命前後被提出且廣泛使用的概念，到今日仍然有很大的影響力。例如從人類的道德墮落中來尋找無視貧窮所造成不幸之原因，指透過援助與慈善（主體可能是個人的慈善事業、宗教機構或是國家機關，也有可能是今日透過電視與網路廣告募集支援者的非政府組織）來改變現實的道德性行為。法國大革命後以下幾篇文章對此爭論拋出了有趣的看法。W. M. Reddy,《감정의 항해（感情的航海）》, Kim Hak-ie 翻譯, 문학과지성사, 2016.; L. Boltanski, Distant suffering: morality, media, and politics, Graham Burchell trans. Cambridge, UK & New York, NY: Cambridge University Press, 1999.

缺乏的一種負面症狀？我們可以大方地丟出這樣的疑問並做出回應。本文中我在這樣的猶豫與疑問的邊緣徘迴，並試圖透過感性、感情與情動……等概念來提出新的倫理－政治性思維，當然這並不是反對感性、感情與情動，感情與感性是隨時都存在心裡，這是很私人的，卻又時時跟隨在公共世界中，否定其角色與效果明顯是一件荒謬的事，否定其在倫理與政治上的重要性也是種愚昧的行為。但是當我們在了解現實並且制定相對應的理論性、政治性規定時又得另當別論，從社會的一角來推論整體，同時捕捉看起來不相關的片段裡的自律性與他律性，這是一種批判性的光相學（phrenology），在現今社會中越來越可貴。本文便是從這樣的自覺開始，試圖對抗今日為了歷史的唯物論所必須面對的最大誘惑。

感情體系或感性秩序社會的假說

世越號事件或世越號慘案後已經過了兩年，我曾經因為在某篇文章裡混用了世越號事件和世越號慘案這兩個詞而遭到讀者激烈的批評。這位批判者對於以創傷後壓力症候群（PTSD: post traumatic stress disorder）的名義，將社會問題轉變為心理學事件的「治癒性實踐」來批判而感到憤怒，認為可以從同時存在世越號慘案和世越號事件這樣隔山觀火的名稱，而得知我無禮的態度。我並不在意這位匿名讀者的批評，反而因為我造成了他的心理傷害感到抱歉。

我能夠體會在經歷到這樣的事件後，承受難以忍受的痛苦、傷痛和無止盡的罪惡感的人用攻擊的方式，批評我用超然冷漠的

方式來看待他們感情上的痛苦。當我提出不該把世越號事件一直當作產生痛苦與衝擊等心理外傷的主觀性經驗，而應該用客觀的角度來分析時，我已經預料到這會讓許多人不快，而且會遭到反抗，所以我那篇文章的主題是「可以說的與不能說的」，並且在文章開頭的部分我用很長的篇幅，告白自己為了該不該在現在說這樣的話題而煩惱了好幾個月，並強調我也是痛苦、傷心和怨懟連結的共同體的一員，但是這樣的先決性或預防性的措施是沒用的，不管是事件、慘案、災難還是危機，就算是帶來了斷腸般的痛苦、徹夜難眠的傷心或是突然四肢麻痺般的痛[9]，我也認為不該把事情濃縮成衝擊我們感情的某樣東西，因為這是「客觀性」的事件，我們難道不是應該用現實的組成和行為方式來分析與批判這樣物質性的事實嗎？但這個問題碰到高牆般頑強地抵抗。

　　這裡我忽然想到了涂爾幹，對社會學稍有了解的人中應該都聽說過涂爾幹的《自殺論》。這本書雖被當作是古典社會學理論中的經典，但作品裡提出的許多突發奇想的主張卻常被忽略。此著作最主要的特徵之一是思索感情與事實之間的區分，並提出了社會的概念要比前者影響更多的大膽假說。在現實個人的行為當中最屬於個人的自殺行為，仍可以發現是受到社會規範的影響。這可以說是社會理論歷史中最具危險性的賭博，涂爾幹欲賭上所有來證明如果真有社會這樣客觀的存在，那它的實際效果是如何發揮的。在此他主張即使看起來是受個人感情左右的自殺事件也

---

[9]　金愛爛將此稱作「不是從身體慢慢湧出的難過，而像遭到襲擊一般的痛症」。金愛爛，〈기우는 봄, 우리가 본 것（傾斜的春天，我們所看到的）〉，《눈먼 자들의 국가（瞎眼者的國家）》，金愛爛等人，문학동네，2014，第 11 頁。

是決定於社會。

> 1897 年刊載的〈自殺 Le Suicide〉中，社會學者艾彌爾・
> 涂爾幹將脫軌的行爲還原成心理與情緒性的現象，這樣的
> 主張受到其他學者的攻擊，其他學者認爲犯罪與自殺的責
> 任在於「模仿」，……**我們常認爲的自殺原因（破產、**
> **悲嘆、失戀還有模仿）其實不過是事情發生後所找的藉**
> **口罷了，……自殺的原因帶有社會性的成分，並不是理**
> **論家們所強調的各種特殊情況，**讓一個人決定自殺的是
> 個人內裡所具有的某些集體性特徵，這跟導致自殺原因的
> 事件對犧牲者所造成的影響相同，……從某種意義來說難
> 過也可能是從外部產生的，但那也是起源於個人所屬的團
> 體。因此沒有任何自殺的原因可以說是偶發性的。（加粗
> 的部分爲引用）[10]

　　若概括涂爾幹的著作，就和前面介紹時所說的一樣，涂爾幹
把心理性的個人或叫感情的主體，與被社會性原因規範的主體區
分開來，但是他所說的抽象性社會概念，與今日所說的創傷後壓
力症候群是相反的。後者爲精神醫學概念，強調特定精神方面的
痛苦，把重點放在感情的主體，並將原因歸於客觀性事件所造成
的外傷。相反的，涂爾幹拒絕從個人的感情或事件中找尋自殺的
原因，並認爲原因出在社會中。但眾所皆知的是這使得他的概念

---

[10] Pierrat, Emmanuel 等人，《검열에 관한 검은 책（有關審核的黑
　　書）》，권지현翻譯，알마，2012，第 238~239 頁。

被批評爲「社會性事實」，但是從社會集體的表象和心境來探討社會的想法，從今日來看格外有趣，他分析自殺所透露的社會性事實後說道：

> 「**意外高的自殺數字透露了現代文明社會面臨嚴重病態的情形**，自殺可以說是測量這個症狀的一把量尺，……**要治癒集體憂鬱傾向的唯一方法就是要治癒造成憂鬱原因的集體性病態**，因此我們了解到不能只是人爲恢復外表老舊的社會型態，也不能在史無前例的情況創造出全新的東西。我們必須從過去找出新生活型態的雛型，並促進其生長。」（加粗的部分爲引用）[11]

　　涂爾幹從自殺的個人心理學也就是個人感情的痛苦，邁進到集體疾病的社會學，如同近年來探討社會產生的系譜學研究，涂爾幹是促成近代性社會概念出現的一位決定性人物，[12]他和馬克思不同，涂爾幹與韋伯一同引進了所謂社會的概念。他用

---

[11]　涂爾幹（Durkheim），《自殺論》，황보종우翻譯，청아출판사，2016，第510~511頁。

[12]　最具代表的作品是唐斯勒所著。J. Donzelot，《사회보장의 발명（社會保障的發明）》，周炯日翻譯，동문선，2005。另外下面幾個作品也值得參考。田中拓道，《빈곤과 공화국: 사회적 연대의 탄생（貧困共和國：社會性連帶的誕生）》，朴海男翻譯，문학동네，2014。홍태영，《국민국가의 정치학（國民國家的政治學）》，후마니타스，2008。從馬克思主義的觀點批判社會與社會學的經典研究可以參考 G. Therborn，《사회학과 사적 유물론（社會學與歷史唯物論）》，Yoon Soo jong 翻譯，푸른산，1989。

「solidarity」這樣連帶性社會的概念，引進不同於階級社會或
「兩個城市」的連帶型社會概念，這樣的社會並不是因敵對和矛
盾而分裂，而是指共同生活與協力的許多個人集合體觀念。他把
這當作是克服法國大革命所帶來社會組織崩潰的方法，這既不是
共和主義者所想像的國家，也非倒退的保守主義者所主張以傳統
與世俗爲基礎的特殊主義性地方社會，而是提議一個分權式的職
業組合。但是涂爾幹的重點並不是要爭論「社會民主主義」這個
政治系統，而是強調闡明社會民主主義並不是超脫感情的冷漠政
治體制。

涂爾幹認爲社會民主主義中，像自殺這樣似乎受到個人情感
意念左右的部分，其實是社會性問題，用他的術語來說的話，是
可以管理的「集合感情」，他試圖建立一個能織造社會性感情的
社會結構，因此他強調從感情與個人出發，用社會的觀點來分析
並批判這個世界。特別要注意的是，我們現今所面臨的壓倒性潮
流跟涂爾幹所追求的方向是相反的。

回到世越號慘案，世越號以後我們記憶這個事件的方式大概
有下面幾個代表，雖然有點長，但我還是引用一下。

> 世越號事件後，不僅事件的當事者和相關人士，全國國民
> 透過電視接觸到新聞消息後陷入一片憂鬱與傷痛之中。有
> 些人無法控制像突然落淚或是感到自責等不安的心理狀
> 態，懷疑自己是不是精神出了問題。有關世越號症候群的
> 相關問題，我們請到了順天鄉大學醫院精神科的黃醫師來
> 爲我們解答。
> 首先，因爲經歷了前所未有的強烈不安和憂鬱，許多人懷

疑自己是不是所謂的「創傷後壓力症候群 PTSD」，根據黃教授的回答，創傷後壓力症候群的危險度依序是事故當事人（當事者、家屬）、關係人士（參與救援的人士）、現場目擊者，透過電視聽到事件消息的國民會發生的可能性相當低，事件後的症狀要持續一個月以上才能知道是否為創傷後壓力症候群，現在判斷還言之過早，大部分民眾所感到的難過是屬於急性壓力反應的自然感情，建議不需要過度擔心。

因同齡學生遭遇重大事故而受到衝擊的青少年，建議可以在上課時間和教師談談，共同分享心裡的感受。教師、家長等周圍的大人們，應該去了解他們的感受並告知這樣的反應是正常的。有的人會在日常生活或旅遊時感到罪惡感，如果個人內心不安的話，不要刻意隱藏自己的感情或強迫自己參加活動，但建議仍需要維持職場、學校等基本的生活。例如在學校跟教師分享傷痛，最好在職場裡也可以和同事分享自己哀悼的心情。

去共同追悼場追念的方式也是和許多人分享感情的行為，與「跟我有共同想法的人」一同追悼也能夠平靜心情，黃教授說道：「與其忍耐和壓抑，分享感受和哀悼是更好的方式，不要獨自陷入感情中，最好能夠宣洩出來。」，並補充說道民眾接觸到訊息所產生的感情不該稱作「精神創傷」或「創傷後壓力症候群」，而應該視其為一種正常的「哀悼反應」。

如果自己的周邊有事件當事者的話，建議可以參考大韓精神醫學會和大韓精神健康醫學會的「災難時精神健康對策

> 和國民精神健康指南（世越號事件相關精神健康指南）」，裡面有當事者朋友、家人、青少年子女的哀悼反應對策和自我應對等不同對象的應對方式。[13]

這裡我們看到用感情的痛苦來重現世越號事件的典型敘述方式，但如同剛剛引用的文章中所說，這並不是醫學性的處方，這裡提到的憂鬱、難過、哀悼與共感，如今已經成為人文社會科學所愛用的觀念，並且以幾何級數的速度被消費。從醫學性敘述到文化批評敘述，在其中不停地轉換其符碼，這樣的符碼轉換，（transcoding）調節的核心要素就是感情或是情動。感情是透過其他許多故事互相轉移描寫而調節，下面的新聞報導就像是剛剛的醫學性敘述的對聯一般：

> 「世越號慘案現場獲救的生還者、著急的失蹤者家屬、若有所失的死者家屬以及他們的朋友、老師、親戚都陷入了哀傷之中，說不定這群人中有的人會一輩子陷入無盡的難過與痛苦中無法恢復，要如何才能復原呢？我們聽取了精神科醫師與心理諮商專家有關治癒這些人痛苦的方法。……世越號慘案揭露了災難應對系統的不足與困難，

---

[13] 「〔世越號沉沒慘案〕難過、憂鬱為自然的感情……『世越號創傷症候群』？這樣來克服」。http://www.visualdive.co.kr/2014/05/%ec%84%b8%ec%9b%94%ed%98%b8-%ec%b9%a8%eb%aa%b0-%ec%b0%b8%ec%82%ac-%ec%8a%ac%ed%94%94%c2%b7%ec%9a%b0%ec%9a%b8%c2%b7%ec%9e%90%ec%97%b0%ec%8a%a4%eb%9f%ac%ec%9a%b4-%ea%b0%90%ec%a0%95/

如果要讓這樣的慘案不再發生，改善錯誤的制度、體制和知識的同時，減少已經發生的傷害程度也相當重要，關鍵在於災難受害者的災後管理與援助，我們詢問了精神科專門醫師與心理諮商專家有關他們經歷的心理困難和相關治癒方式。……不僅災難與災害，戰爭、屠殺和受害……等，都會造成精神創傷，韓國社會是一個量產精神創傷的環境，經歷創傷後壓力症候群的人們在感情調節上出了問題，在人際關係上也面臨困難。而且他們將所有問題的原因歸到自己身上而感到嚴重的自責感，並用憤怒的方式宣洩出來。這些人所受的精神創傷根源來自社會，在來不及挽回之前應該及早投入恢復和治療的工作。」[14]

　　這裡引用的報導指責「災難應對體制的不足和面臨的難處」，以及強調「為了不讓這樣的慘案發生，改善錯誤的制度、體制和認識的同時，減少已經發生的傷害也相當重要」。並且忽然間拋出了「關鍵在於災難受害者的災後管理與援助，這些人的心理困難為何，又要如何治癒呢？」這樣的問題，這樣的跳躍暗示了今日我們在理解社會現實時所介入的「分析理論」，也就是說我們在分析和理解某個事件時，無可奈何地採用了分析理論，我們稱其為感情的理論，當然我們也很習慣用感情事件（感情海嘯）的角度來批評世越號事件。

　　有某個部落客這麼說：「假借世越號來分擔傷痛，這難道不

14　「能信靠的人必須在身邊……」，《한겨레신문（韓民族新聞）》，2014年4月25日。http://www.hani.co.kr/arti/society/society_general/634591.html

是助長感情海嘯嗎？我們可能需要更誠實地面對我們自己的感情。世越號沒有節制的感情海嘯已經沖走了大韓民國，世越號事件發生百日之後，我們更需要用冷靜的情感面對，並真誠地面對周遭的人。」他對過度的情感壓力感到不快，抱怨韓國人過度傾向感情，這和日本人勝過福島核電廠事件的國民特性不同，日本人能沉著的收拾殘局，不願意將自己的痛苦轉嫁給他人。甚至有的人做了這樣子的陳述來檢討自己：「看著這次世越號的沉沒，老實說我沒有感覺到任何的感情，一點也不難過，也不覺得同情，我沒甚麼感覺，但我很驚訝全國人民都喧鬧似地悲傷，有點半勉強地被要求要表現出難過，在這樣強烈的整體氣氛（感情）下，更驚訝地是我一點也無法有同感。……這樣真實的情感若是跟別人說的話，我想會有人反問，若是你的家人遇到這樣的事情你會怎樣？但就我之前經歷過的經驗來看，我似乎並沒有那麼難過，與其說難過，我只覺得他們辛苦了，希望他們一路好走，是一種平安且淡淡的感情。曾經有的人因為跟我的感受不同而汙衊我或是鄙視我，我覺得這樣的反應很有趣且奇怪，也讓我很驚訝。在私人的場合提到這樣的話題叫人倍感壓力。不管怎樣，我跟別人的感受不同，我也想請教專家是不是我的精神方面有異常，所以我才寫這篇文章來詢問，期待您的回覆，祝您有愉快的一天。」

寫這篇文章的人很快收到這樣的留言，「與其說難過，我只覺得他們辛苦了，希望他們一路好走，是一種平安且平淡的感情。這句話表示你曾經送走某個人，但似乎不是突然離世的情況，如果真的忽然失去重要的人，真能說出這樣的話嗎？說出辛苦了一路好走這樣的話嗎？」，留言者對於自己面對世越號的無

感，懷疑自己是不是精神異常，很老實地說出自己無法對這樣的悲傷有同感，網友讀了他的文章後憤怒地回覆道：「如果真的忽然失去重要的人，真的能說出這樣的話嗎？真的能說出辛苦了一路好走這樣的話嗎？」，網友因為此人無法感受別人的痛苦而生氣且難以忍受。[15]這裡我們似乎面臨了一個無法判斷且不該判斷的道德選擇題。感情被當作是個人最私密且自發性的某個部分，所以不管引起感情的是怎樣的客觀事件，就算感情的反應跟事件不符，我們也應該要學習尊重，因此，對於無法同感多數人的悲慟而感到不安之人，或是對於沒有同情之人而發怒的兩者我都能夠理解，但我也贊同不管是哪一邊，都是對於事件的一種感情反應。

　　從這點來看，世越號事件讓我們看見需要轉換視角，看見這個世界是受到感情調和而表現出的世界，也許應該說，我們應該要超越世越號慘案本身，也許能將此看為韓國社會的感情世界，經歷並重現理論性轉換的臨界點。[16]透過災難與危機的修辭方式使感情的反應更加緊張，我們在災難與危機這樣令人痛苦與窒息的修辭面前，已經被強迫預備好面臨某種感情上的劇痛，我們所經歷的客觀事件透過感情的濾鏡來呈現。由此來看，這裡所呈現的事物是種功能性磁共振成像（fMRI），是由神經影像學的光學系統生成的圖像，和各種心理檢測透過心理性修辭而表現出的

15　引用的部落格文章是 NAVER 檢索的結果，這裡不公開部落格的出處。

16　以感情的世界體驗並重現現實的企圖並不新穎，歷史上一直存在對世界的感情反應、憂鬱、不安、幻滅、憤怒、絕望……等情緒，但是這樣的情緒與政治行為劃分開來，成為感情世界的價值、模仿跟評價的對象則又是另外的問題。

政治事件，情動理論所包含的文化到社會理論，都是用感情表象
來還原的世界。這與既有的語言轉向所帶來的局限，即語言轉向
認爲人可以透過語言和意識形態來再現和還原世界這一理論典範
的局限截然不同。

　　如同堅持只有感情和情動才是分辨現實最重要之線索的學者
眞澄所言：「結構是一個甚麼都沒有發生的場所，所有可能發生
事件的順序都是照著生殖性的秩序在同一的集合裡，是一個充滿
預測可能的天堂。」，他的主張也不例外。[17]雖然情動的轉換所
代表的理論性主張與結構不同，以事件、非目的性的增幅、傳
染、共鳴等爲優先，重視感覺和共感的程度勝過理解與知識，這
也是因爲無法從要描寫與界定世界的負擔中得到自由。[18]若做比
較的話，像感情史學代表作者 W. Reddy 的「感情體制 emotional
regime」的概念[19]，反而明顯地透過感情的結構來捕捉和表現歷
史性的事實，迴避了感情不是現實而只是經歷現實的主體所反映
的現實，這般自我矛盾的主張，透過感情體制的概念來暗示感情

17　B. Massumi，同前面文章，第 52 頁。

18　對於再現（representation）批判或是意識形態評判的情動轉換需要另外
　　的分析與論證。

19　參考 W. Reddy 前面的文章。另外，對於 Reddy 感到興趣的並不是敵對
　　語言學之物，反而是想將其更新與補全的努力。他提出有別於假定式發
　　言（the constatives）或施爲式發言（the performatives）的感情式發言
　　（the emotives）。這表現出他閱讀歷史的認知策略，是想要迴避假定
　　式發言薄弱客觀的事實主義與施爲式發言的構成主義式方法。這裡他強
　　調感情式發言能將歷史更逼真的重現，也就是情動論式的轉換與再現批
　　判並非是同一觀點，他並不完全同意意義作用（signifying practices）的
　　相對化。

是相當客觀的事物。

　　切入感情世界的另一個論點是不能將其與倫理政治的效果分開來思考，這裡我們需要再次回到有關世越號慘案的爭論，我感到相當有興趣的發言者是 Jineunyoung，在世越號慘案後各種倫理性的評批中，他引用了尼采與波德萊爾，來對照施惠的道德與鬥爭的道德這兩個倫理性的準則。Jineunyoung 在文中自稱支持尼采奴隸的道德——不是對於弱者的憐憫與同情心，而是肯定與高抬自我者的羞恥心——，和波特萊爾——與乞討的乞丐打完架後體驗到「超越不平等的人類連結」——，他舉了似乎與事件無關的哲學·文學性事例為參考，外表看起來可能有點浮誇，但是仔細讀她的文章，可以感受到這篇文章能讓我們逃離四周由哀傷與憤怒所造成的感情麻痺，她參照近代偉大哲學家與文學家的理由，來自於她想要找尋應對世越號主體的野心。當我們遭遇某種殘酷的慘案時，要脫離事件所允許的唯一感情和其所連結的絕對倫理並不是一件易事，下面直接引用她所說的話。

　　「他們（世越號當事者家人）的正當鬥爭若是超越了『可憐的人』這樣社會溫情主義的界線，就會被認為是消費死者，或是被罵做是危險分子，而暴露在社會暴力之中。世越號以後的文學，應該要讓利用溫情主義和施惠理論反作用的感情政治，不再麻痺正當的鬥爭，並且讓受苦人們的象徵能夠用不同的方式分散開來。流淚奮鬥的人們，也就是尼采所說的『親手摘果實』的人們需要有新的形象，提供他們多樣化的想像與提問的方式。就算這樣的想像難以實現，我們所擁有的想像和思維也能打破『在別人給予溫

情之前你只要等待就好』這樣的倫理性獨裁。」[20]

　　引用的部分中 Jineunyoung 使用了像「社會性溫情主義、施惠的倫理、感性政治、倫理獨裁」等粗糙且過激的概念。借用她的表現方式來說的話，是為了讓「受苦之人的象徵能夠用不同的方式分散開來」，但是她已經將這樣分裂後二分化的主體放進了文章之中，也就是將鬥爭與不願臣服於現實者，從無力蒼白的被害者之中分離出來，陷入痛苦感情之中無力的主體與鬥爭的主體是因為不同的感情而分岐，而不是同一感情主體的分身或變身。將哀痛的主體與憤怒的主體說成是不同主體，並不是指沉浸於不同感情的主體，而是包含了更大的差異。兩種主體不能互相替換或綜合起來，前者是一種完全客觀化的感情，從自身面臨的處境所產生的感情，也就是以事實為封面的感情。這裡所謂的感情和從外部所看到的不同，是一種被當做事物的感情，是主體在所處的現實當中所產生的被動性反應和自然的結果；相反的，鬥爭式主體的情況相當不同，鬥爭式主體是受到感情的驅動，但是這樣驅動的感情成分可以分為憤怒、懼怕、憎惡、抱怨、勇氣、鬥志……等，如此透過心理學方法而客觀化的方式似乎看起來有點幼稚。憤怒的主體不只是被憤怒的情感所圍繞，還要有對於憤怒對象的自覺性理解。重點是憤怒這樣的感情，並不是跟世界的表象與觀念分離而是共同作用，不是感情與表象、語言、意識形態

---

[20]　陳恩英，「우리의 연민은 정오의 그림자처럼 짧고, 우리의 수치심은 자정의 그림자처럼 길다（我們的憐憫像正午的影子一樣短，我們的羞恥心像子夜的影子一樣長）」，《눈먼 자들의 국가（瞎眼者的國家）》，金愛爛외，문학동네，2014，第 83 頁。

中選一邊，兩邊是分不開的，這也可以說是政治主體化的機制。

感情的唯物論

　　開啓精神分析學的歇斯底里研究中，Anna.O 扮演了決定性的角色，她雖不是佛洛伊德的患者，但是一同執筆「歇斯底里」的布洛伊爾曾有數年間爲她診療。[21]佛洛伊德透過這個治療案例而構想出精神分析學的決定性理論要素，受到多種歇斯底里症狀困擾的 Anna 在和布洛伊爾對話後症狀減緩，也因此產生了日後對話治療（talking cure）的概念。她長時間受到歇斯底里症狀困擾，如突發性的咳嗽、手腳麻痺、劇烈頭痛甚至幻覺，幻想自己的母語不是德語，而只用英文和法文交談……等，但是布洛伊爾找她談話後，症狀漸漸好轉。她將這樣的經驗形容爲像打通堵塞的煙囱一般，因此這樣的治療又稱爲「打掃煙囱」。[22]

　　在精神分析理論中歇斯底里所代表的意義是眾所皆知的，這個研究也提供了像自由聯想等精神分析的治療方法，具備了跟慾望相同的理論結構，如之後拉岡更詳細定義說的「他人的慾望」。[23]

---

[21]　J. Breuer, S. Freud，《히스테리 연구（Studies in Hysteria）》，金美利惠翻譯，열린책들，2003。

[22]　河智賢，《정신의학의 탄생: 광기를 합리로 바꾼 정신의학사의 결정적 순간（精神學的誕生：將發狂合理化的精神醫學史的決定性時刻）》，해냄，2016。

[23]　D. Evans, *An introductory dictionary of Lacanian psychoanalysis*, London & New York: Routledge, 1996, pp. 79-80.

「以 Anna.O（帕芷罕）的情況來說，雖然她的症狀沒有痊癒，但卻成了**另一個女性**（another woman），成為具有奉獻熱誠且頑強奮鬥的女性主義者。她決口不提自己年輕時所經歷的，那些將她塑造成神話的心理治療過程，一生為了孤兒與反猶太主義的被害者奉獻。

佛洛伊德的後繼者們一直景仰的 Anna.O，成為帕芷罕後回到了學術性歷史敘述中，並且在死後，又再一次收回她的真正本性，她成為 19 世紀末為了命運和偉大任務而奉獻的悲劇女性。但是帕芷罕仍是布洛伊爾和佛洛伊德喜愛的傳說反抗性人物。」[24]

　　但是 Anna.O 究竟是誰，還有她到底有沒有治療成功呢？我們可以將這個事例與今日精神醫學所用的一般性治療方式做個對比。前面的引用文中，盧迪內斯庫沉痛地揭發並批判精神分析學出現後的精神醫學時，提到了 Anna.O 的例子，這裡盧迪內斯庫認為布洛伊爾治療的失敗導致她成為了全然不同的女性。這與今日的精神醫學，和濫用精神藥理學處方的治療方式截然不同。如果 Anna.O 還活著的話，應該無法成為另外一個女人，她的桌子會被抗憂鬱症的藥袋佔據，只能每天用迷惘的眼神和模糊的笑容度日。這樣的事例正好證實了，主體時代轉換為個人時代後，盧迪內斯庫悲痛的敘述。我想以政治主體化的方式來解析帕芷罕沒有完成治療卻成為全新之人的例子。

---

[24] E. Rudinesco, *Why psychoanalysis?*, R. Bowlby trans. New York: Columbia University Press, 2001, pp. 15-6.

　　帕芃罕的「受治療者成爲另外一個女人」，是脫去了資產階級式家庭慾望的拘束，成爲女性主義鬥士的具體事例。雖然我們無法完全脫離壓抑自身的感情壓力，[25]但透過將自身政治主體化，來除去自我的痛苦徵狀，而得以持續生活下去。她是一個否定被感情綑綁和憑藉感情才能實體化的世界，從中奮力突破的主體。神經症症狀是反應感情體驗中自我與世界的不合，但這樣的症狀透過主觀的感情或因爲神經性故障而客觀化之時，主體會被捲入這樣客觀感情的診斷或解析之中。也就是說，在感情的治癒中主體更加被客觀化或被物化，從這方面看感情是自由的，當我們確定感情可以成爲世界直接的表現，或是解讀爲世界本身的配置與構成之時，就是屈服於事物的誘惑。

　　「實踐式的意識時與公式性意識（official consciousness）有所區別，這不是單純的相對性自由或統制的問題，因爲實踐式的意志是體驗式的，而非體驗『思考出』的東西，但是對於採納所生產的固定型態的實際對策並非沉默，也非神話資產階級文化後的空白和無意識。這同時具有社會性與物質性的特性，是成爲完全明瞭且規範明確的交換物

---

[25] Anna.O 若是現代人的話，也可能透過藥物治療或未來的神經醫學處方將不愉快的感情除去而獲得安樂。有關利用神經傳達物質處方的醫學性、社會性、經營管理，將幸福發展爲大型產業的批評可以參考下面的文章。William Davies, 《행복산업（The Happiness Industry）》，黃聖媛翻譯，동녘，2015.；Daniel Akst，《자기 절제 사회（We Have Met the Enemy: Self-Control in an Age of Excess）》，구계원翻譯，민음사，2014。

（exchang）之前的某種萌芽階段的情緒與思考。因此明
瞭且受規範之物與此的關係是非常複雜的。」[26]

威廉斯在試圖概要馬克思的文化研究而寫的《馬克思與文
化》當中，提出了一個著名的概念叫作「情緒的結構（structure
of feelings）」。這裡借用他強調意識形態和世界觀等概念的發
表，批判陷入「意識理論」的文化理論，並積極地將情緒與感情
當作文化分析的對象。但他拒絕將情緒、感情和心靈當作分析意
識所無法掌握的主體化機制的工具，他固守著折衷的「實踐式意
識（practical consciousness）」的概念，擁護「情緒不是和思考
相對，而是感覺的思考和思考過的感覺」。這是事先反制「熱情
勝過理性」以及反對感情優越論的主張。他爲了以「支配性、殘
餘性、浮出的」文化來分析各種不同文化所扮演的複合性角色，
積極地考慮感情並要求不要做出過度評價。爲了更進一步整理這
樣的想法，他還引進了時制的角度，指融合在經驗裡的現在思考
的現在進行式思考（thinking），與擺脫經驗並限制經驗的過去
時態式思考（thought）對立時，威廉斯認爲感情與心靈不是在
思考之外，而是在思考之內。這是不同於現今計較理性與感情的
二分法語法。他不斷定思考與意識的優勢，但也不低估感情與心
靈的效能，試圖找出一個能評估二者關係的框架。因此，他所說
的情緒結構並不像世人所誤會的在意識之外來分析文化。反而是
超越了分析中產階級文化時，個人對社會、主觀對客觀……等二

---

[26] R. Williams, *Marxism and Literature*, Oxford: Oxford University Press,
1977, pp. 130-1.

分法，並提出文化歷史唯物論分析的可能性。

　　從這方面看，威廉斯意外地使用了黑格爾主義式的主張，在文學上稱作感受性（sensibility），就是非本能天生的感情，而是透過歷練而構成的感情，感受性在黑格爾的政治哲學中可以和人倫性（Sittlichkeit, civility）作比較。[27]黑格爾跨越了康德式的命令和主觀性的概念，批評乾燥無味的義務倫理，並反對道德所具有的客觀性與物質性，也就是慣習與禮儀等習得的道德倫理。由此來看人倫性與抽象規定體制的法規不同，也與主觀性的心理不同。[28]感受性不是主觀的心理或感情，似乎與社會所強加的空虛道德價值觀也不同。感受性的感情和人倫性的感情，和今日直接用感情定義和型塑世界的方式有極大差異。

　　威廉斯透過感情與思考的辯證法所要說的是思維與感情皆不能還原的人倫性或感受性。企圖調整資本主義敵對性的階級抗爭過程當中所形成的秩序結構，並不是腦解剖學或神經生理學所闡明的客觀事實，或是最近許多理論家所認為從感情變化直接透視資本主義敵對性的社會關係。威廉斯說的是敵對性社會關係主體

27　F. Jameson, *Morality versus Ethical Substance*, Social Text No. 8, Winter, 1983-1984.

28　阿多諾將佛洛伊德的精神分析學與心理學分離，與黑格爾的想法連結之主張很具啟發性，「黑格爾認為特別的事物一般，一般的事物特別的形式，所說的特別事物與一般事物的辯證法，可以將佛洛伊德用特別的學術角度和心理學來梳理與發掘。將立基於個人心理學的內部核心稱作一般事物的說法與佛洛伊德相衝突而有新發現，也就是最內部的核心，舊式社會的連結關係——當然就是原始方式的連結關係——，一般性結構確實且全面位在個人裡的結構，這點與佛洛伊德相衝突。」Th. W. Adorno《사회학 강의（社會學講義）》，文炳浩翻譯，세창출판사。

化過程中所形成的物質實踐，透過禮儀與習慣還有各種物質性的實踐來實現。感情在分析社會生活的方面是不可或缺的，但很難將感情這樣自主的對象實體化。感情編織了社會，但是並不是透過自主的事實或事件，而是透過社會性的生活規則與慣習來物質化。這大概就是提出互助性社會主義的涂爾幹在《自殺論》裡所想要說的，防止憂鬱造成自殺最有效的方法。

譯者：杜彥文

參考文獻

一手資料

《Gobalnews》（Go 발뉴스）

《Nocutnews》（노컷뉴스）

《每日經濟》（매일경제）

〈UNICEF 定期援助會員募集廣告〉（UNICEF 정기후원회원 모집 광고）

《韓民族新聞》（한겨레신문）

二手資料

1. 韓文著書

金愛爛等人，《瞎眼者的國家》，文學村，2014。

（김애란 외，《눈먼 자들의 국가》，문학동네, 2014.）

田中拓道，《貧困共和國：社會性連帶的誕生》，朴海男譯，文學村，2014。

（田中拓道,《빈곤과 공화국: 사회적 연대의 탄생（貧困と共和国—社会的連帶の誕生）》，박해남 옮김，문학동네, 2014.）

丹尼爾・阿克斯特，《誘惑心理學：慾望挑動了你的哪根神經》，Gu Gyewon 譯，Minumsa，2014。

（Daniel Akst,《자기 절제 사회（We Have Met the Enemy）》,구계원 옮김, 민음사, 2014.）

J・唐斯勒，《社會保障的發明》，周炯日譯，東文選，2005。

（J. Donzelot,《사회보장의 발명（L'invention du social）》, 주형일 옮김, 동문선, 2005.）

艾彌爾・涂爾幹，《自殺論》，Hwang Bojongwu 譯，Chungabook，2016。

（Émile Durkheim,《자살론（Le Suicide）》, 황보종우 옮김, 청아출판사, 2016.）

威廉・M・雷迪,《感情研究指南：情感史的框架》，Kim Hakie 譯，文學與知性社，2016。

（W. M. Reddy,《감정의 항해（Navigation of Feeling: A Framework for the History of Emotions）》, 김학이 옮김, 문학과지성사, 2016.）

佛洛伊德・布羅伊爾,《歇斯底里症研究》，金美利惠譯，Openbooks，2003。

（J. Breuer, S. Freud,《히스테리 연구（Studies on Hysteria）》, 김미리혜 옮김, 열린책들, 2003.）

狄奧多・阿多諾,《社會學講義》，文炳浩譯，世昌出版社，2014。

（Th. W. Adorno, 《사회학 강의（Einleitung in die Soziologie）》, 문병호 옮김, 세창출판사, 2014.）

威廉・戴維斯,《幸福產業》，黃聖媛譯，Dongnyok，2015。

（William Davies, 《행복산업（The Happiness Industry）》, 황성원 옮김, 동녘, 2015.）

艾曼紐爾・皮耶拉等人，《有關審核的黑書》，Kwon Jihyun 譯，Almabooks，2012。

（Pierrat・Emmanuel 외, 《검열에 관한 검은 책（Le Livre noir de la censure）》, 권지현 옮김, 알마, 2012）

戈蘭・瑟伯恩,《社會學與歷史唯物論》，Yoon Soojong 譯，青山，1989。

（G. Therborn, 《사회학과 사적 유물론（Science, Class & Society: On the Formation of Sociology & Historical Materialism）》, 윤수종 옮김,

푸른산, 1989.）

河智賢，《精神學的誕生：將發狂合理化的精神醫學史的決定性時刻》，
Hainaim，2016。

（하지현, 《정신의학의 탄생: 광기를 합리로 바꾼 정신의학사의
결정적 순간》, 해냄, 2016.）

洪泰永，《國民國家的政治學》，Humanitasbook，2008。
（홍태영, 《국민국가의 정치학》, 후마니타스, 2008.）

2. 英文論文

C. Hemmings, Invoking affect: cultural theory and the ontological turn, Cultural
Studies, 19 (5).

F. Jameson, Morality versus Ethical Substance, Social Text No. 8, Winter, 1983-
1984.

3. 英文著書

L. Boltanski, *Distant suffering: morality, media, and politics*, Graham Burchell
trans. Cambridge, UK & New York, NY: Cambridge University Press,
1999.

D. Evans, *An introductory dictionary of Lacanian psychoanalysis*, London &
New York: Routledge, 1996.

E. Rudinesco, *Why psychoanalysis?*, R. Bowlby trans. New York: Columbia
University Press, 2001.

R. Williams, *Marxism and Literature*, Oxford: Oxford University Press, 1977.

第二部

東亞集體情感的政治化與制度化

散曲與元代文人的心理

_ 河炅心[*]

[*] 相關內容曾於第 425 次延世大學國學研究院國學研究發表會（「元朝的文學與歷史」，2016.4.15）上進行過發表。本稿參考會上討論內容，進行了一些修改與補充。

鬼神之歌——呼喚自我

「挫折」與「達觀」是兩個看似關聯不大的詞語。「挫折」在字典上的含義是「因目標沒有達成或需求沒能滿足而受到打擊」；「達觀」則是指「見解通達，超脫世俗，悠然自得的心態」。從「挫折」到「達觀」的過程可以使人聯想到「憤懣」、「失意」、「放棄」、「死心」等等詞語。對於任何人、任何時代，這個過程都絕非易事。

本稿考察的是距今 700 多年前，中國元朝（1271-1368）時期的一些作家。蒙古族早在 1206 年就實現了統一。1234 年滅掉金國後統治了華北地區，1271 年改國號為元，1279 年滅掉了南宋。因此，13 世紀起，北方的政治文化環境發生了翻天覆地的變化。儘管在巨變的時期，特別是崇尚武力的時代，文人的地位普遍不高。但在一個價值取向完全不同的時代，重新定位自己，使得那些以「立身揚名」為畢生目標的文人不知所措，而在此過程中也伴隨著無數的挫折。他們經歷了怎樣沉重的內心矛盾，又是如何達到「達觀」的境界呢？儘管他們與今天的我們生活在一個完全不同的時空，但就像今天的我們一樣，那個時代的人們也要窮盡一生去探尋自我。所以他們對於「我是誰」問題的思考，也可以使今天的我們得到啟發。

本稿嘗試通過元代最流行的歌曲形式——散曲，來瞭解當時作家的感性、人生觀與心理。散曲有小令和套數兩種形式。小令單片隻曲，調短字少；套數由相同宮調的多隻曲子連綴而成。元

代流傳下來的作品中有小令約 3853 首，套數 480 餘套。[1]散曲特徵如下：可抒情、可敘事，題材多樣，內容豐富；口語、俗語、隱語、胡語等比比皆是，表達方式通俗且直接。除了民間傳唱的民歌之外，應該很少有抒發感情如此直率的歌曲形式，也可以說是如此「我行我素」的文學體裁。各個曲牌在旋律、節拍、字數、平仄等方面有自己的規定，創作時依規定填詞即可。流行的曲牌會有很多作家搶著填詞。例如，馬致遠的《天淨沙·秋思》（《天淨沙》為曲牌名，即曲的格式的名稱；「秋思」為曲名，即具體某一首曲子的題目）曾被收錄在中國小學教科書中，是一首非常有名的散曲，但很多其他的作家也為相同的曲牌填過詞。散曲具備一定的大眾性，而歌曲這種形式本身就有傳播效應，這使得散曲風靡一時。就連在當時的宴會上，品評或朗誦散曲也是一個重要的助興環節。

【仙呂】醉中天·佳人臉上黑痣

疑是楊妃在，怎脫馬嵬災？

曾與明皇捧硯來，美臉風流殺。

叵奈揮毫李白，覷著嬌態，灑松煙點破桃腮。[2]

---

[1] 依據隋樹森編輯出版的《全元散曲》（校閱收錄了《陽春白雪》、《朝野新聲太平樂府》、《類聚群賢樂府群玉》、《梨園按試樂府新聲》等散曲總集，中華書局，1991），元代流傳下來的散曲有小令 3853 首，套數 457 套。在羅振玉發現明初本《陽春白雪》後，又增加了套數 25 套。

[2] 「仙呂」為宮調名，「醉中天」為曲牌名，「佳人臉上黑痣」為表現內

　　此曲以楊貴妃作比，詼諧地描摹了一個臉上有痣的美人的情態。戲說美人臉上的黑痣是楊貴妃爲李白托硯賦詩時染上的墨點。內容相似的曲子還有很多，可見這在當時是比較流行的。文筆幽默，態度輕鬆，內容豐富，這就是散曲。作家們通過這種體裁表現尋常人的愛情與離別，感歎人生幸事與憾事，讚頌美酒和美人；也會批判貪官汙吏，諷刺迂腐的老學究，調侃怪誕的長相；控訴讓人無法自拔的花街柳巷[3]，感懷閒適的隱居生活，回顧歷史的興亡盛衰，感歎榮華富貴的轉瞬即逝。其中最爲引人矚目的是自敘、自述、自歎、自悟、自嘲類作品。這些作品用自嘲等獨特的方式表現自我，歎息渾濁世間無處容身。當然，無論用何種方式，幾乎所有的文學作品都會在一定程度上體現自我。但如同元代一般，作家們如此直接地呼喚、探尋自我的時代是絕無僅有的。川合康三認爲自唐中期開始，人們對人類存在及自我的認識發生了變化，自傳文學也得以萌發。但伴隨著階級的解體和重組，元代可能才是眞正的「從人本身的角度認識自我」的時期。[4]

容的題目。以下本稿引用作品的原文均參見徐征、張月中、張聖潔、奚海主編，《全元曲》，河北教育出版社，1998 及隋樹森編，《全元散曲》，中華書局，1991。

[3] 關於「嘲笑」類散曲的特徵、「嘆世」類散曲的內容、妓院風俗畫可分別參見拙稿〈元代「嘲笑」散曲小考〉，《中國語文學論集》第 86 號，中國語文學研究會，2014.6；〈馬致遠散曲「嘆世」的內容與創作心理考〉，《中語中文學》第 54 輯，韓國中語中文學會，2013.4；〈遊戲與眞情，劉廷信的散曲世界〉，《中國語文學論集》第 31 號，中國語文學研究會，2005.4。

[4] 關於自傳文學的概念及詩中的自傳參見川合康三著，沈慶昊譯，《中國

　　元代有一本名字很有趣的書，叫《錄鬼簿》[5]，即鬼神記錄簿。這本書由鍾嗣成（1275?-1345?）所著，約成書於 1330 年，收錄了此前元代的散曲、雜劇（戲劇的一種形式）作家 152 名及作品 400 餘種。他在序文中點明了寫作目的，即一些「高才博識」，但「門第低微，職位不振」的人一旦故去，就會被歲月遺忘，希望能夠讓這些「不死之鬼」千古留名。[6]此書不僅書名非比尋常，就連作家分類的標準也與眾不同。作者將眾多作家劃分為逝者和生者、認識和不認識的人、名公和才人（名公是指有一定地位的人，才人是指在書會等場所活動的地位低下的作家們）等。儘管對於作家的記載難以詳盡，但此書最大的價值在於將一些容易被遺忘的作家和作品記錄了下來。再有，編著者還為一些已逝的作家朋友撰寫了弔詞（如《凌波曲》）。或許是因為編著者鍾嗣成本身在活著的時候同樣籍籍無名，因此同病相憐，出於憐憫才會為這些生不逢時的作家們立傳以表慰藉。[7]總之，在中

　　的自傳文學》，Somyung 出版社，2002，第 5 章及頁 250。散曲中的自傳作品參見拙稿〈散曲與元代文人的自畫像〉，《中國語文學論集》第 26 號，2004.2。

[5]　中國戲曲研究院編，《中國古典戲曲論著集成》2，中國戲劇出版社，1980。翻譯本參見朴晟惠譯註，《錄鬼簿》，Hakgobang，2008。此書將元代的戲劇、散曲作家共 152 名分為 7 類加以記錄。

[6]　「……門第卑微，職位不振，高才博識，俱有可錄，歲月彌久，湮沒無聞，遂傳其本末，弔以樂章，復以前乎此者，敘其姓名，述其所作，冀乎初學之士刻意詞章……名之曰『錄鬼簿』。嗟乎，餘亦鬼也，使以死未死之鬼，作不死之鬼，得以傳遠，余又何幸焉。」

[7]　在賈仲明所著的《錄鬼簿續編》中有關於鍾嗣成的記載。賈仲明依照《錄鬼簿》的設定，從鍾嗣成到戴伯可，記錄了元、明間的戲劇、散曲作家 71 人，雜劇 78 種，以及作家未詳的作品 78 種。

國文學史上，對於作家的記載是最爲粗略的。如果不是鍾嗣成的
「憐憫」，後世可能很難得到當時作家的相關資料。因爲他們大
多官職低微，甚至只是一介布衣，在名爲「書會」的作家組織中
作爲全職作家撰文糊口；也會和樂工、娼妓一同生活，或是浪跡
江湖等等。他們的生活默默無聞，他們的事跡也就難以詳盡地流
傳下來。在這一點上，他們與蘇東坡這樣的大文豪無法相提並
論。像蘇東坡這樣的人，出身如何，與何人成婚，何時進士及
第，做過何種官職，何時左遷，與何人交好，留下了哪些著作等
等，人生所有重要的瞬間都被詳細記錄並流傳了下來。

那麼對於這些人來說，爲什麼立身揚名的機會會如此之少
呢？眾所周知，元代是由蒙古族建立的朝代。少數蒙古人（約一
百萬名）通過少數色目人（西夏、回回、畏兀兒、阿拉伯人等）
和一部分漢人統治著六、七千萬名漢人（金代遺留下來的漢人、
契丹人、女眞人等）和南人（南宋遺民）。因爲各民族地位的不
平等，皇族、貴族享有絕對特權，佔據著重要職位。在唐宋時得
到鞏固的科舉制度不再是選拔官員的有效途徑，而宋代形成的士
大夫文化也難以存續。實際上在蒙古時期到元中期約 80 年間，
科舉考試是被廢止的，所以沒有背景的漢人及南人很難出仕做
官。科舉制度於 1238 年被廢止，直到 1315 年才重新實施。但不
同民族考試的難度不同，錄取人數也並不固定。即便及第，也未
必能獲得做官的資格。[8]雖然名義上科舉制的重新實施，其目的

---

[8]　科舉制度僅於 1238 年實行過一次後便被廢除了。元仁宗延祐 2 年
　　（1315 年）後重新開科取士，52 年間共進行了 16 次科舉考試。有關元
　　代科舉制度推行的實際情況參見《中國文化與科舉制度》（金諍著，姜
　　吉仲譯，中文出版社，1994）第 4 章。

在於解決門閥子弟（被稱爲「大根腳」）獨佔要職的問題。但特權階層仍然同此前一樣，通過世襲和推薦就可以很容易地取得官職[9]。在充斥著腐敗和買賣官職盛行的情況下，做官的機會絕非人人平等的。尤其是在北方，從金末到蒙古朝，再到元初，在約100 餘年的時間裡都是沒有科舉考試的，做官的機會也就愈發有限。在這樣的氛圍下，出現了所謂「八娼九儒十丐」這樣自嘲的話語。[10]社會被劃分成了十個等級，官吏、僧侶、道士身處上位，讀書人被定爲九等，連娼妓都不如，只比乞丐地位高一等。對此，謝枋得曾依據南宋遺民鄭思肖（1241-1318）的記載，將類似的話語詮釋爲「取笑儒家文人的話」。鄭思肖被稱爲「江南逆賊」。因反感元朝，他的記載有誇張的一面。從這一點來看，

9　依據《元史‧百官志》，元初所確立的九十五戶「大根腳」家族子弟約占元代官員總數的十分之一。元代科舉以外做官的途徑有薦辟、軍功、歸附、蔭緣、雜途等，相關數字統計及戲劇、散曲作家官職和出身等可以參見李廷宰，〈蒙古至元代文化環境的變化與文學活動的分化──以散曲和雜劇爲中心〉，《中國語文學》第 54 輯，2009.12，頁209~234；有關元代重新推行科舉制度的意圖參見陳平原主編，《科舉與傳播》，北京大學出版社，2015，頁 221。

10　在南宋遺民鄭思肖所著的《心史》（「一官、二吏、三僧、四道、五醫、六工、七獵、八娼、九儒、十丐」）及謝枋得所著的《疊山集》（「滑稽之雄，以儒者爲戲曰：我大元典制，人有十等：一官、二吏；先之者，貴之也，謂其有益於國也；七匠、八娼、九儒、十丐，後之者，賤之也，謂其無益於國也。」）中，都用諷刺的語言刻畫了文人的處境。清代趙翼也在《陔餘叢考》中對此有所提及。（「元制一官，二吏，三僧，四道，五醫，六工，七匠，八娼，九儒，十丐。」）鄭思肖曾留下過誇張的記載，說：「元世祖吃掉了文天祥（元初被俘後就義的南宋愛國志士）的心臟，還喜歡吃女人腹中的胎兒」等，意在貶低元朝。而成書 365 年後，《心史》一書在明代被發現，其過程存疑。

謝枋得的說法具備一定的說服力。然而，在重商主義、拜金主義盛行的時代，通曉詩文經典不再是做官的途徑，文人們再也無法像此前一樣獲得社會的尊重。說他們被看做是無用之徒，在某種程度上也是事實。作者未詳的《【中呂】朝天子・志感》赤裸裸地刻畫了一個「不讀書有權，不識字有錢，不曉事倒有人誇薦」的不公平世間，描繪了一個「賢和愚無分辨，折挫英雄，消磨良善，越聰明越運蹇」的價值觀顛倒的世界，表現了元代讀書人有氣節、有德行卻只能「命運淒苦」的景象。[11]散曲所刻畫的元代社會「不識字最好」，「智能都不及鴨青鈔」[12]，是一個文人不被認可的、前所未見的荒唐世界。

但也有觀點認為，實際上元代的種族歧視、階級歧視並沒有那麼嚴重。因為元代是一個多民族、多文化的，有著多元世界觀的、包容的時代；是一個出現了馬可・波羅或普蘭諾・卡爾平尼、盧布・魯克、伊本・白圖泰旅行記的大旅行時代；是一個海上貿易發達，在世界史中成為重要轉機的開放的時代。[13]還有學者主張：在元代，即便文人無法通過科舉考試進入官場，但「官」與「吏」的界限反而不如其他時代嚴格；「先做吏，再升官」的例子很多，所以漢族文人並非完全沒有出仕的機會；而十

11　《【中呂】朝天子・志感》一，「不讀書有權，不識字有錢，不曉事倒有人誇薦。老天只恁忒心偏，賢和愚無分辨。折挫英雄，消磨良善，越聰明越運蹇。志高如魯連，德過如閔騫，依本分只落得人輕賤。」

12　《【中呂】朝天子・志感》二，「不讀書最高，不識字最好，不曉事倒有人誇俏。老天不肯辨清濁，好和歹沒條道。善的人欺，貧的人笑，讀書人倒累倒，立身則小學，修身則大學，智能都不及鴨青鈔。」

13　參見金浩東，《蒙古帝國與世界史的誕生》，Dolbegae，2010。

個等級的階級劃分也是因反感元朝才出現的言論，並非事實。「明辨是非」是歷史學家們的責任，事實上我們很難找到統一的標準來推斷一個時代對於普通民眾個人生活的壓迫程度。但我們可以思考的是，這種建立在征服者與被征服者關係上的統一有哪些局限性？此前時代的特權階級被排除出了統治核心，成為了三、四等人，這又有哪些意義？再有，我們可以通過文學作品具體瞭解到一些歷史書上沒能記載的生活片段。尤其是雜劇這種戲劇形式生動地反映了當時的社會面貌。比如：大字不識、只懂拷問的酷吏；將救濟糧私下販賣的無恥貪官；以強搶他人妻子為樂趣的無賴；還不上高利貸而犯下殺人罪行的百姓；因財產而將年幼的姪子殺害並拋屍井中的慘案；與姦夫合謀殺害丈夫並搶奪妾氏幼子的可怕女人等等。據此可以瞭解到當時社會與家庭中的各種矛盾和衝突。此外，通過直抒胸臆的散曲，可以瞭解到個人的生活狀況及內心的糾結、孤獨與喜悅、苦澀等等。這些散曲不僅表達了作為旁觀者的感受、作為浪子聲名遠播的心情、看到歷史遺跡的心情，描繪了到處出賣身體的妓女的生活；也會寫下一些借酒逃避的事、秋天想要品嘗的美食，表達戀愛戲曲的觀後感、刺骨的思念，描寫可憐的家畜等等。

　　著名學者王國維（1877-1927）將元雜劇的發展劃分成了三個時期：以北方作家為中心的蒙古（1234-1279）時代，作家為南方出身或以南方為中心進行活動的一統時代，《錄鬼簿》中記載的「方今才人」活動的至正（1341-1368）時代。[14]本稿中即

14　參見王國維著，吳秀卿譯，《宋元戲曲考譯註》9 章，Somyung 出版，
　　2014。

將討論的關漢卿、白樸、馬致遠、喬吉、張養浩都是元代的代表
作家。他們分別生活在金代末期至蒙古時期、元代中後期等多個
時期。即便130年的時間跨度是很小的，但這些作家們對於時代
的感受、個人的經驗、應對方式等等還是會有一些細微的差異。
我們可以據此瞭解到當時多樣的生活面貌和不同的心理。其中關
漢卿、白樸雖然是元代赫赫有名的戲劇（元雜劇）作家，但他們
的人生觀、心理更多地是通過散曲這種歌曲形式表現出來的。儘
管這些作家的資料十分稀少，在推測其生平時具有局限性。但通
過他們留下的自傳類作品可以瞭解到他們在探尋「自我」的過程
中有多麼努力；感受到他們是以何種感情存活在世間，又是如何
表現自我、看待社會等等。

雜劇班頭──眠花臥柳的人生

（……）

【梁州第七】我是個普天下郎君領袖，蓋世界浪子班頭。
願朱顏不改常倚舊，花中消遣，酒內忘憂，分茶、攧竹、
打馬、藏鬮，通五音六律滑熟，甚閑愁到我心頭。伴的是
銀箏女銀臺前理銀箏笑倚銀屏，伴的是玉天仙攜玉手并玉
肩同登玉樓，伴的是金釵客歌金縷捧金尊滿泛金甌。你道
我老也暫休，占排場風月功名首，更玲瓏又剔透，我是個
錦陣花營都帥頭，曾玩府遊州。

（……）

【梁州尾】我是個蒸不爛、煮不熟、捶不匾、炒不爆、響
噹噹一粒銅豌豆，恁子弟每誰教你鑽入他、鋤不斷、斫不

下、解不開、頓不脫、慢騰騰千層錦套頭？我玩的是梁園月，飲的是東京酒；賞的是洛陽花，攀的是章臺柳。我也會圍棋，會蹴踘，會打圍，會插科，會歌舞，會吹彈，會咽作，會吟詩，會雙陸。你便是落了我牙，歪了我口，瘸了我腿，折了我手，天賜與我這幾般兒歹症候，尚兀自不肯休。則除是閻王親自喚，神鬼自來勾。三魂歸地府，七魄喪冥幽。天哪，那其間才不向煙花路兒上走。[15]

以上爲元代代表作家關漢卿所著散曲《【南呂】一枝花・不伏老》中的一段。這一套曲子據推測爲自傳類作品。其中話者表示自己「半生來弄柳拈花，一世裏眠花臥柳」，是在花柳界[16]叱吒風雲的浪子；不是那些不知世事的年輕公子，是在花街柳巷身經百戰的老手。話者下定決心，即便上了年紀也要堅持「尋花問柳」，並把充滿傲氣的自己比作「響噹噹一粒銅豌豆」。「我」要享受最醇厚的酒，最美麗的花，最皎潔的月，最貌美的女子；「我」會各種享樂的手段，直到身體垮了、被閻羅王帶到地府也不會放棄這些。只有死，才能讓「我」不再尋花問柳。這種爭強

15　【南呂一枝花】「攀出牆朵朵花，折臨路枝枝柳，花攀紅蕊嫩，柳折翠條柔。浪子風流，憑著我折柳攀花手，直煞得花殘柳敗休。半生來弄柳拈花，一世裏眠花臥柳。」【梁州第七】參見正文引文。【隔尾】「子弟每是個茅草岡沙土窩初生的兔羔兒乍向圍場上走，我是個經籠罩受索網蒼翎毛老。野雞踏踏得陣馬兒熟，經了些窩弓　箭鐵槍頭，不曾落人後。恰不道人到中年萬事休，我怎肯虛度了春秋。」【梁州尾】參見正文引文。

16　原文中「錦陣花營」和「風月營」、「翠紅鄉」、「鶯花寨」、「麗春院」一樣，都是指代妓院的詞語。

好勝一般的「浪子宣言」，多少有些玩笑的意味。但這些並不是誇張的虛構，可以看做是作者生動地表現了眞實的自我。

　　據推測，關漢卿主要活動於元代初期至大德年間（1297-1307）。他被稱爲「中國的莎士比亞」，是中國最具代表性的戲劇作家之一。但與名聲不同，關於他的記載十分不詳盡。在《錄鬼簿》中對他只有簡單的記載，被劃分爲「前輩已死名公才人，有所編傳奇行於世者」，「大都（現北京）人，太醫院尹，號已齋叟」等。他的戲劇作品存世的也不過五分之一。所幸他的作品目錄流傳了下來，據此可以確認他在當時是戲劇界名副其實的第一人。此外已知的還有：他博學多識，性格灑脫直率；在玉京書會（一個作家組織）活動過；與楊顯之、王和卿等作家交好；「作爲金代遺民，對做官不感興趣；曾南下在當時的文化中心揚州、杭州生活過。」[17]在明代賈仲明所作的弔詞中，他被稱爲

17　關於關漢卿其人，除了《錄鬼簿》以外，還有《析津志輯佚·名宦》（「關一齋，字漢卿，燕人。生而倜儻，博學能文。滑稽多智，蘊藉風流，為一時之冠。是時文翰晦盲，不能獨振，淹于辭章者久矣。」），明朝臧懋循的《元曲選·序》（「躬踐排場，面敷粉墨。以為我家生活，偶倡優而不辭。」）等記載流傳下來。元末朱經在《青樓集·序》（「我皇元初幷海宇，而金之遺民若杜散人·白蘭谷·關已齋輩，皆不屑仕進，乃嘲弄風月，流連光景」）中提到過關漢卿與金代遺民杜善夫、白樸齊名；關漢卿的作品（《大德歌》10 首）中提到過「大德」這一年號（元成宗時期，1297~1307）；在《錄鬼簿》（1330）中關漢卿被劃分到了「前輩已死名公」一類。從這些來推斷關漢卿應該是生於金末，卒於大德元年（1297）以後，1300 年前後。再有，《【南呂】一枝花·杭州景》及贈與朱簾秀的散曲中有「十里揚州風物妍，出落著神仙」等詞句，據此可推斷關漢卿曾在杭州和揚州生活過。關於他的出身，有祁州（今河北省安國市）（《祁州志》卷八）、大都（今北京

「驅梨園領袖，總編修師首，捻雜劇班頭」[18]。他還會裝扮起來，親自登臺表演。作爲戲劇界的領袖，他是劇作家，也是導演、演員，可以說是一名眞正的戲劇人。據傳，關漢卿與當時戲劇界的教母、桃李滿天下的朱簾秀是摯友。[19]朱簾秀男、女角都能扮演，是當時獨一無二、譽滿天下的戲劇演員。不僅是雜劇作家，當時的高官們也都很仰慕她的才華。在中國的傳統戲曲中，歌曲佔據著很大的比重，所以當時的娼妓成爲了完成作品的重要拼圖。尤其是朱簾秀這樣的演員，甚至可以被看作是關漢卿創作的「繆斯（Muse）」和同僚。在上述作品中，通過「錦陣花營都帥頭」、「眠花臥柳」等詞語可以使人聯想到話者是一個經常出入妓院的浪蕩公子。但一些既是娼妓又是演員的女子，和作家們共同生活、關係親密。她們不只是消遣的對象，而應該被看作是集團創作體制的一環。

　　在元代，無論是農民、市民等普通民眾，還是一些良家子

市）（《錄鬼簿》）、解州（今山西解州）等說法。在《金史》、《元史》中沒找到太醫院尹這個官職名，可以推測應該是太醫院管制下的某個職位。作品有雜劇已知 67 部，現存 18 部。散曲今存小令 57 首、套數 13 套。關於關漢卿的生平和著作可參見《關漢卿全集校注・序》（王學奇、吳晉清、王靜竹校注，河北教育出版社，1990）。

18　「驅梨園領袖，總編修師首，撚雜劇班頭。」賈仲明（1343~1422 以後）曾為《錄鬼簿》中記載的作家 82 人撰寫了弔詞，曲名為《凌波仙》。（《錄鬼簿續篇》）

19　朱簾秀在當時是著名女演員，不僅受到關漢卿等作家的追捧，高官們也對她多有傾慕。姚燧曾與其互通散曲，表達了愛慕之情。在元代夏庭芝的《青樓集》（中國戲曲研究院編，《中國古典戲曲論著集成》2，中國戲劇出版社，1980）中對其有簡單的記載，稱其「雜劇為當今獨步」。關漢卿等當代名仕曾寫下散曲，盛讚朱簾秀的才華與容貌。

弟，「不務正業」，學習雜戲，聚眾表演是非常流行的。這種現象甚至引起了國家的憂慮。再有，在街上表演的時候，男女混雜也讓人憂心，國家為此還下達了禁令。[20]在這種演出藝術環境下，當時作家們的人氣是難以想像的。比如，像關漢卿這樣的金牌作家對官場完全不感興趣，一生在江南遊歷，但他離世時有數千人弔唁。儘管這種成就與「立身揚名」是完全不同的，但能夠譽滿天下，可見關漢卿在散曲中表現出的自豪感也並非毫無根據。

不僅僅是關漢卿，除了一部分人以外，對於大部分的元代戲曲、散曲作家，其記載都並不詳盡。這是因為他們中的大部分人都不是官場中人，沒能在史書中留下傳記，沒有機會通過詩文表達自己的意志、政治抱負、生活片段、交友情況等，也幾乎沒有人記錄他們的生平。上文提到過，當時文人的地位只比乞丐高一點，這可能有一些誇張。但元代文人，尤其是漢族文人的地位前所未有的低下也是事實。在無人為自己作「傳」的情況下，像《【南呂】一枝花・不伏老》這種界定、描繪「自我」的自述、自傳類作品就出現了。再有，關漢卿、白樸等作家還是金代的遺民，雖說對官場沒有興趣，但其他可選的職業也並不多。這一時期的文人們將這種失落感、挫折感通過對世間和自身的「冷嘲熱諷」表現出來。因為他們沒有什麼可以失去的，所以比起其他時

---

[20] 據《元史・卷105・志第53・刑法4》、《通制條格・卷27・搬詞》等相關記載可知，當時人無論身分地位如何，都沉迷於說唱技藝、雜戲表演。在《元典章・卷57・刑部19・雜禁》中規定：「又在都唱琵琶詞貨郎兒人等，聚集人眾，充塞街市，男女相混，不唯引惹鬥訟，又恐別生事端。蒙都堂議得：擬合禁斷，送部，行下合屬，依上施行。」

代，受到社會的制約也相對較少。他們創造了散曲這種中國韻文史上題材最為豐富、表達最為自由的歌詞形式，時而直率、時而幽默地展現著自我。

釣魚老叟──旁觀者的生活

　　與大部分的元代作家不同，據記載，白樸（1226-1308?）[21]的父親是金代的高官。他在戰亂中與父母失散。後師從金代大學者元好問，學習寫作。儘管多次被舉薦，但並沒有出仕做官，而是流連於青樓，專注於雜劇。

【中呂】陽春曲‧知幾

　　知榮知辱牢緘口，誰是誰非暗點頭。詩書叢裏且淹留。閑袖手，貧煞也風流。

　　張良辭漢全身計，范蠡歸湖遠害機。樂山樂水總相宜。君

21　字太素，號蘭谷，原名恒，字仁甫。祖籍隩州（今山西河曲），後至真定（今河北正定縣）定居。據《錄鬼簿》（「白仁甫，文舉之子，名樸，真定人，號蘭谷先生。贈嘉議大夫、掌禮儀院太卿。」）、元代王博文的《天籟集‧序》、明朝賈仲明的《凌波仙》弔詞（「峨冠博帶太常卿，嬌馬輕衫館閣情。拈花摘葉風詩性，得青樓、薄倖名。洗襟懷、剪雪裁冰。閑中趣，物外景，蘭谷先生，」）等記載：父白華為金宣宗時的進士（1215 年），曾任樞密院判官、右司郎中等。白樸 7 歲時（1233 年）在汴京的戰亂中與父母走散，後跟隨金代大學者元好問學習。長大後在燕京中興書會「才人」們交往，開始創作雜劇。文采出眾，曾獲得舉薦（1261 年、1280 年），但謝絕了。早年在真定生活，後在金陵（1280 年）、杭州、揚州等南方各地遊歷。作品有雜劇 18 種，現存 3 種；散曲現存小令36 首、套數 4 套。

細推，今古幾人知。

關於白樸的生平，只流傳下了大概。儘管上述作品的創作時間難以考證，但可以據此瞭解到他在反思自己的生活方式。最終得出結論，爲人處世要「牢緘口」，避開危險，保全自己，即「明哲保身」。[22]

【仙呂】寄生草·飲

長醉後方何礙，不醒時有甚思。

糟醃兩箇功名字，醅淰千古興亡事。麴埋萬丈虹蜺志。

不達時皆笑屈原非，但知音盡說陶潛是。

在此，功名是要借酒來逃避的對象，而酒則是一種解憂消愁、忘卻壯志的手段。將功名與興亡盛衰的歷史、平步青雲的渴望都埋葬在酒中。這種略帶激進的言語體現了作者誓不踏入官場的決心，以及目睹戰亂後對於歷史發展的迷茫。再有，作者提到了屈原和陶淵明。屈原是戰國時期楚國的忠臣。他被驅逐了三次，仍然堅持諫言，最後憤然投江。作者認爲他的選擇是不明智的，反而陶淵明早早辭官歸隱才是正確的決定。這首曲子和前面的《【中呂】陽春曲·知幾》一樣，體現了白樸的人生觀及處世的準則。對於屈原的評價，歷來是存在著爭議的。尤其是到了元代，屈原一般被看作是一個固執己見的人，甚至有時會被嘲

---

[22]　關於白樸散曲各題材內容分析及處世態度參見金德煥，〈白樸散曲研究〉，《中國文學研究》卷40，韓國中文學會，2010。

諷。[23]對於幾次獲得舉薦，又幾次謝絕出仕的白樸來說，矢志不渝卻被陷害枉死的屈原是一個引以爲戒的「榜樣」。最終，爲了在亂世中保全自身，白樸選擇了「長醉不醒，袖手旁觀」的態度。

【雙調】喬木查・對景

（⋯⋯）

【幺篇】歲華如流水，消磨盡，自古豪傑。蓋世功名總是空，方信花開易謝，始知人生多別。憶故園，漫嘆嗟，舊游池館，翻做了狐蹤兔穴。休癡休呆，蝸角蠅頭，名親共利切。富貴似花上蝶，春宵夢說。

英雄豪傑最終也會隨著歲月的流逝而消失在歷史長河中。功名如同蝸牛角、蒼蠅頭，只會爲自己帶來災禍，必須提高警惕。作者還勸導人們，不要虛度青春時節，要盡情享樂。[24]最終，「自然」成爲了最安全的隱遁之所。

【雙調】沉醉東風・漁父

黃蘆岸白蘋渡口，綠楊堤紅蓼灘頭。雖無刎頸交，卻有忘

23　貫雲石在《【雙調】殿前歡》中寫到自己讀了《離騷》，儘管爲屈原心痛，但也嘲諷了他的固執。（「楚懷王，忠臣跳入汨羅江。〈離騷〉讀罷空惆悵，日月同光。傷心來笑一場，笑你個三閭強，爲甚不身心放。滄浪污你？你污滄浪？」）陳草庵也在《【中呂】山坡羊・嘆世》（第12 首）中表達了類似想法。（「淈其泥，啜其醨，何須自苦風波際？泉下子房和范蠡。清，也笑你，醒，也笑你。」）

24　【尾聲】「少年枕上歡，杯中酒好天良夜，休辜負了錦堂風月。」

機友。點秋江白鷺沙鷗，傲殺人間萬戶侯。不識字煙波釣
叟。

　　秋日江邊生長著各色植物，白鷺、沙鷗在江上自由翱翔，這
就是「我」渴望定居的自然環境。與水鳥作伴，在霧靄中靜靜垂
釣的「老叟」，正是「我」希望成為的人。這幅美麗的山水畫所
描繪的理想鄉，是一個與鳥為友的世界，是一個達官貴人會被鄙
視的世界，是一個即便「不識字」也能快樂生活的世界。這從側
面反映出缺少知己的世間、達官顯貴把控權勢的世間、學識害人
的世間，使作者感到了失望和厭惡。元代作家們是因為希望逃避
這個危險的、荒謬的世間，才會產生隱居的想法。這與陶淵明主
張的「少無適俗韻，性本愛丘山」及「歸去來兮」，有著本質上
的不同。

山中宰相──在出仕與隱逸之間

　　枯藤老樹昏鴉，小橋流水人家，古道西風瘦馬。
　　夕陽西下，斷腸人在天涯。

　　一幅秋郊夕照圖，抒發了天涯遊子離家漂泊的淒苦愁楚之
情。這首《【越調】天淨沙・秋思》是馬致遠（約 1250-1321 以
後）[25]最有名的散曲，也是中國散曲的代表作之一。儘管他是以

25　號東籬，大都出身，在《錄鬼簿》中與關漢卿、白樸等人一起被劃分為
　　「前輩已死名公才人有所編傳奇行於世者」。約於 1285 年（至元 22
　　年）以後任江浙行省務官，與盧摯、張可久等作家多有交往，曾在元貞

雜劇《漢宮秋》而聞名的，但他是元代前期作家中留下散曲作品最多的人。他創作的主題多種多樣：從愛情、離別、女子的等待到懷才不遇、諷刺事態、興亡盛衰的思考、隱逸的樂趣等等。他是名實相副的散曲代表作家。

　　賈仲明曾稱讚馬致遠是「文場曲狀元，名滿梨園」[26]。朱權也曾盛讚馬致遠才華橫溢，稱其作品「有振鬣長鳴萬馬皆喑之意。又若神鳳飛於九霄，豈可與凡鳥共語哉！」作為一名作家，馬致遠被稱為「狀元」和「鳳凰」，可見他的才華有多麼出眾。他是書會的主要成員，和藝人們多有往來，也參與雜劇（如《黃梁夢》）的創作。但實際上他是江浙行省的一名務官。將全部精力投入在戲劇創作而非官場上，可見他的仕途應該也並不順利。在他創作的散曲中，遠離「名利」的平靜生活是涉獵最多的主題。他在作品中表達了對「籌謀區區名利」（《【南呂】四塊玉・嘆世》）和是是非非的厭倦，以及對前人回歸自然、過上隱居生活的羨慕之情。

【雙調】撥不斷・菊花開

　　菊花開，正歸來。伴虎溪僧鶴林友龍山客，似杜工部陶淵明李太白，有洞庭柑東陽酒西湖蟹。哎！楚三閭休怪。

　　「虎溪僧、鶴林友、龍山客」取自前人典故，分別指的是隱居山寺、遠離塵世的高僧慧遠，秋日也能作法使杜鵑花盛開的道

　　書會活動。作品有雜劇 16 種，現存 6 種；散曲現存小令 115 首、套數 22 首。有散曲集《東籬樂府》傳世。

26　「……戰文場，曲狀元，姓名香貫滿梨園。」《凌波仙》弔詞。

士殷天祥，以及帽子被吹落仍泰然自若飲酒作樂的名士孟嘉。他們都是超脫世俗、怡然自得的人。「詩聖」杜甫、「詩仙」李白和東晉的「田園詩人」陶淵明都是馬致遠的偶像，也是他心目中的同類。毅然脫離仕途回歸田園的陶淵明是無數後世作家的精神嚮往，馬致遠尤其如此。他的號「東籬」就是根據陶淵明的詩句（采菊東籬下，悠然見南山。《飲酒》）所起的，可見他非常仰慕陶淵明。杜甫雖爲「詩聖」，但只官至工部員外郎，這和才華橫溢卻仕途不順的馬致遠處境相似。李白以不世之才自居，被稱爲「謫仙」，而馬致遠也因寫作才華被稱爲「馬神仙」，在這一點上與李白有相似之處。曲中「楚三閭」指的是屈原，在此話者感慨屈原的遭遇，希望他不要自責。嘲諷被世間拋棄的屈原，卻羨慕拋棄了世間的陶淵明，這是元代散曲中常見的一種態度。那麼馬致遠也是在嘲笑屈原不明智的生活方式嗎？還是想從屈原身上獲得一些安慰呢？在作品中宣稱要超脫俗世，盡享口腹之樂，從中也能感受到馬致遠堅守「自我」的意志。但作爲一個忠於國家、嚴於律己的忠臣，還是不時會覺得這樣不求上進的自己有些不可理喻吧。

馬致遠與世界妥協了，成爲了一個地方行政機關的武官。但這種世俗的生活使他感到疲憊不堪。他在另一篇代表作《【雙調】夜行船‧秋思》中強調爭名逐利無休無止，就像是「密匝匝蟻排兵，亂紛紛蜂釀蜜，急攘攘蠅爭血」，是無止境的自我折磨。他希望能擺脫名利的枷鎖，過上「和露摘黃花，帶霜烹紫蟹，煮酒燒紅葉」這樣愜意的生活[27]。他也曾後悔「半世逢場作

27　《【雙調】夜行船‧秋思》，【撥不斷】利名竭，是非絕，紅塵不向門

戲」，覺得「有一片凍不死衣，有一口餓不死食」（《【般涉調】哨遍・半世逢場作戲》）便心滿意足了。馬致遠對隱逸生活的殷切渴望到底是從何而來呢？有學者認爲這是虛無主義與享樂主義思想共存的結果，也有學者認爲這是由於全眞教（道教的一個派別，強調精神修養和清靜無爲）的影響。但這種迫切的渴望，首先是由於他對名利的反感。馬致遠並不是因爲他本身想要過上遠離人群、無欲無求的生活，而是因爲疲於奔命又無法施展抱負，從心理上對這樣的世界感到失望和挫折。而且他也不認爲自己能夠改變世界，因此對名利也就更加反感。

　　做「不問人間事」的「山中宰相」，做「風月的主人」，[28] 做「酒中仙、塵外客、林間友」[29]。這樣無拘無束、回歸自然的生活眞的是馬致遠所渴望的嗎？對於因外力而不得不放棄很多機會和慾望的元代作家來說，無論是出自眞心，還是試圖另闢蹊徑揚名立萬，「隱逸」生活都是他們憧憬的對象和無時無刻不想實現的夙願。無論是自己的選擇，還是受外力所迫，或是獲得心靈慰藉的權宜之計，從產生念頭到最終行動，這個過程應該都是很

前葱。綠樹偏宜屋角遮，青山正補墻頭缺，　那堪竹籬茅舍。【離亭宴煞】蛩吟罷一覺才寧貼，鷄鳴時萬事無休歇，爭名利何年是徹！看密匝匝蟻排兵，亂紛紛蜂釀蜜，急攘攘蠅爭血。裴公綠野堂，陶令白蓮社。愛秋來時那些。和露摘黃花，帶霜烹紫蟹，煮酒燒紅葉。想人生有限杯，渾幾個重陽節？囑咐你個頑童記者。便北海探吾來，道東籬醉了也！

28　《【雙調】清江引・野興》，「林泉隱居誰到此。有客清風至。會作山中相，不管人間事。爭甚麼半張名利紙。東籬本時風月主。晚節園林趣。」

29　《【雙調】行查子》。

艱難的。就像馬致遠，他在很多散曲作品中無數次地對自己、對歷史、對精神上的偶像提出問題，無數次地陷入困惑，又無數次地堅定意念。與對做官完全不感興趣的關漢卿和拒絕出仕的白樸不同，也許馬致遠正是因為對世間有所期待，才會更加絕望，更想要逃避。有關他的生平，也沒有詳細的史料流傳下來。因此我們無法得知在下定決心過上平穩的生活以後，他的生活態度是否變得達觀。我們只能通過他的作品，瞭解到他在出仕與隱逸的渴望之間曾有過很多困惑。

江湖狀元——神仙生活

【正宮】綠麼遍·自述

不占龍頭選。不入名賢傳。時時酒聖，處處詩禪。煙霞狀元，江湖醉仙。笑談便是編修院。留連。批風抹月四十年。

　　這位在曲中將自己描述為「酒聖」、「醉仙」和「煙霞狀元」的作者，就是以俊美的容貌和出眾的才華而備受推崇[30]的喬吉（1280?-1345）[31]。他和散曲作家張可久（1270?-1348?）[32]並

30　「美姿容，善詞章，以威嚴自飾，人敬畏之。居杭州太乙宮前。有《梧葉兒》、《題西湖》百篇，名公為之序。胷疏江湖間四十年。欲刊所作，竟無成事者。至正五年（1345）二月，病卒於家。」（鍾嗣成《錄鬼簿》）

31　也稱喬吉甫，字夢符，號笙鶴翁，又號惺惺道人。太原人。劇作存目十一，傳世三種，大多是愛情故事。散曲作品據《全元散曲》所輯，存小

稱爲「曲中李白、杜甫」[33]，學識堪比翰林院編修。但在 40 餘
年間，喬吉落魄江湖，生活過得並不如意。儘管他看似對自己不
畏風霜、悠然自得、吟風弄月的一生感到十分自豪，但空有能夠
「占龍頭選、入名賢傳」的才華，卻沒有立身揚名的機會，他對
現實應該還是有所不滿的。1315 年，被中斷的科舉考試重新實
行，但依然不是公平的。這對於如喬吉一般遊歷於江湖的雜劇、
曲作家來說，同時帶來了希望和挫折。喬吉的作品中自述、自敘
類作品相對較多。在下面這一曲中，他將自己比作了「酒聖」、
「詩禪」。

【中呂】折桂令・自述

華陽巾鶴氅蹁躚，鐵笛吹雲，竹杖撐天。伴柳怪花妖，麟
祥鳳瑞，酒聖詩禪。不應舉江湖狀元，不思凡風月神仙。[34]

令 200 餘首，套曲 11 首。與張可久並稱爲散曲雙璧。散曲集有抄本
《文湖州集詞》1 卷，李開先輯《喬夢符小令》1 卷，及《散曲叢刊》
（任訥）本《夢符散曲》。

[32] 字小山，慶元（今浙江鄞州）人。仕途失意，曾多次做過下級官吏。後
隱居西湖，專注於散曲創作。現存小令 855 首，套數 9 套，作品數爲元
代作家之最。作品風格清麗典雅，與喬吉一同，備受明清作家推崇。

[33] 喬吉精於音律，喜歡引用前人詩句，又不避俗語，獲得了很高評價。明
代李開先評他：「蘊藉包含，風流調笑，種種出奇而不失之怪；多多益
善而不失好之繁；句句用俗而不失其爲文。」佳作多有流傳的喬吉自己
曾分享創作經驗：「作樂府亦有法，曰『鳳頭，豬肚，豹尾』。」
（元・陶宗儀，《輟耕錄・作今樂府法》，《新曲苑》1，臺灣中華書
局，頁 25。）

[34] 《【中呂】滿庭芳・漁父詞》中也有類似詞句。「……笑談便是編修
院，誰貴誰賢？不應舉江湖狀元，不思凡養笠神仙。……」有關《漁父

斷簡殘編，翰墨雲煙，香滿山川。

　　以神仙、道士之姿，飄然而行；以飲酒攜妓賦詩爲務，不思凡塵。此曲中作者將「我」刻畫成了這樣一種存在。而喬吉實際上也曾「煉丹、讀經」[35]，試圖過上神仙一般的生活。儘管他並沒有參加過考試，但自認爲憑藉寫作才能可以獨佔鰲頭，自稱爲「江湖狀元」。這個稱呼反映出，他在心理上始終還是希望能夠獲得世人的認可和矚目。

　　喬吉也曾在《【雙調】雁兒落過得勝令・回省》中進行過反思，認爲生活在紛紛擾擾的塵世，就像是一個傀儡；而富貴功名如杯弓蛇影、莊周夢蝶般虛幻；如同蟻群、蜂群般熙熙攘攘爭名逐利都不過是一場空。[36]他也是在田園生活中獲得了慰藉和滿足。

【雙調】雁兒落過得勝令・自適

黃花開數朵，翠竹栽些個。農桑事上熟，名利場中捽。禾黍小莊科，籬落棱雞鵝。五畝清閑地，一枚安樂窩。行呵，官大優愁大。藏呵，田多差役多。

　　詞》參見尹壽榮，〈喬吉散曲研究 2──以《漁父詞》爲中心〉，《江源人文論叢》第 5 輯，1997.12。

[35]　《【南呂】玉交枝・閑適二曲》，「……自種瓜，自採茶，爐內煉丹砂。看一卷《道德經》，講一會魚樵話……」。

[36]　「身離丹鳳闕，夢入黃雞社。桔橰地面寬，傀儡排場熱。名利酒吞蛇，富貴夢迷蝶。蟻陣攻城破，蜂衙報日斜。豪傑，幾度花開謝。癡呆，三分春去也。」

此曲中作者如陶淵明一般，與菊花作伴，過上了田園生活。但如果田地太多，會覺得務農也十分辛苦，所以他表明只需要一個「安樂窩」的樸素心願。馬致遠也曾用蟻群、蜂群比喻過爭名逐利，渴望「綠樹遮陰，青山爲牆，在竹籬茅舍中過著簡陋卻安穩的生活」，夢想「如裴度、陶淵明一般過上隱者的生活」（《【雙調】夜行船·秋思》）。喬吉沒有做過官，與馬致遠看似有著不同的人生經歷，但因鬱鬱不得志而受到的心理上的傷害同樣深重。

【中呂】賣花聲·悟世

肝腸百煉爐間鐵，富貴三更枕上蝶，功名兩字酒中蛇。尖風薄雪，殘杯冷炙，掩清燈竹籬茅舍。

鋼鐵一般堅定的意志應該是在歷盡磨難後才錘煉出來的。此曲以「悟世」爲題，作者獲得這些感悟應該也付出了苦痛的代價。就像是鍾嗣成「平生湖海少知音」的記載[37]一樣，喬吉空有一身才華卻無處施展抱負。只得浪跡江湖，如此這般，生活中處處是挫折。

【中呂】山坡羊·自警

清風閒坐，白雲高臥，面皮不受時人唾。樂跎跎，笑呵呵，看別人搭套項推沉磨。蓋下一枚安樂窩。東，也在

---

[37] 鍾嗣成曾在《【雙調】凌波仙·弔喬夢符》中爲喬吉寫過以下弔詞：「平生湖海少知音，幾曲宮商大用心。百年光景還爭甚？空贏得雪鬢侵。跨仙禽路繞雲深。欲掛墳前劍，重聽膝上琴。漫攜琴載酒相尋。」

我。西，也在我。

此曲以「自警」為題，告誡自己不要像終日埋頭推磨的毛驢一樣任人驅使，而要按照自己的心意過活。這看起來也是對唾棄「我」、嘲弄「我」、拋棄「我」的世間的一種消極的反抗。

喬吉也曾像白樸一般煩惱，如何才能悄然避世。最終下定決心要向范蠡而非屈原學習，終身不管閒事，得過且過。[38]竹籬笆、茅草屋，終日釣魚、飲酒，在落日煙霞中欣賞如詩如畫的江山美景，在漁船中整晚載歌載舞。[39]看起來他追求的是漁夫那種平淡的生活，對不追求名利沒什麼遺憾。但縱觀喬吉的生平，可以推定他也並沒有獲得過什麼機會。因此與幾次謝絕朝廷召喚的白樸相比，二人煩惱的源頭應該有所不同。

歸去來兮──告別官場的生活

當然，在元代也有姚燧（1239?-1314?）、盧摯（1242-1314）、張養浩（1269-1329）[40]等官居高位、備受推崇的漢族

---

[38] 《【中呂】滿庭芳・漁父詞》，「江湖隱居，既學范蠡，問甚三呂。終身休惹閒題目，裝個葫蘆……。」

[39] 《【中呂】滿庭芳・漁父詞》，「活魚旋打，沽些村酒，問那人家。江山萬里天然畫，落日煙霞。垂袖舞風生鬢髮，扣舷歌聲撼漁槎。初更罷，波明淺沙，明月浸蘆花。」《漁父詞》共 20 首，是作者將自身比作漁夫的一系列作品。

[40] 張養浩，字希孟，號雲莊，濟南人士。歷任東平學正、監察御使、官翰林侍讀、右司都事、禮部尚書、中書省參知政事等。因批判時政而為權貴所厭惡，英宗至治元年（1321）辭官歸隱後，朝廷七聘而不出。文宗

文人。姚燧的祖先在遼、金兩代做過高官，伯父曾加入忽必烈的
幕府，姚燧本人也曾官拜翰林學士承旨、集賢大學士。盧摯雖同
白樸、馬致遠等雜劇作家及朱簾秀等藝人交好，但進士及第
（1268 年）後曾任翰林學士，以詩文名揚天下。此二人為元代
朝廷中文人學者的代表。張養浩也是一位高官，曾官拜禮部尚
書、中書省參知政事。他們大多有詩文、散曲作品流傳於世，尤
其是張養浩的散曲中有不少探討「為官之道」和憂國憂民的作
品。在他辭官歸隱後，朝廷七聘而不出。1329 年，關中受災，
他為安撫百姓接受了朝廷的徵召。後積勞成疾，逝於任上，是一
個富有犧牲精神的人。據傳，百姓聽到張養浩去世的消息，悲哀
痛哭，如同「失去了自己的父母」一般。他曾留下官箴《三事忠
告》，詳細記錄了為官的可為與不可為之事。[41]李廷宰曾分析過
元代文人多種多樣的出身和創作傾向。認為他們中的大多數是通
過雜劇創作維持生計的，但一小部分人由於蒙古統治的需要獲得
了政治或經濟地位。他們主要進行傳統詩文的創作，並通過散曲

天曆 2 年（1329），關中大旱，出任陝西行臺中丞。在賑災過程中積勞
成疾，病逝於任上。據稱，聽到他的死訊，「關中之人，哀之如失父
母」（《元史・張養浩傳》）。有散曲集《雲莊休居自適小樂府》1 卷
傳世，收錄小令 61 首，套數 2 首。內容多為社會批判、懷古、同情百
姓的困苦，也會歌頌田園隱居生活。關於張養浩散曲作品中現實與隱逸
思想的研究參見尹壽榮，〈張養浩散曲研究〉，《中國文學研究》卷
3，韓國中文學會，1985。

[41]　《三事忠告》是〈牧民忠告〉、〈風憲忠告〉、〈廟堂忠告〉三篇的合
稱，由黃士弘合為一卷。張養浩著，鄭愛利施譯，Sae Mulgyeol 出版
社，1999。

來進行文學創新。[42]因此姚燧、張養浩與一般的元代雜劇作家處境不同。

　　與喬吉生活年代相近的張養浩（1269-1329），在 30 餘年的官場生活中歷盡曲折。他在歸隱後回顧過往，感歎官場生活的虛幻、官吏的腐敗和偽善。[43]他在批判世事的同時，也對飽受困苦的百姓表達了關懷與同情。[44]這種批判與關懷，是來自於他的實際生活經歷。因此在他的作品中，對於官場的描寫十分具體，歸隱的喜悅也表達地更加眞切。

【雙調】雁兒落兼得勝令

　　往常時為功名惹是非，如今對山水忘名利。往常時趁鷄聲赴早朝，如今近晌午猶然睡。往常時秉笏立丹墀，如今把菊向東籬。往常時俯仰承權貴，如今逍遙謁故知。往常時狂癡，險犯著笞杖徒流罪，如今便宜，課會風花雪月源題。

　　與其他作家一樣，張養浩也留下過很多隱逸、隱居內容的作品，表達自己像陶淵明一樣在山水之間與菊花爲伴的喜悅之情。

---

[42]　關於歷任官職作家的數字及高官的比例等參見李廷宰的論文（腳註9）。

[43]　《【中呂】朱履曲》，「那的是為官榮貴？止不過多吃些筵席，更不呵安插些舊相知。家庭中添些蓋作，囊篋裏攢些東西。教好人每看做甚的。」

[44]　《【中呂】山坡羊・潼關懷古》，「峰巒如聚，波濤如怒。山河表裏潼關路。望西都，意躊躕。傷心秦漢經行處，宮闕萬間都做了土。興，百姓苦！亡，百姓苦！」

但不同的是，他的作品中會涉及危機處處、緊張不斷的官場生活經歷和「辭官」後如釋重負的心情。與前文中提到過的作家們一樣，他也為屈原「無法在青山中放歌、暢飲、盡情享樂」[45]而感到遺憾，告誡世人仕途中存在著危險。他一邊囑託著「休圖官祿」、「休求金玉」、「本分世間為第一」，一邊提出要「於官清正」。[46]這些忠告與警告，是源於他在官場中目睹了很多貪官的醜態。再有，儘管他在作品中通過一些悲劇性的歷史人物表達了仕途危險的觀點，但也透露出了「在官時只說閑，得閑也又思官」[47]的矛盾心理，這些也都是源於他的切身體驗。

45　《【中呂】普天樂·隱居謾興》，「楚《離騷》，誰能解？就中之意，日月明白。恨尚存，人何在？空快活了湘江魚蝦蟹，這先生暢好是胡來。怎如向青山影裏，狂歌痛飲，其樂無涯。」

46　《【中呂】山坡羊·人生於世》，「人生於世，休行非義，謾過人也謾不過天公意。便償些東西，得些衣食，他時終作兒孫累，本分世間為第一。休使見識，幹圖甚的。」「休圖官祿，休求金玉，隨緣得過休多欲。富何如？貴何如？沒來由惹得人嫉妒，回首百年都做了土。人，皆笑汝。渠，幹受苦。」「無官何患？無錢何憚？休教無德人輕慢。你便列朝班，鑄銅山，止不過只為衣和飯，腹內不饑身上暖。官，君莫想。錢，君莫想。」「於人誠信，於官清正。居於鄉里宜和順。莫虧心，莫貪名，人生萬事皆前定，行歹暗中天照臨。疾，也報應。遲，也報應。」「休學諂佞，休學奔競，休學說謊言無信。貌相迎，不實誠，縱然富貴皆僥倖，神惡鬼嫌人又憎。官，待怎生。錢，待怎生。」王星琦認為張養浩散曲的一個特徵就是既歌頌隱逸生活，又對身居官位的人提出警示與忠告。（《元曲與人生》，上海古籍出版社，2004，頁31~34。）

47　《【雙調】沽美酒兼太平令》，「在官時只說閑，得閑也又思官，直到教人做樣看。從前的試觀，哪一個不遇災難？楚大夫行吟澤畔，伍將軍血污衣冠，烏江岸消磨了好漢，咸陽市幹休了丞相。這幾個百般，要

　　他曾在作品中呼喊：「榮華休戀，歸去來兮」，滿足於遠離名利，相伴青山、白雲、明月，閒來賦詩的生活[48]；也曾表達「跳出功名火坑，來到花月蓬瀛」[49]的喜悅；描述如陶淵明一般「唱歌，彈歌，似風魔，把功名富貴都參破。有花有酒有行窩，無煩無惱無災禍」的生活；展現「青石內不標名」的灑脫形象[50]。這些都與張養浩歷盡榮辱，「七聘不出」的官場經歷有關。由姚燧舉薦踏入仕途的劉致[51]曾感歎：「雲山有意，軒裳無計，被西風吹斷功名淚」[52]，從高聳入雲層的群山中獲得了慰藉。歷任監察御史、河東廉訪史等官職的陳草庵（1247-1319?）也曾抒

安，不安，怎如俺五柳莊逍遙散誕？」

[48]　《【中呂】普天樂・辭參議還家》，「昨日尚書，今朝參議。榮華休戀，歸去來兮。遠是非，絕名利。／蓋座圈茅松陰內，更穩似新築沙堤。有青山勸酒，白雲伴睡，明月催詩。」

[49]　《【中呂】十二月帶堯民歌》，「從跳出功名火坑，來到這花月蓬瀛。守著這良田數頃，看一會雨種耕。倒大來心頭不驚，每日家直睡到天明。見斜川雞犬樂昇平，繞屋桑麻翠煙生。杖藜無處不堪行，滿目雲山畫難成。泉聲，響時仔細聽，轉覺柴門靜。」

[50]　《【雙調】新水令・辭官》，「……【七弟兄】唱歌，彈歌，似風魔，把功名富貴都參破。有花有酒有行窩，無煩無惱無災禍……【離亭宴煞】高竿上本事從邐邐，委過的賽他不過。非是俺全身遠害，免教人信口開喝。我把這勢利絕，農桑不能理會，莊家過活。青史內不標名，紅塵外便是我。」

[51]　字時中，號逋齋，石州寧鄉（今山西中陽）人士。被翰林學士姚燧舉薦為湖南憲府吏，後歷任永新州判、河南行省掾、翰林待制、浙江行省都事等職。有小令74首，套數4篇流傳於世。

[52]　《【中呂】山坡羊・燕城述懷》，「雲山有意，軒裳無計，被西風吹斷功名淚。去來兮，便休提。青山盡解招人醉，得失到頭皆物理。得，他命裏。失，咱命裏。」

發過類似的心情：「醉麻查，悶來閑訪漁樵話，高臥綠陰清昧雅。」[53]這些官場文人的心理與無法適應俗世，自願回歸田園的陶淵明有所不同；也與上文提到過的反感名利，在山水自然中獲得慰藉，但本身就缺少追名逐利機會的散曲作家們有所區別。

挫折與達觀之間

關漢卿在舞臺上、妓院中與演員同苦同樂，對仕途毫不關心，看起來也確實沒什麼立身揚名的機會；白樸以學問和家庭背景名聲在外，卻因反感元朝而不願出仕；馬致遠厭倦名利，對官場生活多有不滿，辭官後享受山水田園的隱逸生活，同時也在不停地探尋自我；喬吉同樣厭惡爭名逐利的生活，在江湖中快活似神仙；張養浩時刻保持著危機意識，遵循儒家思想，做官盡職盡責，即便享受隱逸的樂趣，仍然爲百姓重返仕途，四處奔走等等。這些作家們儘管都生活在元代，但各自所處的時期、身分、人生經歷、個性都不相同，因此「憤世嫉俗」的心情、對功名和隱逸的態度及心理也有著微妙的差異。

對爭名逐利、委曲求全、處處危機的生活及權貴的厭惡，唯一能夠得到慰藉的酒和山水，對田園生活的熱愛，對才華的自豪感與對凄涼現實的自嘲等等，這都是散曲中經常涉及的主題。儘管相比元代初期，進入中期以後，民眾對於蒙古族統治的反感多少減輕了一些。但對於大多數的漢族文人來說仍然是一個充滿

53　《【中呂】山坡羊‧嘆世》第 26 首，「塵心撇下，虛名不掛，種園桑棗圍茅廈。笑喧嘩，醉麻查，悶來閑訪漁樵話，高臥綠陰清昧雅。載，三徑花。看，一段瓜。」

挫折、難以適應的時代，依舊很難獲得立身揚名的機會。這些作家們對普通人或社會的弱勢群體進行了細緻地觀察，為這些人發聲，這與他們被排擠出統治核心的處境及認識有關。沒有人會記住他們，沒有人會理解他們。面對這樣的世間，他們採取了「避世、遁世、玩世」的態度。[54]這樣的態度在散曲這種最為自由的歌曲形式中毫無保留地呈現了出來。就像在前文中提到過的那些作品一樣，再也沒有一個時代能像元代一樣，將對於世間和社會的反感、對於功名的戒心以及邊緣群體的感受表現地如此直截了當；也很少能有一種文學體裁，像散曲一樣對隱逸（無論是隱於世，還是隱於山林）進行群體歌頌。再有，儘管在其他的時代也有很多從山水自然中獲得慰藉的詩歌作品，但再也沒有一個時期像元代一樣，如此迫切地強調「安樂窩」的作用。雖然厭倦世事、對隱士的憧憬、隱逸的實踐過程與其他時代大體相似，但在政治背景、隱逸動機以及文人的自我意識與心理衝突等方面還是有所區別的。當然其中也有全真教等當時宗教的影響，但總的來說，元代散曲是在發展機會有限的時代，在當時文人所特有的複雜心理（不得不經歷理想與現實的衝突、出世與入世的矛盾，又無法融入世間，不得不作為旁觀者而存在）作用下誕生的。

---

[54] 李昌集認為散曲創作的背景在於避世、玩世的哲學，其根源在於金代文學的影響、文人的挫折感、全真教的流行等。（《中國古代散曲史》，華東師範大學出版社，1991。）周雲龍將憤世、遁世、玩世的心理視為散曲的重要特徵（門巋主編，《中國古典詩歌的晚暉——散曲》，天津古籍出版社，1994，頁 131~143。）。趙義山認為憤世與避世是元散曲的主體意識。（《20 世紀元散曲研究綜論》第 5 章，上海古籍出版社，2002。）

　　「懷才不遇」的作家在中國古代社會是一直存在的，而他們的不幸對於我們來說卻是一種幸運和慰藉。在中國文學史上空前絕後的特殊環境下，元代作家們不容於俗世，不得不不停地追問「我是誰」，「我要如何生存」，這讓我們感到了另一種意義上的慰藉與憐憫。「每覽昔人興感之由，若合一契，未嘗不臨文嗟悼，不能喻之於懷。」距今 1700 多年前的王羲之曾感懷於此，預言自己和友人的作品也會穿過歲月，獲得後世的共鳴。[55]生活在自我價值無法得到完全認可的現代，任何人都可以與上述作家的「興感之由（產生感慨的原因）」產生共鳴，與他們一同歎息，一同歡笑，並從中獲得慰藉。閱讀文學作品讓我們能夠穿越時空，發掘隱藏在歷史中的曲折往事，體會到前人的感受。尤其是散曲這種形式，可以通過歌唱瞭解到當時真正的古人風貌，這是其他文學體裁做不到的。這就是文學特有的作用與力量。在元代這樣一個價值觀念、社會體系都被顛覆的時代，作家們被迫跳出傳統框架，也因此展現了此前文人官僚作家所不具備的自由的思考、遊戲人間的態度、非主流的感受。這對於此後通俗文學的發展起到了導火索的作用，也為中國文學的百花園中增添了一朵奇葩。再有，他們的處境使得他們不得不對「我」及「我與世界的關係」進行全新的思考，這直接或間接地反映在了作品中。我們通過這些作品可以瞭解到他們是如何排解被「邊緣化」的疏離感與失落感，又是如何在這一過程中或沉澱、或逃避、或超然的。

55　「每覽昔人興感之由，若合一契，未嘗不臨文嗟悼，不能喻之於懷……故列敘時人，錄其所述，雖世殊事異，所以興懷，其致一也。後之覽者，亦將有感於斯文。」（《蘭亭集序》）

　　共鳴的能力與產生共鳴的內容會隨著時代、個人、群體而發生變化，即便是同一個人也會時移世易。因此作品的意義對於每個人都是不同的，也沒有千篇一律的答案。不過，如果能具備寬容的心態和共鳴能力，那麼 700 多年前這些作家們或悲傷或喜悅的感受我們也應該能夠體會。這能夠讓我們從另一個角度來看待人類和社會。也為我們提供了一種方式，使我們能夠暫時停下腳步回顧一下現在的自己。

譯者：苑芳草

參考文獻

1. 韓文論文

尹壽榮，〈張養浩散曲研究〉，《中國文學研究》卷 3，韓國中文學會，1985，頁 175~191。

（윤수영, <장양호의 산곡연구>, 《중국문학연구》권 3, 한국중문학회, 1985, 175~191 쪽.）

李廷宰，〈蒙古至元代文化環境的變化與文學活動的分化──以散曲和雜劇為中心〉，《中國語文學》第 54 輯，2009.12，頁 209~234。

（이정재, <몽골～원대문학환경의 변화와 문학활동의 분화──산곡과 잡극을 중심으로>, 《중국어문학》54 집, 한국중문학회, 2009.12, 209~234 쪽.）

河炅心，〈散曲與元代文人的自畫像〉，《中國語文學論集》第 26 號，中國語文學研究會，2004.2，頁 573~596。

（하경심, <산곡을 통해 본 원대 문인의 자화상>, 《중국어문학논집》26 호, 중국어문학연구회, 2004, 573~596 쪽.）

_____，〈遊戲與真情，劉廷信的散曲世界〉，《中國語文學論集》第 31 號，中國語文學研究會，2005.4，頁 271~304。

（＿＿＿, <유회와 진정, 劉廷信의 산곡세계>, 《중국어문학논집》 31 호, 중국어문학연구회, 2005.4, 271~304 쪽.）

＿＿＿，〈元代「嘲笑」散曲小考〉，《中國語文學論集》第 86 號，中國語文學研究會，2014.6，頁 367~397。

（＿＿＿, <원대 '조소'산곡 소고>, 《중국어문학논집》 86 호, 중국어문학연구회, 2014.6, 367~397 쪽.）

＿＿＿，〈馬致遠散曲「嘆世」的內容與創作心理考〉，《中語中文學》第 54 輯，韓國中語中文學會，2013.4，頁 229~261。

（＿＿＿, <마치원 산곡 '탄세'의 내용과 창작심리考>, 《중어중문학》 54 집, 한국중어중문학회, 2013.4, 229~261 쪽.）

2. 韓文著作

川合康三著，沈慶昊譯，《中國的自傳文學》，Somyung，2002。
　（가와이 코오조오, 심경호 역, 《중국의 자전문학》, 소명출판, 2002.）
金諍著，姜吉仲譯，《中國文化與科舉制度》，中文出版社，1994。
　（김쟁 저, 강길경 역, 《중국문화와 과거제도》, 중문출판사, 1994.）
金浩東，《蒙古帝國與世界史的誕生》，Dolbegae，2010。
　（김호동, 《몽골제국과 세계사의 탄생》, 돌베개, 2010.）
朴晟惠譯註，《錄鬼簿》，Hakgobang，2008。
　（박성혜 역주, 《녹귀부》, 학고방, 2008.）
王國維著，吳秀卿譯，《宋元戲曲考譯註》，Somyung 出版社，2014。
　（왕국유 저, 오수경 역, 《송원회곡고 역주》, 소명출판, 2014.）
張養浩著，黃士弘編，鄭愛利施譯，《三事忠告》，Sae Mulgyeol，1999。
　（장양호 저, 황사홍 편, 정애리시 역, 《삼사충고》, 새물결, 1999.）

3. 中文著作

陳平原主編，《科舉與傳播》，北京大學出版社，2015。
李昌集，《中國古代散曲史》，華東師範大學出版社，1991。
門巋主編，《中國古典詩歌的晚暉——散曲》，天津古籍出版社，1994。
宋濂等編，《元史》，中華書局，1959。
隋樹森編，《全元散曲》，中華書局，1991。

王星琦，《元曲與人生》，上海古籍出版社，2004。

王學奇、吳晉清、王靜竹校注，《關漢卿全集校注》，河北教育出版社，
　　1990。

夏庭芝著，孫崇濤、徐宏圖箋注，《青樓集箋注》，中國戲劇出版社，
　　1990。

徐征、張月中、張聖潔、奚海主編，《全元曲》，河北教育出版社，
　　1998。

趙義山，《20世紀元散曲研究綜論》，上海古籍出版社，2002。

中國戲曲研究院編，《中國古典戲曲論著集成》2，中國戲劇出版社，
　　1980。

| 通俗與審美 |

中國西南地區女土司的貢物

_ 胡曉真[*]

[*]　相關內容曾以〈女土司的貢禮：政治交換・審美情感與通俗想像〉為題
　　在延世大學國學研究院 HK 事業團舉辦的第 35 期社會人文學工作坊
　　「海外學者特邀講座」（2016.4.26）上發表，本文參考會上討論內容，
　　進行了補充和修改。

漢族與非漢民族接觸的過程中，產生了許多表現他者的文本，包括方志、遊記、筆記小說等等體裁，敘寫山川地理、機構沿革與風俗民情。其中，對物產與食品的描述，看似事實的考察紀錄，實則寄寓種種情感與想像，正如食材經過加工烹調，五味並陳，最後成爲可以品味且具有審美價值的文本。

本文圍繞後世對貴州女土司奢香與明太祖交涉事件的書寫，討論服飾與食物如何隨著敘事的發展，分別成爲中央君主與邊疆女性統領之間政治交換的符號。當「蕎麥」這種彝族的傳統食材，製作爲上有九龍圖案的「金酥」，充作女土司的貢禮，奢香故事也從邊疆與中央的政治抗衡，納編爲多民族國家形成過程中的「風味小吃」了。由食物的角度出發，追溯女土司奢香故事的發展，我們可以看到從文人記述到民間傳說的通俗化過程，而通俗的價值卻也寄託了不同時代的政治意識與社會需求。而我們由此延伸，繼續考察地方志與文人詩文如何呈現具有西南地方特色的食物，可以發現這些文本總是營造食物的審美氛圍，同時又賦予其政治意涵。

西南女土司與中央王朝

中國的西南地區，包括現今的雲南、貴州、廣西、四川邊區等地方，在歷史上與中央王朝屢經分合，且因其地理、人文的特殊性，一向是文人好奇、恐懼、寄託、想像等各種感情匯集的場所。其中，西南地區一些民族的繼承制度與漢族不同，因而刺激文人的聯想，其中著者，莫過於「女土司」的形象。

歷史上西南地區出過許多女土司，我們不妨先從一個元代的

例子說起。元成宗五年（1301），貴州發生了一場嚴重的動亂。當時，大臣劉深向元成宗進言，慫恿他進攻八百媳婦國（在今泰國、緬甸一帶），以昭帝國武功之盛。劉深受命領軍，然而戰事並不順利。大軍行經貴州時，向當地的土司徵收龐大的軍需。所謂土司，便是元代開始在邊疆任命當地民族的頭目為官員的制度。不堪負荷之下，水東地區的土司宋隆濟發難叛變，水西女土司奢節隨即加入，之後雲南、廣西也響應，全國震動。成宗迫於壓力，自西南撤軍，且殺劉深以謝天下。然而貴州也付出很大的代價，宋隆濟與奢節最終在成宗七年（1303）被俘並處決。奢節是亦奚不薛宣慰司土司（即水西土司）阿畫的妻子，阿畫在1297 年去世後，由奢節代立。

　　曾幾何時，奢節被尊為「烈姬」，[1]以稱頌她帶領彝族對抗暴政。今日在她的墓前，豎立著漢文、彝文並列的墓碑，上書一聯：

　　　　欲鑄紅顏成黑鐵　　獨留青冢向黃昏

毋庸說，此「烈姬冢」早已傾頹毀壞，我們今日所見的墳墓與墓碑都是近年重建。墓前的聯語不知何人所擬，其中下聯取自杜甫的名作〈詠懷古蹟〉五首之三，所詠的是明妃墓。王昭君是漢代和親匈奴的宮廷女性，為何在聯語作者的心目中，與起兵抵抗中央的西南女土司有可比性呢？這自是一個耐人尋味的問題。對身為漢族的作者而言，昭君和親的對象是北方的異族，奢節雖然自

1　奢節的衣冠塚「烈姬冢」在黔西的「東山之麓」。

己也非漢族，但是她對抗的對象亦是北方異族所建立的政府，此
其一。昭君與奢節的遭遇都可以說是中央政府與外國／外族交涉
之下的結果，此其二。而更為幽微的是，昭君和親後封為閼氏，
且與呼韓邪單于育有一子，但中國文人寧願相信昭君始終心向漢
廷，由此而發展出各種文人題詠與民間傳說，可以說，昭君「青
冢」代表了昭君故事在歷史與想像之間交織。那麼，奢節的事蹟
在流傳過程中，亦何嘗不是如此？因此，昭君墓與烈姬冢，雖然
一個代表外交和平，一個代表武力抗爭，卻也同時指向歷史上不
同民族間的政治交換。

　　行文至此，必須先交代為何身為女性的奢節可以擔任土司。
元成宗五年，亦即宋隆濟與奢節起兵的同年，一位官員李京
（1251-?）奉派到雲南擔任烏撒烏蒙道宣慰副使。在雲南期間，
他四處巡覽並記錄見聞，詳細描繪雲南的地理、民族、人文特
色，後撰成《雲南志略》一書，咸以為是最早的雲南地方志。李
京如此描述羅羅族（即彝族）的頭目繼承制度：

> 正妻曰耐德，非耐德所生，不得繼父之位。若耐德無子，
> 或有子未及娶而死者，則為娶妻，諸人皆得亂，有所生，
> 則為已死之男女。酋長無繼嗣，則立妻女為酋長，婦女無
> 女侍，惟男子十數奉左右，皆私之。

這段敘述廣為流傳，成為權威性紀錄，在明清時期更是所有有關
西南風俗之文字引述的源頭。由此可知，奢節在阿畫死後繼承水
西土司職位，確為羅羅的習俗。而歷史上西南地區的確出現過許
多女性土司，有些名聲極大，例如冼夫人、秦良玉等皆是。

　　近年圖像研究盛行，我們也可在圖像中尋找女土司的形象。
例如，源自六世紀梁元帝的「職貢圖」，描繪外國與邊疆使臣，
此一傳統在清代乾隆朝所製的《皇清職貢圖》達到高峰，不但有
宮廷畫師謝遂的設色畫冊，也以刻本形式出版，並收入《四庫全
書》。《皇清職貢圖》紀錄外國使臣與邊疆民族的形象，也傳達
乾隆皇帝的涉外政策。此畫冊中的凡例是圖繪男女各一，我們在
此即可發現羅羅男女土司的形象。另一系統的非漢民族圖像是所
謂「百苗圖」或「苗蠻圖」。乾隆皇帝在 1751 年諭令：

> 我朝統一區宇，內外苗夷，輸誠向化。其衣冠狀貌，各有
> 不同。著沿邊各督撫，於所屬苗、瑤、黎、僮以及外夷番
> 眾，仿其服飾，繪圖送軍機處，匯齊呈覽，以昭王會之
> 盛。

此諭一出，西南各地督府便聘請當地職業畫家描繪當地民族的人
民，且在容貌、服飾外，將其生活環境與習俗一併圖像表現，並
在畫面上附上文字說明。這一類圖冊版本眾多，而且乾隆之後也
繼續製作，因此頗有傳世者。[2]我們可在各種版本找到女土司的
形象。雖然不同版本的藝術表現有所差異，但某些表現方式相當
一致。例如，各版本的畫面說明文字都是引述類似的來源，有關
女土司的說明亦一概抄錄自前述《雲南志略》女土司繼承的說
法。此外，畫面的佈局安排乃至細節也多有重疊，例如女土司多

---

[2]　如貴州博物館、中研院史語所、臺灣故宮博物院皆收藏不同版本。最近
　　對百苗圖研究用力最深者，當推 Laura Hostetler。可參見其 *The Art of
　　Ethnography: A Chinese "Miao Album"* 一書（2006）。

呈現為騎馬出巡，苗族婦女服飾的百褶裙特色都細緻地繪出。[3]
偶有較為突出的圖像，圖繪女土司在宏偉的土司府的活動，則更
突顯了女土司的政治權威感。[4]

　　這些不同版本之百苗圖所表現的女土司形象，一方面仍在經
典文本——如李京的《雲南志略》——的籠罩之下，一方面也必
然受到現實中女土司的影響。既然西南地區歷代都有女土司，那
麼她們的形貌、作為理當在當地人們的集體記憶中留下印象，也
會引起漢人官員、文人的興趣。奢節的政治選擇與結果，必然為
彝族與漢族所共同記憶，然而所引發的情感以及歷史詮釋，卻很
可能大不相同。奢節之衣冠塚稱作「烈姬冢」，乃是公開稱頌她
對彝族而言是一烈士，而墓前的聯語又將她比做王昭君，而這是
一個政治交換下的犧牲品。可見，奢節墓的場景，即已表現出人
們對奢節可抱有複雜、不一致的情感。

　　約半個多世紀以後，貴州又出現了戲劇性的女土司故事。這
次歷史事件的主角是明朝開國君主太祖與女土司奢香。有關奢香
故事的書寫與演變，我曾有專文論之，[5]故此處只須簡單介紹。
奢香故事見錄於《明史》，但最完整的一個版本則收在明代嘉靖
年間田汝成的作品《炎徼紀聞》。田汝成曾出仕廣西，跟元代的
李京一樣，任管西南期間，他觀察、打聽並記錄當地的歷史與人

---

[3]　可參見收於貴州博物館的「博甲本」，收於中研院史語所的「臺甲
　　本」。

[4]　參見 Laura Hostelter, *The Art of Ethnography: A Chinese "Miao Album"* 所
　　收圖象。

[5]　胡曉真，《明清文學中的西南敘事》（臺北：臺大出版中心，2017），
　　頁 221-236。

文，從而整理成書。除風俗、民族外，《炎徼紀聞》特別著力於人物以及戰役的描寫，故敘事性特別強。作者田汝成本來善於記敘，所以《炎徼紀聞》中有許多記載讀來更像是精彩的故事，而其中最引人注目的便是〈奢香〉一篇。

〈奢香〉記載元末水西土司靄翠在入明後歸附明朝，死後其妻奢香繼立。靄翠正是奢節之夫阿畫的同族後人。明初，馬燁都督以嚴厲的方式治理貴州，當奢香繼立爲土司，他便謀劃盡滅羅羅，使貴州徹底郡縣化，讓明朝實施直接統治。他故意以「裸撻」的方式侮辱奢香，藉以激怒其羅羅族人，如果水西叛變，大明就有藉口以武力攻伐了。幸而水東女土司劉氏暫時安撫羅羅，她則前往南京謁見太祖，訴說冤情。於是太祖找來奢香，二人談判之後，太祖答應殺馬燁爲奢香報仇；作爲交換，奢香則承諾爲太祖「刊山通道」，亦即開通從貴州通四川、雲南的山路。如此，太祖就得以借道貴州，攻打當時尚未歸附的雲南了。故事結尾，馬燁遭誅，奢香與劉氏受封爲「夫人」，得到皇后豐富的賞賜，榮歸貴州。奢香也遵守承諾，爲太祖開通山路，設立驛站，並且世世進貢。

田汝成描述中央王朝與邊疆政權之間的政治協商，是一非常精彩的故事。奢香與太祖的協商可謂雙贏，雙方各自付出了馬都督的頭、羅羅族人的刊山勞力、以及世世的貢品；各自得到的，則是通往雲南的山路，以及水西地區免於兵禍且維持自治。這次協商的成果，可以由皇帝與女土司互贈的禮物來象徵。

在之前出版的拙文中，我提到田汝成的敘事突出了「外族」女性的身體，此一具有陌生感與危險性的女土司身體，因爲得到中國／漢族皇后的賞賜，而被象徵性地馴服了。而奢香的政治策

略，也宜放在女土司的傳承脈絡中理解。彝族有自己的書寫系統，即彝文（"*nuosu bburma*"），故有文字的歷史與文書流傳。身爲土司，奢香應曾接觸彝文歷史，知道祖先奢節叛變的始末。相對的，明太祖意在攻打雲南，也必然考慮元成宗與貴州作戰失利的教訓。故此，二人的協商正是建立在歷史知識與政治判斷的基礎上。

奢香夫人手製九龍蕎酥

　　不過，本文的重點不是政治，而是有關「貢禮」的討論。女土司會選擇什麼品項作爲進貢中央王朝皇帝的禮品呢？貴州一向被認爲是貧瘠之地。世代以來，漢族文人都把貴州描述爲荒涼、危險的地方，那麼，這裡能有什麼產物適合選爲貢禮呢？

　　當然，並不是只有奢香才需準備貢禮，而是「世世」呈獻。如果審視各種紀錄，可以知道馬匹、草藥、礦物、織品是最常見的貴州貢品。例如，清《貴陽府志》卷四十七「食貨略第五之四——土貢、土物」便說：

> 明史云，……牂牁諸州所貢者，其物凡九，曰馬，曰氈，曰蠟，曰丹砂，曰雄黃，曰草豆蔻，曰布，曰帛，曰藥物。

接著又引述《乾隆府州廳志》的說法，質疑前述品項並非現實。其文曰：

> 《乾隆府州廳志》云，貴陽土貢，蘭馬、刺竹、莨布、
> 茶、硃砂、水銀、龍爪樹、脆蛇。不過效元和諸志，臚陳
> 土物，非事實也。

然後，《貴陽府志》便詳細羅列貴州的土物，其種類之多，可謂
洋洋灑灑。即以「山林川澤」的物產為例，其書曰：

> 凡此皆貴陽一郡古今土貢之大略。若夫山林川澤之產，其
> 稍瑰異而見於載籍者，有蒟醬、邛竹、朱草、長壽草、降
> 真香、密桶柑、刺梨、雞樅、脆蛇、五九菊、斷腸草、斷
> 腸烏、蘩草。……其賴以為食用者，有若茶、海椒、木
> 薑、燕麥、紅稗、粗冉椒……。

此中多奇異之物，未能一一盡考，但略為觀覽亦可粗知貴州有何
種物產，可以充作貢品。這其中多的是水果、藥草、穀物等可食
之物。歷代土司或許都會將這些品項列入貢品的禮單。

　　然而，女土司奢香的故事在流傳過程中不斷發展，她與明太
祖交換的禮物也發生了變化。如果說，馬都督的頭象徵皇帝的信
託，珠玉賞賜象徵女性化與文明化，那麼接受這些禮物的女土
司，除了馬匹、人民勞力以外，也要回贈更為女性化、私人化的
禮物，而上述官方記載的貢品並不能符合需求。於是，在近期的
奢香故事版本中，便出現了一種新的貢禮。雖然不見於正式記
載，但貴州民間流傳一種說法，指太祖與奢香後來發展親密的友
誼，有些版本甚至說太祖收奢香為義女。以此為背景，便出現了
以下的故事。某一年，太祖壽誕在即，奢香苦心為太祖準備賀

禮，因而發明了一種甜點叫做「蕎酥」。水果、藥草、穀物等等雖然可食，但都是原料，而此蕎酥卻需經過手工製作的過程。由女土司親手揉製，送到皇帝嘴邊，蕎酥可謂具有鞏固關係、創造親密感的效果。

　　蕎酥這種食品何時開始與奢香故事牽上關係，恐已無從考證。我所能找到的最早文字紀錄，出自 1977 年著名的《山花》所刊載的一篇短文，題爲〈奢香和蕎酥〉，作者名叫胡孟雄。作者說明，洪武九年（1377），爲了慶祝太祖壽誕，奢香進貢了蕎酥。蕎酥是奢香特別聘請四川廚師名丁成九者發明，每個蕎酥重八斤，上有九龍圖案，共擁一個「壽」字。更有趣的是，作者更繼續發揮，指出蕎酥之所以做成圓形，是爲了象徵「團圓」，而「九龍」象徵帝國境內的各個民族。換言之，這位二十世紀的作者認爲蕎酥代表了奢香對所謂「民族團結」的信念。

　　此文寫於文革後期，文章回應了國家統一與民族和諧的政治呼籲。在此之後，官方資料也開始將蕎酥與奢香聯繫起來，並且強調其政治聯想。例如，1986 年出版的《威寧文史資料》，便有類似的記載，並且增添細節，指出太祖稱讚奢香進貢的蕎酥是「南方貴物」。而 2002 年與 2009 年出版的貴州方志，也同樣記載了奢香進貢蕎酥的故事。

　　奢香故事流傳衍異，著實有趣。在明代中期田汝成的記載中，這是一個有關邊疆政權女頭目與中央王朝之間，以高度政治智慧進行談判的故事。在清代，奢香成爲許多文人品題的對象，增添了女性香豔的聯想。而到了當代，奢香變成了一個宣揚國家統一的形象人物（icon）。

　　2011 年，中央電視台製作了大型歷史連續劇《奢香夫

人》。在此劇中，國家統一與民族和諧的現代論述再次推向高峰。隨著連續劇在全國電視網播映，奢香夫人已不是貴州人或者造訪貴州的人才得以認識的地方人物，而是全國知名歷史人物了。劇終時，奢香夫人被頌讚為「偉大的彝族女政治家」，為中國的「多元一統」做出巨大貢獻。與頑抗的奢節相比，善於協商的奢香獲得更大的肯定。位在水西公園的奢節「烈姬冢」，近年也經過修葺，但規模遠遠比不上「奢香墓」，更不用說當地還設立了「奢香博物館」。如果我們觀察奢香墓旁的奢香塑像，就更能理解奢香在當代中國國家與民族論述中的微妙意義。這個塑像雖然英姿颯颯，但是頭戴冠冕，身穿羅裙，與《職貢圖》、《百苗圖》中的羅羅女土司梳彝族髮型、穿百褶裙的相當不同。服飾、禮儀、食物都是民族標誌（ethnic marker），奢香塑像的服飾不再強調其民族特色，可謂莫此為甚地說明了當代政治論述對女土司進行了「漢化」。

　　不過，在當代，奢香的故事並不止於政治目的。奢香夫人還有其他的利用價值，例如，她的形象在旅遊市場上有促銷作用。這在以奢香為名的食物商品上特別明顯。原來在地方傳奇中專門為太祖皇帝製作的貢品「蕎酥」，如今飛入尋常百姓家，但是從每個重達八斤，改良為一握大小，以配合現代人的胃口。另有一種荣餚，原來叫做「油炸犀牛角」，現在換了充滿香豔聯想的名號「奢香玉簪」。究其實，就是青椒鑲肉後裹粉油炸。貴州以生產白酒著名，現在在茅台鎮也成立了以「奢香」命名的酒業公司，生產奢香御酒、奢香貢酒等一系列酒品。可見，奢香已經成為市場行銷的招牌。女土司的貢禮正式由國家政策的象徵，一變為通俗文化中一個物品，再變為旅遊與消費文化中的一項商品。

貢品與西南飲食文化

如上所述，以奢香爲想像出發點的貢品，往往是食物。這或許跟奢香是女性有關。不過，與貴州的丹砂、水銀等物產相比，食物的確更具文學或說詩意聯想。因此，我們不妨再重探食物與貢禮這個問題。

爲什麼在通俗想像中，蕎酥會雀屏中選，成爲女土司的貢禮呢？前文已經提到，手製的甜點有著諸如女性、親密之類的聯想，因此也方便成爲國家統一、民族和諧的象徵。如此一來，蕎酥的力量竟然就比貴州名馬還要大了。何以如此？這是因爲不管是民族誌的探討也好，獵奇的窺視也好，西南地區民族的飲食習慣一直吸引外人的目光。明清時期書寫西南的作品中，食物、服飾、婚姻、喪禮一向是觀察的焦點，也是漢人作者用以判斷文明高下的判準。誠然，飲食文化向來是民族與文化的標誌（ethnic marker），往往可以鞏固族群間的分隔。[6] 王明珂指出，漢人慣於藉由形容異族奇異食物，以強化漢與非漢之間的疆界。[7] 也因爲如此，所以這些對外族食物的描述常常流於刻板印象。王明珂便舉宋代朱輔的《溪蠻叢笑》爲例，其書如此描寫湖南五溪蠻的飲食習慣：「牛羊腸臟水中略擺洗，臭不可近，羹以饗客，客食之既則大喜。」[8] 作者的眼光及語氣明顯帶有嘲笑意味，從而強

---

[6] 黃樹民，〈導論〉，收入黃樹民編，《中國少數民族的飲食文化》（臺北：中華飲食文化基會，2009），頁 1-8。

[7] 王明珂，〈食物、身體與族群邊界〉，收入黃樹民編，《中國少數民族的飲食文化》（臺北：中華飲食文化基金會，2009），頁 9-35。

[8] 同前註，頁 19。

調了漢與非漢的界限。

　　然而，也有幾種西南地方的特產食物，頗受漢人的喜愛，甚至達到審美的詩情。各種菌類就是其中之一。我們可以用幾個例子來說明邊疆食物如何刺激漢人文人的詩情。

　　清代文人路孟逵出身貴州，獲進士後曾在山西榆次任官。在〈雞㙡〉一詩中，他描寫這種菌類帶給他的感官感受，其詩曰：

> 茸茸如蓋繞山城，若個鄉關取次評。
> 千朵筠藍傳畫意，一肩曉市聽秋聲。
> 甘同鬆繖難專美，采向且蘭獨擅名。
> 幾度園林頻指點，瓜壺風景助詩情。[9]

首句的三個畫面——「茸茸」、「如蓋」、「繞山城」——由近觀到遠觀，表現了雞㙡的觸感與視覺印象，作者進而傳達雞㙡的「數大」美感，以及曉市叫賣的聲音詩意。全詩強調雞㙡帶來的視覺與聽覺的審美聯結，這是詩人在感官上的直觀感受。曾在三藩之亂後擔任貴州巡撫的田雯則如此描寫羊肚菌：

> 孫炎云，地蕈亦曰地雞，又有獐頭、猱眼、雞㙡、松蛾、桑鵝、楮雞、榆肉等類，皆栭香而可食。黔之深箐邃洞，人跡罕至，往往為苗猺所踞，采食山毛，古樹內多生羊肚大菌，潔白如雪，重或一二斤。食之，雖元都綺蕙，碧海

---

[9]　《(道光)大定府志》。

　　琅菜，千品甘露之饌，百花珍藥之果，不是過也。余代庖
古城日，苗人曾獻之。[10]

　　這段敘述出自《黔書》。此書乃是田雯私人所撰的貴州志書，身
爲地方巡撫，他對各種有關民生的實際事務非常關心，但另一方
面，他也在貴州的自然山水間追尋審美經驗。這段描寫羊肚菌的
文字亦是如此。田雯先引述有關菌類的知識，然後才描寫自己的
視覺經驗，以古樹與白雪的對比，傳達一種特殊的審美感受。至
於援引《漢武內傳》而將菌類比做玄都綺蔥、碧海琅荣等仙人之
藥，因爲所比之物在現實中不存在，反而不如深箐邃洞、古樹、
如雪這些意象能夠營造美感。

　　清代文人趙翼的〈路南州食雞㙡〉一詩，描寫的是他在雲南
吃到雞㙡的經驗。此詩因爲具有高度的敘事性，而平添趣味，亦
得見詩人的性情。其詩雖然較長，仍具引於此：

　　頻年蓐食增減竈，牛吼飢腸苦難療。
　　平憂偶然得蘆菔，已賽唇猩與胎豹。
　　一朝幕府謝事歸，忽逢保人擔上懸葳蕤。
　　非草非木非果實，兜羅綿軟脂肪肥。
　　色比天花白數倍，形似松纖大幾圍。
　　問名曰雞㙡，可食不可飛，呼童買得來叩茅店扉。
　　豈暇接取廚娘羊簽試方法，亦未飭下門生蟹糖議是非。
　　漉之井華水，和以煮蒼斛。

────────────

[10]　田雯，《黔書》，卷六。

斯須來入老饕口，老饕驚嘆得未有。

異哉此雞是何族，無骨乃有皮，無血乃有肉。

鮮於錦雉雞膏，腴於綿雀腹。

不瀹醐自滑，不椒薑自馥。

只有嬰兒膚比嫩，轉覺妃子乳猶俗。

頓令榮衛潤枯焦，并使腸腑蕩垢黷。

此豈菜肚老人所敢望，欲傲東坡羹糝玉。

若使官膳日具雙，不愛家禽愛野蔌。

我昔曾讀昌黎樹雞篇，只疑雞鳴上樹顛，今朝始得餐芳鮮。

試為徵蕨類，大者如蓋小如錢。

或產於石或於土，或於崔竹松杉邊。

狀如鳥者曰禽芝，食之可活數百年。

得非仙之人兮憐我久憔悴，錫我上藥壽命延。

然而滇中瘴所起，生押不蘆毒無比，今我所食無乃是？

一笑姑聽之，古人有言縱食河魨值一死。

憶昔驅馬走塞上，曾獲銀盤蘑菇大如掌。

何意蠻徼從軍還，復此雋味得欣賞。

天南地北兩奇珍，不是塵勞安得熊魚坐兼享。

獨憐十載走長途，似為口腹營區區。

他年歸作櫻筍會，好瀹山中紅竹菰。[11]

---

[11] 趙翼，〈路南州食雞樅〉，《甌北集》（上海：上海古籍出版社，1997），頁 311-312。

趙翼的文學觀追求新奇，視其〈論詩〉所謂「預知五百年新意，到了千年又覺陳」，即可見一斑。此詩描寫的是品嘗雞㙡，這對詩人而言已是一個新奇的經驗，他先從觸覺、視覺來形容這一新得的食物，而實際品嘗的感受，由於是全新的經驗，更必須從各種角度、發明各種比喻來描寫。在全詩的結尾，詩人更轉而用吃雞㙡這件事來概括自己的西南經驗。

脆蛇與蕎酥——女土司貢禮的兩端

　　菌類帶來各種視覺、觸覺、味覺的感官美感，從而觸發詩情。作為對比，另一種西南地區的特產所帶動的象徵體系，亦值得一探。「脆蛇」出現在許多西南地方志、文人筆記以及詩作中。這種蛇被人認為具有神奇的療效。之所以稱為「脆」蛇，是因為人們相信這種蛇在遇到危險時，會自動斷成數段，之後又會合為一體。因為具有這種斷而復合的特性，所以人們又認為脆蛇可以作為具有修復力量的藥品。就此而言，則脆蛇也是一種食物。晚明文人張岱在《夜航船》中曾如此記載脆蛇：

　　　脆蛇——無膽，畏人。出崑崙山下。聞人聲，身自寸斷，
　　　少頃自續，復為長身。凡患色癆者，以驚恐傷膽，服此可
　　　以續命。兼治惡疽、大痲瘋及痢。腰以上用首，以下用
　　　尾。[12]

---

[12]　《夜航船》，卷十七，「四靈部」。

張岱將脆蛇的斷、續能力，聯結到數種惡疾——色癆、惡疽、大麻瘋、痢。這些疾病在傳統心理中都非常險惡，某種意義上也跟西南地方在一般人認知中的瘴癘之氣有所聯想。換言之，在張岱的描寫中，脆蛇一方面象徵西南地方的險惡，一方面又內涵一種神秘的自愈能力，因而有以毒攻毒的效果。到了清初，曾經在西南地區生活過的文人陳鼎，便給了脆蛇更多不可思議的細節。他說：

> 脆蛇——亦產貴州土司中，長尺有二寸，圍如錢，嘴尖，尾禿，背黑，腹白，暗鱗點點，可玩也。或白如銀，見人輒躍起數尺，跌為十二段，須臾復合為一，不知者誤拾之，即寸段，兩端俱生頭，嚙人即斃。出入往來恆有度。捕之者置竹筒於其徑側，則不知而入其中，急持之方可完，稍緩則碎矣，故名曰脆。暴乾能已風去屬。視其身之上、中、下，以治人之頂、腹、脛，罔不效，兼可接斷骨。君子曰：不為毒而攻毒，可謂能自新者矣。[13]

陳鼎的敘述極為有趣，因為他一開始以許多外型的細節，彷彿渲染出一種求真的氛圍，筆鋒一轉，又馬上進入對脆蛇異能的描寫，而且也賦予許多細節，例如精確的數目（十二段）、如畫的場面（兩端俱生頭）等等。此等描寫，一方面承襲「博物」傳統，一方面又寄予高度寓言性[14]。尤須注意的是，脆蛇此時已被

---

[13]　陳鼎，《蛇譜》。

[14]　陳鼎的友人張潮為《蛇譜》作序，即指出《蛇譜》可作寓言讀，所謂「使魑魅魍魎世皆莫能逃之」。

認爲具有接斷骨的功能，而且對應人體。

　　此外，曾在貴州任職的洪亮吉，以及鄭板橋等人，也都有作品詠脆蛇，然而他們不再強調脆蛇的斷、續特性。洪亮吉觀察到當地的生苗會將脆蛇拗斷而生吃，[15]而鄭板橋則訴諸毒與無毒的寓言性[16]。脆蛇在晚清民初的小說中也曾出現，例如在王韜的文言短篇小說〈粉城公主〉中[17]，脆蛇仍然具有接骨的療效。而在民初鴛蝴派小說家程瞻廬的小說《黑暗天堂》中[18]，脆蛇則是春藥的原料，而這當然又與張岱所寫的能治色癆的脆蛇，串起了異代的聯繫。即使到了當代，在莫言的短篇〈小說九段〉中，也有一段寫脆蛇：

> 　　這種蛇不懷孕時，極其膽小。人一到它的面前，它就會掉到地上。這種蛇身體極脆，掉到地上，會跌成片斷，但人離去後，它就會自動復原。[19]

這一段乍看之下，不過是張岱的白話版，然而莫言顯然給了脆蛇

15　洪亮吉，〈南歌子・古州道中〉：「生熟居然異，形聲迥不侔。怪來行立總如猴。拗得胞蛇寸寸，啖同遊。（生苗有能啖蛇者）」見《更生齋詩餘》，卷二。

16　鄭板橋，〈脆蛇〉：「是蛇易碎易續，能治病，無毒。土人以竹筒誘入，塞之，焙以爲藥。爲制人間妙藥方，竹筒深鎖掛高牆。剪除有毒餐無毒，究竟身從何處藏？」

17　見《淞濱瑣話》卷七（1887）。

18　程瞻廬（1881-1943），《黑暗天堂》（上海：上海新書局，1934）。

19　莫言，〈小說九段・脆蛇〉，收入《莫言小說集》（上海：上海文藝出版社，2012）。

新的性質——脆蛇有了母性。脆蛇的母性，既可以連結到治癒、復原的力量，也可以連結到陰暗的、險惡的神祕性，這兩者與西南地區在漢人認知與想像中的雙面形象，實可謂相互呼應。

　　不論作為食品或藥品，脆蛇在文化想像中都逐漸被賦予陰性力量以及性的聯想，而與明清文人所表現之西南地區的異域（exotic）本質相應。猶記得《貴陽府志》所列出的貴州貢品項目，脆蛇赫然在列。在隱喻的層面，脆蛇與蕎酥可謂遙遙呼應。蕎酥象徵女土司對中央王朝的妥協順服，而脆蛇卻隱然指向邊域文化難以馴服且無法壓垮的力量——即使她隨時可以假裝碎裂。確實，女土司的貢禮，又何嘗一定是甜的呢？

參考文獻

原始材料

黃宅中修，鄒漢勳纂，《道光大定府志》。

趙翼，〈路南州食雞樅〉，《甌北集》，上海：上海古籍出版社，1997。

張岱，〈四靈部〉，《夜航船》。

陳鼎，《蛇譜》。

洪亮吉，〈南歌子・古州道中〉，《更生齋詩餘》。

鄭板橋，〈脆蛇〉。

王韜，《淞濱瑣話》，1887。

程瞻廬，《黑暗天堂》，上海：上海新書局，1934。

莫言，《小說九段・脆蛇》。

研究文獻

Laura Hostetle, *The Art of Ethnography: A Chinese "Miao Album"*, Seattle: University of Washington Press, 2006.

黃樹民，〈導論〉，黃樹民編，《中國少數民族的飲食文化》，臺北：中華飲食文化基會，2009。

王明珂，〈食物、身體與族群邊界〉，黃樹民編，《中國少數民族的飲食
　　文化》，臺北：中華飲食文化基會，2009。

胡曉眞，《明清文學中的西南敘事》，臺北：臺大出版中心，2017。

以父之名，爲兒作文

_ 李珠海[*]

*　本稿原載於《中國語文學誌》第 59 輯（2017.06），經修改、潤色後收
　　錄於此書中。

引言

　　本稿的創作源自於對「父子有親」，即父子關係的關注。「父子有親」作為一種傳統的倫理道德，迄今仍然適用。家庭是構成社會的細胞，是保證社會健康發展的基本單位。其中父親作為「頂樑柱」，要維持家計、經營家庭、教育子女，其作用實際上是非常重要的。拉近與子女的關係，以維持家庭甚至社會的秩序，並把子女培養成才，這些是作為父親無法放棄也不能放棄的責任。然而，在現代社會，所謂「父子有親」這一最後的倫常觀念也已不再牢固，其主要原因之一就在於「父親」在家庭中的名存實亡（absence）。在「男主外，女主內」以及「嚴父慈母」等傳統觀念的影響下，現代的父親們不知不覺被家庭所排斥，只能在邊緣打轉。甚至有人說孩子能上好大學的三要素是「母親的社交能力，父親的不關心，爺爺的財力」。父親們沒能清楚地瞭解所謂「父親」這一角色，或者即便瞭解了也試圖逃避責任。這使得他們與家人的關係越來越疏遠，在家庭中的地位也越來越渺小。這種現象可以說是一種現代的悲劇。

　　在中國古典文學中，父親的形象早已經「名存實亡」了。儘管文學的開創是由男性主導的，但其中父親的形象或被遺漏，或刻畫地並不立體。大部分有「文章」傳世的古人都既是政治家，又是學者；既是文人，也是思想家，無法被界定為單一的身分。他們作為複合型的知識分子，甚至可以說是掌控著文字的統治階級、時代領袖，因此更傾向於寫一些高層次的、胸懷天下的文章。在他們的文學世界中佔據著核心地位的有：廟堂或地方政府中涉及政務的報告、作為學者闡述哲學思考的文章，以及朋友之

間交流的詩文等等。這使得「家庭」逐漸被排除在寫作範圍之外，而他們作爲父親的形象也就更加難得一見。甚至在故事性較強、描繪生活百態的小說乃至戲曲中，「父親」的角色也鮮有登場。即便是登場了，也不過是推進劇情的輔助手段，其形象也並不立體生動。現實如此，也就導致了迄今爲止，在中韓古典文學研究領域對傳統社會父親形象的討論十分有限，尤其是對相關文學作品的探討更爲少見。而現在的研究主要集中在對《顏氏家訓》、《袁氏世範》等家訓的研究、對「戒子類」文章的研究、對傳統士大夫家庭子女教育方式的研究，以及對清朝曾國藩家書、朝鮮丁若鏞家書等個別家書的研究等等。大多是在內容層面對「父親」持家、教子的方式，即「傳統教育方式」進行研究，試圖借此說明傳統社會士大夫們的價值觀和社會理念等等。

　　本稿中筆者從上述現實出發，希望通過爲數不多的「以父之名」寫下的詩文作品，重新審視傳統知識分子「作爲父親」的生活，並借此思考現代社會父親被疏遠的問題。即，筆者希望通過推測傳統社會知識分子成爲一家之長後，是以何種方式經營家庭；又是以何種方式來教育子女、拉近與子女的關係；以及在此過程中如何自我成長，來爲現代的父親提供一個全新的角色模型。

所謂「成為父親」

　　「父子有親」是東亞傳統倫理、人際關係之首，是「三綱五常」之根本。因此，在所有的品德中「孝」是第一位的。在「修身、齊家、治國、平天下」這個循序漸進的過程中，經營好家庭

正是治理好天下的起點。家庭是國家、天下的縮影，而父子關係就是維繫家庭的最牢固的紐帶，是「為人」與「治人」的考場。

　　在父子關係中，普遍的道德觀念並不完全適用。「父親」作為一個人，具有普遍性。但當他有了孩子，成為了某個人的「父親」，這個角色所賦予的特殊性就佔據了上風。父子之間的感情自然非比尋常，甚至對於某些法律上的「犯罪」也是可以相互容忍、相互包庇的。這種「親親相隱」的原則直到今天仍然在東亞社會發揮著作用。就像這樣，父子關係是一種超越了普遍道德、普遍理智的關係。所以在成為父親的瞬間，一個人曾經堅守的價值觀和道德取向都會發生改變。這個人可能是一名君子，或一位賢士，但因為被賦予了父親這個特殊的身分，他此前的價值觀和形象都不知不覺變得模糊了起來。與此同時，他開始擁有了作為一個父親的期望，這也許可以說是「父親」這個特殊名稱的一種普遍性。這種期望大多是很「庸俗」的。無論是什麼樣的時代、什麼樣的父母，這種「庸俗」的期望幾乎可以說是「單一價值取向」的。簡單來說就是「出人頭地」和「榮華富貴」。即便有的父親已經看透了這些都是虛無縹緲的，即便有的父親已經嘗盡人生百味甚至回歸了自然，但面對著剛剛出生、白紙一般的子女，仍然期望他們今後能夠「出人頭地」、享受「榮華富貴」。父親們很少回顧自己的過去，以反思這種期望是否合理。而這種「庸俗」的期望也無法反映出他們個人獨特的價值觀。儘管他們自己的人生經驗說明人可以有很多種不同的生活方式，但在子女面前，仿佛只有一個正確答案。作為父親，他們的典型形象就是希望子女能夠將良好的家風沿襲下去，能夠去追求普遍價值，並獲得世俗的認可。在這裡，需要提到一本書，叫做《父親

的信》[1]，書中介紹了朝鮮父親們的心聲。閱讀書中引用的文章，可以瞭解到他們對子女的期待非同一般。大部分的信中都會有「靜心讀書」的字樣，可見不管是以前還是現在，父母對子女出人頭地的期望都是一樣的。這些期望大多類似：期待值低的父母希望子女不要辱沒家門，要謹守本分；期待值高的則盼望著子女能夠將家族發揚光大，成為德高望重的人。將這種期望表現得最為明顯的就是父親寫給新生兒的文章。

初見的激動

作為男性，初次擁抱子女的瞬間，就被賦予了「父親」這種新的身分。自此成為了名副其實的「長輩」，需要負擔起教育、撫養子女的責任。此前，作為子女，只是被動地學習、實踐；成為父母以後，就要主動地教育、引導子女。這才是真正考驗一個人「家庭經營能力」的時候。

世上所有的子女都是父母的寶貝。在漢語中，直到今天，「寶貝」依然是對孩子的一種暱稱。《詩經・小雅・斯干》有云：「乃生男子，載寢之床，載衣之裳，載弄之璋。」為孩子穿上小衣服，塞給他玉璋玩。這種想要將孩子好好撫養長大的心情，不論古今，都是一樣的。然而第一次見到自己的孩子，那一瞬間，那種心情絕不僅僅是「喜悅」可以說明的。初為人父或初為人母，害怕、激動、歡喜交織在一起，種種感情、萬千思緒難以言表。在中國古代文人中，陶淵明絕對是最不吝與對子女表達

1　　鄭珉・Park Dong-Uk 著，Gimmyoung 社，2008 年 10 月。

感情的人了。他的作品普遍被認爲是「寫實」的，是他自己生活的投影。換言之，陶淵明詩中的「自我」形象就是生活在現實中的他本人。在他的作品中，《命子詩》、《責子詩》、《與子儼等疏》等爲子女所作或因子女所作的文章數目尤其多。其中，《命子詩》中的詩句貼切地表達了子女呱呱墜地時父母的心情。

> 卜云嘉日，占亦良時。
> 名汝曰儼，字汝求思。
> 溫恭朝夕，念茲在茲。
> 尚想孔伋，庶其企而。
> 厲夜生子，遽而求火。
> 凡百有心，奚特於我。
> 既見其生，實欲其可。
> 人亦有言，斯情無假。

如陶淵明一般不拘禮教、與酒作伴、回歸自然、率性而爲的人物，在子女的誕生面前，也不過是一個普通的父親。但事實上，陶淵明的心情比一般的父親更加複雜。儘管他將世間榮辱等閒視之，歸隱田園，以「超脫」的形象聞名於世，但在他的內心，對於自己的選擇一直是疑惑的、迷茫的。此詩中對於《莊子‧天地篇》的引用清楚地體現了這一點。「厲之人夜半生其子，遽取火而視之，汲汲然唯恐其似己也。」父母身染惡疾，惟願子女是個健全的人。這種心願如此迫切，卻又如此樸實。在詩中，陶淵明將初見子女的自己比作了《莊子‧天地篇》中的「厲之人」，即癩痢病人。通過血緣，個體的生命由另一個個體延

續。這種延續如同宿命一般，使我們必須承擔起自己的責任和義務。如果說「不肖」指的是子女自責於長得不像父母，那麼從父母的立場來看，他們反而害怕子女會繼承自己長相上的不足。就像是癩痢病人一樣，惟恐剛剛出生的兒子長得像自己，趕緊點亮燈火看一看。他萬分焦急的樣子貼切地表現了初為人父者的複雜心情。

　　不過，陶淵明在為兒子起名時想到了孔子的孫子──「孔伋」，希望兒子能夠成為像他一樣的人，這一點還是十分特別的。因為這種期望與後人印象中的陶淵明很難聯想在一起。正是這種矛盾的組合使人更真切地體會到了父親這種身分的特殊性和其對子女「庸俗」期望的普遍性。

洗兒

　　如上文所述，父親對子女的期望普遍是「庸俗的」。在這一點上，蘇軾所作的《洗兒》詩同時具有典型性和特殊性。在古代，嬰兒出生三日後要替其洗身，這種儀式被稱為「洗兒」。洗兒時，家裡的長輩贈給嬰兒的錢被稱為「洗兒錢」。在《資治通鑒》第 26 卷中有相關記錄：「玄宗親往視之，喜賜貴妃洗兒金銀錢。」可見在唐朝時就已經有了這種習俗。洗兒錢既表達了嬰兒誕生的喜悅，也是一種辟邪的護身符。父母第一次為兒女洗身，希望能夠保佑他們今後無災無難。這種心情，無論是古代還是現代的父母，無論是皇帝還是平民百姓都是一樣的。蘇軾在流放黃州時，同妾氏朝雲生下了一個兒子。在為這個兒子「洗三」時，寫下了下列詩句。

人皆養子望聰明，
我被聰明誤一生。
惟願孩兒愚且魯，
無災無難到公卿。

　　這首詩同時表現了蘇軾個人的主觀願望與世俗的客觀標準，形成了有趣的對比。自認被聰明誤了一生的蘇軾希望自己剛剛出生的兒子愚笨遲鈍。這與普通父母的心情截然不同，是只有蘇軾這樣飽經風霜的人才有的感悟。詩中提到的「愚且魯」讓人想到了《論語》中的句子「柴也愚，參也魯。」[2]朱熹在《論語集註》中有言：「愚者，知不足而厚有餘。」[3]鄭顥曾說過：「參也，竟以魯得之。」[4]此處「得之」指的是理解甚至繼承了「孔子之道」。可見無論是孔子的想法，還是後世學者的解讀，「愚」和「魯」都是有積極意義的。曾參的口才、智慧和判斷力都不如別人，德行、政事、言語、文學也無一精通，但最終卻以遲鈍之資得到了孔子的真傳。蘇軾寫下的簡短詩句看似希望兒子「愚且魯」，這樣就能「無災無難」，其實重點在於希望兒子能像「高柴與曾參」一樣，以遲鈍愚笨之姿獲得更大的成就。而「無災無難到公卿」，即希望兒子輕鬆做個大官則體現了蘇軾作為父親的「庸俗」期望。蘇軾一邊回顧自己的一生，一邊為兒子洗身。雖比別人愚笨，卻能更有福氣，這是他對兒子最大的祝福。這種矛盾的期望中飽含著蘇軾的悔恨，也可以說是他對自己

2　《論語・先進》。
3　朱熹，《論語集註・先進》。
4　《朱子語類》卷 39。

人生的一種反諷。但無法否認的是，他作為一個父親，對於兒子真正的期望就是成為「公卿」，而不是如何「聰明」伶俐。

給孩子起名

　　古代詩句中給孩子起「名」的內容一定程度上體現了傳統社會的父子關係。無論古今，子女的名字中包含了父母、長輩的期待與祝福。現在的孩子一出生就有了名字，但在古代卻並非如此。古人小時候起了「名」，長大後還要單獨取「字」，二者相輔相成。通過「名」與「字」結合的美學[5]，我們可以瞭解到古人為了讓子女幸福健康地成長花費了無盡心血。在上文引用的《命子詩》中，陶淵明甚至在為兒子起名的同時也取好了字。他依據《禮記‧曲禮》中的「毋不敬，儼若思」，為長子取名為「儼」。並在詩中寫到，希望兒子時刻不要忘記名字的含義是「溫和恭敬」。他還表明儘管自己沒能成為孔子那樣的人物，但希望兒子能成為下一個孔伋。儘管陶淵明在中國的文學史上留下

5　古人「名」與「字」的關係大體有三種。一，意義相同或相近，以起到進一步強調的作用。代表的有諸葛亮，字孔明；陶潛，字淵明等等。二，意義相反，起到中和的作用。例如，韓愈的「愈」意為「超越」，為使自己謙虛一些，選擇了「退之」作為字；朱熹的字為「元晦」，與名的含義「光明」相反。三，意義相順或相延，起到補充、修飾的作用。蘇軾的「軾」指的是古代車廂前面用作扶手的橫木，父親希望他能高瞻遠矚、瞻前顧後，為他取字「子瞻」。蘇軾的弟弟名為蘇轍，「轍」指的是車輪的痕跡。車在路上都是順著（由著）「轍」走的，因此蘇轍字「子由」。像這樣，古人的「名」與「字」巧妙結合，體現了和諧之美。

了濃墨重彩的一筆，儘管他給後世留下了道家的、超然的印象，但在子女面前，他與尋常的父親沒有什麼不同。蘇軾有四個兒子，長子名爲「邁」，次子名爲「迨」，三子名爲「過」。一往無前的年少時光、有所成就的人生巔峰，以及疲憊不堪、開始做出錯誤決定的中年時期，蘇軾這三個兒子的名字描繪了人一生的三個階段。而上文中提到過的《洗兒》詩的主人公正是蘇軾的小兒子，名爲「遁」。努力前行，成就事業，感到疲憊時就「隱遁」離去，豈不快哉？蘇軾人生的一幕幕都融入了兒子們的名字中。

其實，爲子女起名字，對於父母來說是一件非常嚴肅的事。他們覺得名字能夠左右子女的一生，因此起名時可謂愼之又愼。於是從「贈序體」中派生出了一種新的文體——「字說體」。能成爲一種文體，可見其作品數目還是很可觀的。「字說體」，顧名思義，就是父母對起名字的意圖、名字中包含的期待等等加以說明的文章體裁，多以「名說」、「字說」等作爲題目。[6]即，名字本身就可以稱爲一部「作品」。在這一個或是兩個漢字中，飽含著父母的期望與心願，即便被稱爲父母人生哲學的精華也不爲過。

---

[6] 《文體明辨序說》對於「名字說」的起源進行了說明：「按《儀禮》，士冠三加三醮而申之以字辭，後人因之，遂有字說，字序，字解等作，皆字辭之濫觴也……若夫字辭祝辭，則仿古辭而爲之者也。然近世多尚字說，故今以說爲主，而其他亦並列焉。至於名說名序，則援此意而推廣之。」不過，此類文章因是贈予他人的文章，屬於表達未來祝願的文體，因此仍然會被劃入「贈序體」或「序跋體」（贈序體爲序跋體的一種分類）。

　　「字說體」的創始人是唐代的劉禹錫。他曾在短文〈名子說〉中寫道：「今余名爾，長子曰咸允，字信臣，次曰同廙，字敬臣。欲爾於人無賢愚，於事無小大，咸推以信，同施以敬。」作為一個父親，「信」和「敬」兩個字飽含著劉禹錫對兒子們的期望和囑託。宋代流傳下來的名字說多達 460 篇，排除掉說明事物名稱的文章，數量也是十分可觀的。張海鷗教授認為其直接原因在於冠禮的復興。[7]但顯然也有很多其他的原因，比如宋代以後士大夫更加重視日常生活；隨著家訓、家規、家譜的流行，家庭經營意識逐漸增強等等。

　　宋代名字說中最具有代表性的作品是蘇軾與蘇轍的父親蘇洵所作的〈名二子說〉。蘇洵在蘇軾 12 歲、蘇轍 8 歲的時候寫下了這篇文章。他根據兩個兒子各自的性格，設想了他們成長的過程，闡釋了為他們命名的緣由。兩人的名字都與車有關。車有很多重要的部件，但蘇洵選擇了看起來最沒有用的「軾」和「轍」，前者指的是車前的橫軸，後者指的是車經過後留下的車輪痕跡。至於選擇這兩個字的理由，蘇洵是這樣說明的：「軾獨若無所為者。雖然，去軾則吾未見其為完車也。」；「言車之功者，轍不與焉。雖然，車僕馬斃，而患亦不及轍。」對於性格外

7　「司馬光著《書儀》詳述儒家各種禮儀。其中〈冠儀〉一節完全照搬《儀禮·士冠禮》，包括『三加、三醮』程式中所有格式化的祝、醮文辭，並且規定了受冠禮者接受祝辭以後的言行。冠者對曰：『某雖不敏，敢不夙夜祇奉。』……如常儀，酒罷，賓退，主人酬賓及贊者以幣。程式中的嘉賓『昭告爾字』並進行解說，然後接受主人家宴請和酬金。這大概是宋代名字說盛行的重要原因。復興冠禮，名字說就派上了用場。」張海鷗，〈宋代的名字說與名字文化〉，《中山大學學報社會科學版》，2013 年第 5 期。

向、豪放不羈的蘇軾，蘇洵告誡他要像車的橫軸一樣，看似並不華麗，卻能默默地發揮作用，希望他能注意外表的掩飾。至於蘇轍，蘇洵希望他能像車輪的痕跡一樣，免於災禍，一生平安順遂。兩個兒子雖然年幼，但蘇洵根據他們各自的性格推測出他們的成長歷程，希望通過名字幫助他們抓住生活的重心，這不可謂不高明。蘇洵這篇文章體現了一個年輕父親的智慧，幾乎可以作爲字說體的範文了。

隨著時代發展，對子女表達關懷和疼愛的文章越來越多。比如，慶祝子女周歲生日的文章、慶祝患病子女痊癒的文章等等。這些文字反映了陪伴年幼子女成長的父母們或喜悅或不安的心情，從中依稀能夠看到傳統社會「父親」的影子。

對子女的規箴

儘管父親疼愛子女，子女孝順父親，看起來是一件理所當然的事。但深入探究，會發現其中存在著一種互惠觀念。在《管子・形勢》中曾將父子關係闡述爲一種相互的因果關係，認爲「父不父則子不子」。顏之推也在《顏氏家訓・治家》中表達了觀點：「父不慈則子不孝」。即，父親要先盡到父親的本分才能形成健全的父子關係。這裡所說的父親的本分中，最重要的應該是對子女的教育。

比起作爲一個個體來存在、思考、生存，古人更喜歡在一段關係中確認自己的位置，找到自己存在的價值。所以在古代，健全的家庭不僅關係著宗族的命運，甚至會影響整個國家的未來。因此爲了使從屬的共同體更好地維持、保存下來，古人們不得不

為子女的教育費盡心神。而子女教育的成功與否也直接關係到父母自己的人生。當然，父母對子女有所期待，希望能將子女教育成一個出色的人，也許並沒有什麼目的，只是出於一種自然而然的心理。但對於群體意識尤其強烈的古代人來說，教育子女等同於一種使命，這種教育從子女出生的瞬間就已經開始了。

在子女正式開始學習以後，父親的責任就更加重要了。無論是從前還是現在，正確地教育子女，使他們成為社會的棟樑、家族的中流砥柱，這是作為父母最大的責任，也是他們最迫切的心願。面對如此重要的使命，父親作為一家之長，對子女大多是嚴厲訓誡、殷殷囑託的。在他們回歸父親這個身分的瞬間，本身的個性也就消失了，不知不覺、異口同聲地向子女傳授起人生的正確答案。當父親成了子女眼中的嚴父，他們的個性就失去了用武之地。戒子類的文章最為貼切地反映出了這種心理。

家庭作為社會的最小單位，也需要按照「領導人」的思想意識進行「經營」。傳統社會的知識分子堅持「家國一統」的觀點，[8]認為家長經營家庭與君主統治國家沒有什麼區別。因此，規模相對較大的名門望族開始制定家訓，不斷湧現出《顏氏家訓》、《袁氏世範》等一批篇幅較長的著作，以及一些以「戒」為題目創作的短篇散文。[9]像《顏氏家訓》或《袁氏世範》這樣

8　「孝慈則忠。」（《論語·為政》），「以孝事君則忠。」（《孝經·士章》），「忠臣以事其君，孝子以事其親，其本一也。」（《禮記·祭統》）等都體現了這種思想。

9　戒子類文章早在魏晉南北朝時期就存在了。曹操的〈戒子植〉，曹丕的〈誡子〉，王肅的〈家誡〉，王昶的〈家誡〉，郝昭的〈遺令戒子凱〉，殷褒的〈誡子書〉，嵇康的〈家誡〉，諸葛亮的〈誡子書〉，羊

的作品，內容豐富又具體，強調樹立、傳承家風的概念，與治國理念沒有什麼大的區別。不僅僅是這些家訓，「戒子類」的散文也很好地反映出了「家國」的概念。因此，儘管此類作品只是父親留給兒子或孫子的文章，不是君主寫給大臣的文字，但在文體分類上仍然被劃分為地位最高的「詔令類」。與地位相符，戒子類文章的主要特點是莊重、嚴肅。顏之推在序文中指出，《顏氏家訓》的寫作目的在於希望子孫們能從自己的失敗和經驗中獲取教訓。這是所有父親為子女留下訓誡的根本原因，也是他們語氣嚴肅的理由。他們希望傳達給子女的內容是以個人經驗為基礎的，但又不僅僅是自己片面的見解，而是普遍的聖賢的教誨。正是因為這種超越了時代的「普遍性」，大多數戒子類文章都有著相似的內容。大體上可以分成兩類：一，告誡子女要注重道德修養，精進學業；二，勉勵子女順利地過上榮華富貴的生活。只看這些內容，每一篇文章都可謂是無可比擬的人生教科書。

　　李恩英將戒子類文體進一步劃分為詩、箴、說、書、文五類，其代表作分別為朱熹的〈與長子受之〉，邵雍的〈誡子吟〉，陶淵明的〈與子儼等疏〉，韓愈的〈符讀書城南〉，以及杜甫的〈熟食日示宗文宗武〉和〈又示兩兒〉等。[10]除此之外，諸葛亮的〈戒子篇〉也堪稱此類文章的典範。接下來，本稿就將

　　祐的〈誡子書〉，杜預的〈與子耽書〉，顏延之的〈家誥〉，蕭巋的〈誡諸子〉，王僧虔的〈誡子書〉，徐勉的〈為書誡子崧〉，魏孝文帝的〈誡太子恂以冠義〉，崔光韶的〈誡子孫〉，崔休的〈誡子書〉等都是教育子女（子孫）類內容的文章。

10　李恩英，〈父親說給兒子的話〉，《東方漢文學》第 65 輯，2015，頁153。

通過這篇文章來探討一下戒子類文章的普遍特徵。

> 夫君子之行，靜以修身，儉以養德。非淡泊無以明志，非
> 寧靜無以致遠。夫學須靜也，才須學也，非學無以廣才，
> 非志無以成學，淫漫則不能勵精，險躁則不能冶性，年與
> 時馳，意與日去，遂成枯落，多不接世，悲守窮廬，將複
> 何及！

　　對於應該專心學業的子女，作為父母還能有比這更好的勸誡麼？對於仍有可塑性的「孩子」，把話說得稍微嚴厲一點可能會更有效。比如，「不要虛度光陰，要堅持鍛煉身心修養，日後才不會悔不當初」，這種善意的「威脅」子女可能一輩子都不會忘記。如果這些話被掛在大人們的嘴邊，那麼聽起來也不過是老生常談，甚至會引起反感。但如果是父親對子女一對一的叮囑，好像就有了新的意義。

　　韓愈的詩作〈符讀書城南〉也充分地體現了這種特徵。這篇作品可以看做是用詩的形式寫成的戒子類文章。韓愈的兒子韓符在十八歲那年離家，到長安城南的別院學習。他剛剛動身，韓愈便寫了這首詩，讓人捎給他。本詩的主旨在於強調學習的重要性。從唐朝開始，科舉考試成為了邁入仕途的重要途徑，也成為了決定家族興亡盛衰的重要門檻。韓愈先是歷盡艱辛考取了進士，後又在吏部經歷了多次派官考試，他自己的仕途可謂充滿波折。因此，韓愈希望兒子能有更大的志向，成為一條能夠飛黃騰達的龍。這首詩整整270個字，其中最值得關注的就是「兩家各生子，提孩巧相如」這一段。

少長聚嬉戲，不殊同隊魚。年至十二三，頭角稍相疏。

二十漸乖張，清溝映汙渠。三十骨骼成，乃一龍一豬。

飛黃騰踏去，不能顧蟾蜍。一為馬前卒，鞭背生蟲蛆。

一為公與相，潭潭府中居。問之何因爾，學與不學歟。

　　通過馬前卒與公卿、宰相的鮮明對比引導兒子專心學業，韓愈作為一個父親的形象躍然紙上。不過這樣的比較受到了後世的廣泛批評。宋代的黃庭堅曾說過：「或謂韓公當開後生以性命之學，不當誘之以富貴榮顯。」[11]洪邁也曾說過：「一章，韓文公以訓其子，使之腹有詩書，致力於學，其意美矣，然所謂『一為公與相，潭潭府中居』，『不見公與相，起居自犁鉏』等語，乃是覷覦富貴，為可議也。」[12]儘管這些批評也不無道理，但父親教導子女本就非易事。號令當代文壇的一代宗師韓愈希望能通過看似幼稚的比喻來引導兒子，這種苦心並沒能得到後世的理解。不過要是我們從一個父親的角度來理解韓愈，也並非不能體會他的心情。

　　在詩中，我們讀到了一個「父親」的窘境。世人眼中的社會人士與回歸家庭後的父親，這兩種形象是截然不同的。不管堅持著什麼樣的價值觀，無論過著怎樣的生活或有過怎樣的經歷，一個父親都希望子女能夠過上公認的、普遍意義上的「安樂生活」。因為必須要「因材施教」，所以父母有時不得不用些幼稚的比喻，有時又不得不費盡心思進行善意的「威脅」，有時又不

---

[11]　黃庭堅，〈符讀書城南跋〉。

[12]　洪邁，《容齋隨筆（三筆）》。

得不將眞摯而迫切的心情傳達給子女。因此，這種戒子類的文章也是很難寫的。但諷刺的是，即便父親嘔心瀝血寫出這樣一篇文章，其實際效果也無法保證[13]，而文學吸引力又不足。儘管此類文章是作者根據自己兒子的具體情況寫成的，但仍然是以父母的「普遍期望和心願」爲主。即便細節上有些差別，整體來看還是缺乏文學性的。尤其戒子類文章的「首要目的在於以規範的父子關係爲基礎，在社會的基本單位——家庭中訓誡、教育子女，把他們培養成儒家社會的理想學者」。[14]因此，這些文章的內容都是長輩對晚輩單方面的指導和訓誡，很難引起共鳴、促進交流。這些人生前輩們渴望傳授的做人準則和生活道理，這些迫切的聲音被局限在了普遍的、教條的框架內，無法充分發揮作用。

　　但也有不少人根據自己的親身感悟，提出了教育子女的不同方法。其中最有代表性的就是陽明學的創始人王陽明。他曾說過：「大抵童子之情，喜嬉遊而憚拘檢，如草木之始萌芽，舒暢之則條達，摧撓之則衰痿。今教童子，必使其趨向鼓舞，中心喜悅，則其進自能不已。」[15]強調要根據兒童的本性，因材施教。

13　朝鮮後期人士尹愭曾在〈書庭誥家禁勸學遺戒等文後〉中對訓誡類文章的時效性進行過反問和自嘲：「此皆吾僭妄之言也，藏之篋笥久矣，今因兒女之請諺譯重閱之，不覺感感於心，昔蘧伯玉行年五十而知四十九年之非，今吾行年七十有五而知七十四年之非，寧不愧乎？蓋吾前此只見古人訓戒子孫，子孫遵守其言，以爲有不言，言則安有子孫而聽我藐藐乎？遂乃隨事寓警，俾自體念，或爲近取之譬以感動之，或爲迫切之言以憤激之，庶幾有一分之效，而殊不知古今之迥異，風習之漸變，訓戒之無所施，遵守之無其人，徒聒聒焉。」

14　李恩英，頁176。

15　王陽明，《傳習錄》中卷。

這不僅僅適用於孩子。因爲成年前的子女與孩子沒什麼兩樣，甚至到了現代，我們步入社會的時間越來越晚，作爲「孩子」生活的時間越來越長。立足於這種現實，王陽明對啓蒙教育的主張可以說符合陽明學的大宗旨，但這不僅僅只是一個學派的主張，而是超越了古今，給了我們很多的啓示。

與子女的對話和交流──寫給子女的信

《三字經》的第一句就是「養不教，父之過。」古代的父親爲了避免犯下這樣的錯誤，從子女小的時候開始就樹立了嚴父的形象。爲了在子女走入社會之前正確地引導他們，古代的家庭也和現在一樣致力於早期教育。據韓愈的兒子韓昶所述，當時的孩子在六、七歲就會寫字[16]。根據《劉知幾傳》可以知道，當時的父親會直接教導孩子，如果孩子學業沒有進步還會挨板子。[17]不僅如此，父親還會以身作則，努力在行爲舉止上成爲孩子的榜樣。明末清初的學者王夫之清楚地記得自己的祖父與父親相處的場景：「（祖父）嚴威，一笑不假，少不愜意……長跪終日，顏不霽不敢起。」[18]這是一位多麼威風凜凜的父親啊！通過王夫之的描述，我們完全可以想像到當時的場景。通過這些例子，我們

---

[16] 韓昶，〈自撰墓誌銘〉。「幼而就學，性寡言笑，不爲兒戲，不能合記書，至長年不能通誦得三五百字，爲同學所笑，至六七歲，未解把筆書字。」

[17] 「年十二，父藏器爲授《古文尚書》，業不進，父怒，楚督之。」（《新唐書·劉知幾傳》）

[18] 王夫之，〈顯考武夷府君行狀〉。

可以瞭解到，在古代子女教育的問題上，並不一定是「男主外，女主內」的。作爲一家之長，父親不僅僅只是教兒子寫寫文章，還要樹家風、躬行勤儉，時而「嚴厲」，時而「慈祥」，要時刻銘記在各個方面引導子女。

到了可以用文字溝通的年紀，子女就不僅僅是教育的對象了。他們不知不覺也成爲了父母的朋友。爲此，古代的父親們孜孜不倦地給子女們寫信。當然，在一起生活的時候不必如此，但如果父親因公務或被流放等突發事件而前往外地，就會不時地寫信對子女加以詢問、勸誡、囑託。

即便是像這樣，父親爲子女的教育付出了很多，也不代表他們能從子女的成長過程中獲得滿足。父親們的教育有時過了度，有時又欠些火候，他們從中體會到了巨大的挫折感。但事實上，這種挫折感並不僅僅有對子女的失望，同時也爲自身提供了反思的機會。作爲人生的前輩，父親們早就經歷過類似的狀況。他們可能會借此機會回顧過去，也會因此反思子女的失誤乃至失敗是否與自己有關。子女可以看做是自己的鏡子，是反思的工具。明末清初學者黃宗羲與父親黃尊素間的軼事爲這種觀點提供了重要的依據。黃宗羲爲了參加科舉考試，每天都要練習八股文，他的父親就做了他的老師，和他一同讀書寫作，爲他修改文章。但是比起八股文，黃宗羲對於當時流行的稗官小說更感興趣。「課程既畢，竊買演義如《三國》、《殘唐》之類數十冊。藏之帳中，俟父母睡熟，則發火而觀之。」[19]黃宗羲的母親姚氏憂心於此，

---

[19] 黃宗羲，〈家母求文節略〉。（收錄於《南雷文鈔》）

便告訴了丈夫。但黃尊素只是說了一句：「亦足開其智慧」[20]。
大概是想到年少時的自己也並不是一個一心撲在科舉上的書呆
子，所以沒有教訓兒子。

　　當然，對於子女的「不務正業」如此寬容的父親畢竟是少
數。尤其是在知識決定命運的學生時代，父親們會變得特別敏
感。在這一點上，無論是古代還是現代都沒有什麼改變。特別之
處在於，當時的父親試圖在戒子文中與兒子進行單方面的交流，
有時還會將對兒子的關注轉回到自己的身上。他們從迷茫的子女
身上看到了自己的少年時期，反思自己的不足，致力於將子女引
導上一條「正確的道路」。將父親陪伴子女長大的心情表現得最
爲淋漓盡致的，就是各式各樣的「家書」。因爲信件具有一對一
的特點，是格式最爲自由、內容最爲私密的一種文體，所以在父
親留給子女的文章中，流傳下來的「家書」數量尤其多。下面，
將以明代張居正的〈示季子懋修書〉爲例來進行討論。

> 汝幼而穎異，初學作文，便知門路，吾嘗以汝爲千里駒。
> 即相知諸公見者，亦皆動色相賀曰，「公之諸郎，此最先
> 鳴者也。」乃自癸酉科舉之後，忽染一種狂氣，不量力而
> 慕古，好矜己而自足，頓失邯鄲之步，遂至匍匐而歸。

　　張居正的兒子曾被視爲「千里馬」，但科考失敗後心灰意
懶，於是張居正寫了這封信來安慰他。在信中，他提到了自己曾
經對兒子寄予的厚望，又描述了兒子現在自暴自棄的樣子，對比

---

[20]　《黃梨洲先生年譜》。

鮮明。然後話鋒一轉，開始回顧自己的過去，希望兒子能鼓起勇氣。

> 吾昔童稚登科，冒竊盛名，妄謂屈宋班馬，了不異人，區區一第，唾手可得，乃棄其本業，而馳騖古典。比及三年，新功未完，舊業已蕪。今追憶當時所為，適足以發笑而自點耳。

　　看到兒子到處碰壁、彷徨失措的樣子，張居正想起了曾經的自己。他講述了自己過去的故事，期望兒子有一天也能像自己一樣振作起來。不過，對於子女的失望之情還是會讓父親感到氣憤甚至急躁，而斥責和訓誡也就在所難免。這是作為父親的「人之常情」，張居正也是如此。他先是表達了自己的氣憤：「吾誠愛汝之深，望汝之切，不意汝妄自菲薄，而甘為軒下駒也！」後努力控制失望之情，在最後也沒忘記叮囑兒子：「置汝不問，吾自是亦不敢厚責於汝矣！但汝宜加深思，毋甘自棄」。

　　比起那些一條條列舉出要做什麼、不要做什麼的訓誡類文章，或是那些闡明普遍價值觀的文章，張居正這種通篇哀歎子女教育受挫的文章反而更加真實地、富有感情地表現出了一個父親的心情。在古代文人中，將這種心情表現地最為淋漓盡致的人就是陶淵明。他寫下了一篇只看題目就能知道內容的《責子詩》，對五個不成器的兒子表達了憤怒之情。

> 白髮被兩鬢，肌膚不復實。
> 雖有五男兒，總不好紙筆。

阿舒已二八，懶惰故無匹。

阿宣行志學，而不愛文術。

雍端年十三，不識六與七。

通子垂九齡，但覓梨與栗。

天運苟如此，且進杯中物。

　　父親的年齡開始由中年步入老年，但從九歲到十六歲的五個兒子卻依然不求上進，懶惰無知，只懂吃喝享樂。陶淵明因對他們感到了失望，於是便作了這樣一首「斥責兒子的詩」。在將兒子們一一數落了一番之後，他又好像將這一切都拋諸腦後，繼續在酒中尋求慰藉。今天的父親也是如此，他們年歲漸長、疲憊不堪，又對兒女感到失望。這時他們不願回家，就會在外面喝上一杯。這與詩中陶淵明的形象微妙地重疊在了一起。

　　不過陶淵明《責子詩》的重心並不在於責備不爭氣的兒子們。他是對兒子們很失望，但更多的是對自己無能為力的失望。無論是在古代還是現代，父親都是通過承擔下列責任來獲得身分認同的：一，養活妻兒；二，在困境中守護家人；三，樹立家規、家訓，將家庭經營好；四，在社會上取得成功，維持成功人士的形象。這大概是世界上所有父親夢想的形象。但實際上無論是以前還是現在，都很少有人能達到這個標準。因此，如果一位父親感到自己對於子女的教育是失敗的，那麼在責備子女之前，首先應該考慮一下自己作為父親是否盡職盡責，要隨時反思自己。

　　陶淵明格外注重表達對子女的感情。他在給兒子的信中回顧自己的一生，坦率地表達了一個父親的歉意。他在暮年曾為幾個

兒子留下了一封家書，名為〈與子儼等疏〉，在其中寫道：「吾年過五十，少而窮苦，每以家弊，東西遊走。性剛才拙，與物多忤。自量為己，必貽俗患，僶俛辭世，使汝等幼而饑寒。」陶淵明自責於子女為自己所累，沒能受到良好的教育。「抱兹苦心，良獨內愧。」表達了他作為一個失敗父親的無能為力。陶淵明在步入老年之際，吐露自己作為一個父親的心聲，這表明他放下了父親的權威，與兒子就像兩個平等的人一樣交流。

代替結語——老年的來臨與對「孝」的反思

依據《後漢書・孔融傳》，「建安七子」中的孔融因主張「父母無恩說」，而被曹操以「敗倫亂理」的藉口處死。他的主張確實過於直白，令人震驚。

> 父之於子，當有何親？論其本意，實為情欲發耳。子之於母，亦復奚為？譬如物寄瓶中，出則離矣。[21]

孔融認為父母子女間甚至不是互惠關係，子女不過是因父母情慾而誕生的一個生命體。因此，子女之於父母就像是一個被暫時存放在瓶子中的物體，只是互相獨立的存在罷了。儘管孔融徹底否定了父權意識，但他年幼的子女卻認為：「安有巢毀而卵不破乎？」，並在被抓後毅然赴死。讀了這個故事，我們無法不重新思考「父慈子孝」的意義。

---

[21] 《後漢書・孔融傳》。

　　當然，說父母子女之間完全沒有感情多少有些驚世駭俗。但世上的父母子女都是無法互相選擇的，這是隨機的，也是命中註定的。與君臣關係不同，父子之間既無法選擇對方，也不能半途而廢。因此，儘管父子關係被稱爲「天倫」，但如果雙方都不做出努力的話，關係就會變得十分微妙，甚至尷尬。父親的嚴厲和慈愛不一定是天性使然，還要通過不斷的學習和自我修養才能達成。而子女的孝道也是要用心學習才能具備的品德。

　　對於「父慈子孝」關係的平衡，杜維明曾立足於互惠原則加以說明：「依據互惠的原則，父親就應當有父親的形象，這樣，兒子才能以一種最適合自我認同的方式去實現父親的自我理想。兒子的孝被認爲是對父親慈祥的反響，父親在期望兒子熱愛和尊敬他之前，必須爲兒子樹立起愛人和值得尊敬的榜樣。」[22]即父子關係既像一種合約關係，又是一種「倫理」關係，而不僅僅是「血緣」關係。但在筆者看來，比切實履行合約更爲有效的是一個父親在每個階段都履行好自己的責任。不要掩飾自己的嚴厲和慈愛，始終堅持反思自我，在人生的每個階段都能認識到作爲一個父親所應承擔的責任，這才是確立健康父子關係的唯一途徑。還應銘記從子女降生起一同度過的每一個瞬間，每一個片段。

　　　二子別我歸，兼旬無消息。
　　　客有饋荔枝，盈籃風露色。
　　　絳羅慇寶髻，冰彈濺柘液。

---

[22]　《儒家思想新論──創造性轉化的自我》，曹幼華等譯，江蘇人民出版社，1991，頁126。

　　老夫非不饞，忍饞不忍吃。

　　急呼兩健步，為我致渠側。

　　默數川陸程，幾日當返役。

　　惟愁香味壞，色變那敢惜。

　　十日兩騎還，千里一紙墨。

　　把書五行下，廢書雙淚滴。

　　不如未到時，當喜翻不懌。

　　這首詩是南宋楊萬里所作，題為〈得壽仁、壽俊二子中塗家書三首〉。楊萬里收到了客人送的荔枝，雖然看起來就很美味，但想到離家的兒子們就不捨得吃了，急忙讓僕人們送到兒子們那裡去。「萬一荔枝變色了的話」，「萬一荔枝變味了的話」，也許這種憂慮之情正是世間所有父親的心情。手中攥著兒子寫的信，不知不覺已淚流滿面，這種思念的悲傷之情也是全天下父親都有的。將這些瞬間都寫下來給子女看，借此不斷地交流，這可以說是讓父子關係如磐石一般牢固的最有效的方法。

　　《大學》有云：「為人父止於慈，為人子止於孝。」但在現實中，就連一些最基本的道理也不再有約束力。因此，單純用所謂的「慈孝」倫理觀念來認識現代的父子關係是不夠的。這種觀念在解決現代社會的問題上也很難獲得認同。本稿通過古代知識分子以父之名寫給子女的詩文，與他們一同走過了一段漫長的心路歷程；分享了他們的經驗和記錄，試圖借此來反思現代的父親角色。最後要說明的是，即便身分、角色上發生了變化，但無論古今，父親的心理並沒有什麼大的區別。這種假設，是本稿能在寬泛的時間範圍內進行一系列討論的前提。

譯者：苑芳草

參考文獻

原始材料

* 原文參見下列網站

http://ctext.org/wiki.pl?if=en&remap=gb（中國維基）

http://hanchi.ihp.sinica.edu.tw/ihp/hanji.htm （臺灣中央研究院漢籍電子文獻
　　資料庫）

db.itkc.or.kr/（韓國古典綜合 DB，古典翻譯研究院）

* 其他參考文獻

顏之推著，劉東桓（유동환）譯，《顏氏家訓》，2008，弘益出版（홍익
　　출판）。

陶淵明著，楊勇校箋，《陶淵明集校箋》，正文書局，1987。

《全唐文》，1982，中文書局。

張思齊著，《六朝散文比較研究》，文津出版社，1997。

杜甫著，韓成武、張志民譯，《杜甫詩全譯》，河北人民出版社，1997。

韓愈著，李珠海（이주해）譯，《韓愈文集（한유문집）》，文學與知性
　　（문학과지성），2009。

蘇軾著，《蘇軾文集》，中華書局，1996。

吳訥、徐師曾著，《文章辯體・文體明辯序說》，北京人民文學出版社，
　　1998。

彭梅芳著，《中唐文人日常生活與創作關係研究》，北京人民出版社，
　　2011。

趙國著，《家人父子》，北京大學出版社，2015。

閻愛民著，《古代的家族與社會群體》，天津古籍出版社，2012。

杜維明著，曹幼華等譯，《儒家思想新論──創造性轉化的自我》，江蘇
　　人民出版社，1991。

研究文獻

1. 韓文論文

權赫錫，〈通過家訓看中古時期士人的修身與處世〉，《中國語文學》第
　　61 輯，2012，頁 159~190。

（권혁석, <家訓을 통해 본 中古시기 士人들의 修身과 處世>, 《중국어
　　문학》61 집, 2012, 159~190 쪽.）

金秉建，〈尹愭「家禁」中呈現的家庭教育面貌及其現代意義〉，《東方
　　漢文學》48 輯，2011，頁 7~45。

（김병건, <尹愭의 「家禁」에 나타난 家庭教育의 面貌와 現代的
　　意味>, 《동방한문학》48 집, 2011, 7~45 쪽.）

Bak Dong-Wuk，〈漢詩中家族愛的一種表現形式〉，《溫知論叢》31 輯，
　　2012，頁 7~31。

（박동욱, <한시에 나타난 가족애의 한 양상>, 《온지논총》31 집, 2012,
　　7~31 쪽.）

李庚子，〈中國名人的家庭教育——從先秦到清末〉，《中國學論叢》35
　　輯，2012，頁 303~326。

（이경자, <중국 명문가의 가정교육—선진에서 청말까지>, 《중국학논
　　총》35 집, 2012, 303~326 쪽.）

李恩英，〈父親留給兒子的話〉，《東方漢文學》65 輯，2015，頁
　　151~182。

（이은영, <아들에게 전하는 아버지의 목소리>, 《동방한문학》65 집,
　　2015, 151~182 쪽.）

2. 韓文著作

鄭珉・Park Dong-Uk 著，《父親的信》，Gimmyoung 社，2008。

（정민・박동욱, 《아버지의 편지》, 김영사, 2008.）

| 嫉妒與暴力 |

15世紀朝鮮的婚姻、家庭、儒家父權制

_ 金志修[*]

---

[*]　本文原稿（"From Jealousy to Violence: Marriage, Family, and Confucian Patriarchy in Fifteenth-Century Korea"）刊載於《Acta Koreana》Vol. 20 (2017)，由啟明大學國語國文系 Janet Yoon-Sun Lee 翻譯為韓文。此中文版是以韓文版為基礎進行翻譯的。

> 嫉妒不僅是人類本性的內在感情，
> 更是一種與各類人際關係形態息息相關的
> 最為原始和普遍的感情。

——Boris Sokoloff, Jealousy: A Psychological Study, 1947.

嫉妒與暴力中的性別差異

1474 年陰曆 5 月，在成宗（1469-1494）在位期間發生過這樣一件事：一個名叫愼自治的人與家中婢女道里發生了性關係。愼自治的夫人李氏因嫉妒道里，便與自己的親生母親一同對她施加暴力。她們割斷了道里的頭髮，毆打她，還用燒紅的烙鐵烙燙她的面部及胸部、陰部，並將她拉到興仁門外的山谷中丟棄。[1]

起初，這一案件是由司憲府負責調查的。但此事與奴隸有關，屬於違背綱常的犯罪，因此被轉交到了當時負責此類案件的義禁府手中。在所有調查完成後，朝廷判決愼自治與夫人李氏分別流放至慶尚道的安陰縣與山陰縣。[2]

然而當時司諫院的官吏鄭佸對此提出異議。他向成宗進言，認爲愼自治與夫人李氏的流放地太過接近，對二人懲罰力度不夠。成宗接納了他的意見，將夫人李氏與其母重新發配到了忠清道的鎮川郡。[3]

---

[1]　《成宗實錄》卷 48，成宗 5 年（1474 年）10 月 10 日，成宗 5 年 11 月 1 日。

[2]　《成宗實錄》卷 49，成宗 5 年 11 月 1 日。當時殺害無辜奴隸者，杖六十，徒一年。如殺人者爲士族女性，則以繳納罰金代替公開受刑。

[3]　《成宗實錄》卷 49，成宗 5 年 11 月 13 日，成宗 5 年 11 月 18 日。

　　同時，朝廷還強制李氏與丈夫慎自治離異，並將慎自治官降三級。[4]朝廷一方面嚴懲加害者，另一方面盡力補償受害人，解除了道里及其家人的奴隸身分。[5]

　　當時，在朝鮮時期，女僕常常成爲家中男主人發洩性欲的對象。視情況而定，這種發洩並不是一次兩次，很多男主人還會納女僕爲妾。因此，男主人和女僕的微妙關係成爲了導致家庭關係持續緊張的因素。女僕時常成爲士大夫妻子嫉妒的對象。但當女主人公然表現出嫉妒之心，則會因善妒的理由而受到懲罰。受罰後的女主人很多情況下會直接對女僕施加暴力，以示懲戒。儘管丈夫才是事情的起因，但他們掌握著懲罰善妒夫人的權力。再加上美其名曰「家和萬事興」，所以他們時常被免除懲罰。丈夫可以看做是朝鮮時期法律的最大受益人。

　　在朝鮮的制度下，嫉妒屬於七出之條。即嫉妒是丈夫可以要求休妻的七種條件之一。這七種條件具體有：不順父母、無子、淫、妒、有惡疾、口多言及竊盜等。但如滿足以下三種情況，即便妻子符合七出之條，丈夫也不得隨意休妻。即妻子父母已逝，被休後可能無家所歸；或妻子曾幫公婆服過三年喪；或婚前貧窮而婚後家庭富足。

　　而如果對「嫉妒」這一詞彙的詞源進行解析，不難發現這兩個漢字都是「女」字偏旁。[6]人類本身的感情可以轉化爲語言符

4　《成宗實錄》卷 49，成宗 5 年 11 月 1 日，成宗 5 年 11 月 2 日。慎自治被流放兩年後於 1476 年復職。參見《成宗實錄》卷 68，成宗 7 年（1476 年）6 月 17 日。

5　《成宗實錄》卷 49，成宗 5 年 11 月 1 日，成宗 5 年 11 月 2 日。

6　所謂「嫉妒（嫉妬）」這一詞彙在朝鮮時期是通用的概念，尤其是對於

號，從這一點來看，嫉妒主要被認為是與女性相關的感情。與憤怒、恐怖、害怕、不安等感情不同，嫉妒是以與他人的關係為前提的。換言之，嫉妒是指對他人的成就或所有物感到不快的狀態，或異性關係中另一半對其他異性產生好感、表現親密時所形成的憤怒與猜疑。在眾多含義中，本稿專注於婚姻關係中所產生的「嫉妒」，致力於集中探討配偶對其他異性產生「性趣」時所形成的感情。

近來，「感情」是具有歷史性的概念，此種理論在學界愈加具備說服力。感情的歷史性，換言之，感情可以依據時間或空間條件進行重新定位或重新構成，認同這一解讀的研究呈增加趨勢。例如，在古羅馬，配偶並不將彼此視作「浪漫式」嫉妒的對象。其原因在於，當時的婚姻並非建立在愛情或親密度的基礎上，是一種包辦婚姻，而非戀愛結婚。在古時候，「愛」多被視為朋友之間的情誼，而非男女之情。然而，隨著近代化的發展，特別是隨著 19 世紀西方文化圈的結婚制度由包辦婚姻向戀愛結婚轉變，所謂「愛情」開始成為結婚的條件之一。此類對感情歷史性的研究表明，感情所擁有的價值體系及其符號化的過程和方式，不僅包含著生物學要素，也包含著文化要素。[7]

婚姻或異性關係，「妒（妬）」比「嫉妒（嫉妬）」更為常用。儘管「妒（妬）」是男女通用的詞彙，但在小說中更常見於對女性的描寫。（譯者注：原文寫作「嫉妬」。「妬」與「妒」為異形字，在中國古代是通用的。二者字義上沒有區別，也很難確定出現的先後。相關內容參見《說文解字》、《康熙字典》等。在現代，韓國與日本寫作「妬」，但臺灣普遍寫作「妒」。）

7   Susan J. Matt and Peter N. Stearns, *Doing Emotions History* (Illinois: University of Illinois Press, 2014), pp. 1-3.

　　在朝鮮這一時代空間中，女性的嫉妒被定性爲一種惡行，並被視作「七出」的條件之一，被定位成了控制與懲治的對象。與 21 世紀的現狀進行比較的話，今天嫉妒的女性不必再被打上社會的烙印或受到法律的懲罰。如今嫉妒被看做是一種無關男女、任何人都能感受到的普遍感情。

　　與此不同的是，在所謂「前近代」這一時代空間中，嫉妒是作爲一種性別化的感情而存在的。由嫉妒所引發的犯罪案件中，男性與女性所受的懲罰各不相同，這支持了以上觀點。尤其是朝鮮的法律制度是在中國大法典《大明律》的影響下建立的。此法規定，如果丈夫目睹了妻子與他人偷情，即便丈夫當場殺了妻子也不會受到任何懲罰。然而，如果姦夫殺害丈夫，即便妻子沒有直接參與謀殺，也會以謀害丈夫的罪名而被處以絞刑或斬刑。[8]

　　從此類規定可以看出兩點：一，在朝鮮時期看待人際關係是以縱向的等級秩序爲前提的；二，嫉妒事實上被看做是一種性別化的感情。因此，女性爲丈夫守節被視爲「天經地義」，而正妻對小妾懷有嫉妒之心則意味著拒絕服從丈夫，也就意味著對丈夫權威的挑戰。朝鮮的法典一方面懲治女性的嫉妒，另一方面強化了夫婦之間的等級秩序。與女性不同，男性並不會因嫉妒而受到懲罰，反而被賦予了某種權威和責任，被視爲壓制女性嫉妒心、維護家庭和睦的存在。從結果上來看，在儒家父權制度及婚姻制度下，儘管男性是引發妻妾矛盾的根源，但最終受處罰或懲戒的對象卻以女性爲主。儘管從表面上來看，此類法律制度適當地制

8　　Jiang Yonglin 譯，*The Great Ming Code* (Seattle: University of Washington Press, 2005), p. 171.

約了嫉妒，有助於妻妾之間化解矛盾、關係和睦，但本質上是在
進一步強化父權秩序，以適度調節上、下層女性之間的關係。

　　嫉妒是一種具有暴力性的感情，本稿致力於探討朝鮮民眾在
婚姻、父權制度及儒家文化的複雜關係中是如何對此加以認識
的。同時，就像前文所提到過的夫人李氏事件一樣，嫉妒超越了
感情的概念，與婚姻習俗、法制也有著緊密的聯繫，本稿將會強
調這一點。在此，本稿試圖探討在感情、性以及家庭的道德性這
一微妙而複雜的概念網絡中，朝鮮王朝是以何種形態介入個人的
私人領域的。本稿將特別著眼於探究貞操與嫉妒這一觀念是以何
種形式強化並控制的，以及在儒家性別規範、法律與婚姻習俗的
作用下，有哪些要素會引發三者之間的緊張關係。據此探討在
15 世紀的朝鮮社會，嫉妒這種感情是以何種形態顯現，以及在
儒家父權制和縱向的等級秩序下，嫉妒具有何種文化意義。

婚姻與女性規範、身分差異

　　自 1392 年建國以來，朝鮮王朝將性理學作爲統治意識形
態，致力於確立父系秩序、建立社會制度並推進儒家式婚姻的制
度化。作爲在朝鮮社會鞏固性理學的一種嘗試，積極引入新的婚
姻制度具有代表性。然而新婚姻制度自上而下的確立用了相對較
長的時間，直到 17 世紀才變得日常化。[9]可以說當時，在引入儒

---

[9]　朝鮮時期以後韓國社會的儒家化過程及其結果參見下列論文。Martina
　　Deuchler, *The Confucian Transformation of Korea* (Cambridge, Mass.:
　　Council on East Asian Studies and Harvard University Press, 1992); JaHyun
　　Kim Haboush, "The Confucianization of Korean Society" in Gilbert

家式婚禮的過程中存在著相當強烈的反感。[10]尤其是按照新式儒家婚禮程序，婚後居住的空間要轉移到新郎而非新娘的家中，這引發了強烈的抵抗。按高麗時期的婚姻習俗，婚後直到子女出生並長大之前，新郎普遍要住在新娘的家中一同生活。[11]這種從妻居，即「男歸女家婚」（丈夫到妻子家定居的婚姻形式）很大程度上決定了高麗女性在婚後也能維持自身的特權和地位。然而，進入朝鮮時期，隨著「親迎禮」取代了「男歸女家婚」，女性與高麗時期不同，婚後無法再維持其地位及特權。

　　高麗的婚姻模式以母系家族與「男歸女家婚」為代表，到了朝鮮時期則變成了以父系為中心的親迎禮。此後，朝鮮初期的女性直面了前所未有的挑戰與難關。而變化最大的方面就在於物理空間的移動。女性婚後搬到了丈夫的家中，與全新的家族成員建立了關係。而男性除了娶妻，還可以納地位較低的女性為妾，這是法律賦予他們的權利。因此，女性之間的等級劃分與排序進一步強化，這又造成了緊張的家庭環境。「嫁出去的女兒，潑出去的水」，女性因此被剝奪了在娘家享有的權利。而依據新確立的長子繼承法，出嫁女不再享有與兒子同等的繼承權，作為繼承人的地位也被弱化了。朝鮮朝廷計劃通過這種婚姻制度的變化，使

Rozman, ed., *The East Asian Region: Confucian Heritage and Its Modern Adaptation* (Princeton, N.J.: Princeton University Press, 1991), p. 84-110; Mark Peterson, *Korean Adoption and Inheritance: Case Studies in the Creation of a Classic Confucian Society* (Ithaca: Cornell University Press, 1996).

[10] Deuchler, *The Confucian Transformation of Korea*, p. 244.

[11] 《高麗史》96:10 及 109:15b-16；李奎報，《東國李相國集》37:14；Deuchler, *The Confucian Transformation of Korea*，頁 66，再引用。

性理學思維體系與生活方式得以在兩班社會紮根，使儒家文化與制度也能被底層階級廣泛接受，以建成儒家式國家。

　　儘管因資料不足及缺乏關注，對朝鮮時期底層民眾生活的研究還十分不夠，但近來學界也進行了各種嘗試與探究。在與上層階級進行比較時，這些研究的共同之處在於都主張底層民眾受性理學理念影響更少，在實際生活中也並不拘泥於此，相對開放。[12]

　　下面以 17 世紀古文書資料中關於朴義萱財產的記錄為例進行探究。朴義萱一生有過五段婚姻，曾被四任妻子拋棄。第一任妻子銀花與他生活了 2-3 年，後同其他男子私奔；第二任妻子與男僕通姦，二人分手；第三任妻子夢之也與人私奔了；第四任妻子可叱今與多名男性有染，最終拋棄了他。[13]這表明在朝鮮社會，婚姻關係很容易形成或破裂；當時確立婚姻關係並沒有正式的婚禮儀式，婚俗比較開放。

　　通過朴義萱的資料可以做出如下推測：如果他的妻子是上層女性的話，將無法免於處罰。但若是平民女性拋棄了丈夫，與其他男性同居或結婚還是有可能的。那麼在當時的朝鮮，在上、下層女性中間存在著不同的婚姻習俗麼？

　　從女性在丈夫死後回到娘家生活這一記錄來看，可以推測出

---

[12]　金景淑，〈朝鮮後期女性的呈訴活動〉，《韓國文化》36（2005），頁89-123；金仙卿，〈朝鮮後期女性的性、監視與歧視〉，《歷史研究》8（2000），頁 57-100；張炳仁，〈朝鮮時代性犯罪國家規定之變化〉，《歷史批評》56（2001），頁 228-250；韓國古文書學會編，《朝鮮時代生活史》第 1 卷，頁 183-332；第 2 卷，頁 91-132。

[13]　韓國古文書學會編，《朝鮮時代生活史》第 2 卷，頁 91-101。

下層女性對公婆無需承擔責任。這表明下層女性在性壓迫中是相對自由的，而儘管性理學全面紮根於朝鮮社會，其對上下層階級的影響力是不同的。

　　閱讀朝鮮的法典，會發現其特別注重對兩班已婚女性的規定與監視。朝鮮統治的法律基礎是《經國大典》與《續大典》。《經國大典》是 15 世紀左右綜合眾多法令而編成的法典，《續大典》則是此後 18 世紀初完成的一部大法典。其中包含著規範女性行為的六項條款，並通過「內外法」條款限制女性的活動區域。具體來說，女性禁止出入寺廟[14]；上層女性外出時必須乘轎[15]；嚴禁去河邊或山中遊玩或在街上觀看表演[16]；有三名以上丈夫的上層女性有義務上報國家[17]；不倫者可判處死刑。[18]再有，法律明文規定，改嫁女性的子孫不得參加科舉考試。[19]

　　以上六項條款的重點在於保護士族女性及預防兩班社會的性道德混亂。這些條款一方面加強了對上層女性的性統治，另一方面，致力於阻斷其同下層男性接觸的機會。「禁止女性出入寺廟」是為了防止她們以宗教活動為理由同僧侶發生不倫行為。「必須乘轎」是為了防止上層女性的身體暴露於外部空間中被下

14　《經國大典》，法制處譯，首爾：一志社，1978，頁 465。

15　《經國大典》，頁 465。依據此條，下層女性禁止乘轎。

16　《經國大典》，頁 465。

17　《經國大典》，頁 466。

18　《續大典》（首爾：法制處），1965，頁 309。《經國大典》對相互同意下產生的婚外情不作規定。這是因為直至《續大典》編成之前，朝鮮主要採用《大明律》。隨著朝鮮逐漸確立了儒家理念，朝廷對有通姦行為的兩班女性處以死刑，這在 18 世紀初的《續大典》中有明文規定。

19　《經國大典》，頁 198-199。

層男性看到。「不得去野外遊玩或在街上遊逛」也是爲了防止女性身體的暴露。再有，「告發結婚三次以上的女性」以及改嫁會損害子孫利益的規定間接要求了女性堅守貞操。對不倫者判處死刑也相當於是對士族女性的性統治。

依據世宗（1418-1450）在外期間的記錄，一名司諫院官吏曾批判士大夫家的女性，稱她們不顧外出時必須乘轎的規定，與陌生男性同行，不知廉恥，其行徑與下層女性並無區別。[20]這表明國家對於不同階級和身分的女性，有著不同的道德行爲判斷標準，同時也體現了國家試圖阻止上層女性與下層男性的接觸。從對不倫的規定中也可以發現，相對於下層女性，國家對於上層女性的性行爲有著更爲嚴格的限制。《續大典》刑典的子條目「犯奸條」中有以下內容：「士族婦女，恣行淫慾，瀆亂風教者，並姦夫絞。其窮不自存，流離道路，丐乞托身者，與常賤無異，不可以士族論，並姦夫勿推。」[21]這一條例表明了朝鮮王朝堅持向上層女性強調貞、烈的概念。伴隨著此類規定，朝鮮直到 18 世紀一直進行著儒家化嘗試。

然而中國的情況截然不同。依據馬修・索默（Matthew Sommer）的研究，「良」這個漢字一般指良民或更高階級的自由民，直到 18 世紀中葉才有了「清白」的含義。這個字無關階

---

[20]　《世宗實錄》卷 123，世宗 31 年（1449 年）1 月 22 日。鄭智泳，〈閨房女性的外出與遊戲〉，國際文化財團編，《韓國的閨房文化》，首爾：博而精，2005，頁 136，再引用。這篇論文表明儘管國家一直試圖約束女性，但朝鮮的女性還是超越了閨房這一空間範疇，擁有著自己的遊戲文化。

[21]　《續大典》，頁 309。

級，是作為通姦的反義詞使用的。法律執行者對於通姦犯的態度也產生了變化，這表明與家庭規範有關的傳統道德觀念超越了身分，變得更加普及了，也證明了清朝（1622-1912）身分及階級的劃分逐漸弱化了。朝鮮與清朝的差異在於，在朝鮮傳統道德觀念只作用於上層女性，而清朝的身分劃分則並不明顯。

下面以成宗即位 10 年（1479）發生的一樁通姦案為例對此加以探討。此案的核心人物是一名叫做仲今的平民女子。當時圍繞此案，成宗與大臣們表明了不同的立場。在案件初期的討論中，仲今被判處了死刑。[22]但官吏洪貴達對此提出了異議。他認為姦夫與仲今同樣是平民出身，而平民並不受內外法制約。他援用判例，認為仲今作為平民，其判決應與士族女子不同。換言之，可以免除仲今的死刑。[23]

洪貴達的主張有法可依，對此成宗無法置之不理。他接納了其平民女性無須遵守內外法這一主張，下令重新討論仲今的案件。[24]此事表明國家對上、下層女性有著不同程度的要求，而內外法與貞節法也是有所關聯的。兩班女性需要堅守儒家性別倫理，但這些規範對下層女性的要求相對寬鬆。儘管如此，朝廷為了讓所有階層的女性都能接受貞節理念，採取了授予不改嫁的寡婦烈女稱號等措施。這些措施同樣適用於平民女性，儘管法律對她們的約束力有限，但守節的平民女性也能獲得國家的褒獎。

22　儘管對仲今判處死刑並未找到明確記載，但可以找到成宗在位期間對通姦女性判處死刑的記錄，而在成宗之前多是判處流刑。

23　《成宗實錄》卷 108，成宗 10 年（1479 年）9 月 5 日；張炳仁，《朝鮮前期的婚姻制度與性別歧視》，首爾：一志社，1999，頁 296-297。

24　《成宗實錄》卷 108，成宗 10 年 9 月 5 日。

　　依據《續大典》的「犯奸條」，士族女性是唯一會因通姦罪而被判處死刑的群體。朝鮮後期以前的法典中並未包括對平民及底層女性的相關處罰條目。[25]直到後來才引用了《大明律》中關於「通姦」的處罰條目，將犯通姦罪的平民女性發配為官奴或並流放到其他地區。根據張炳仁的研究，國家對下層女性的生活並不過多地加以干預，儘管有跡象表明國家也試圖管制平民女性的通姦行為，但很難找到婢女因通姦被發配的記錄。[26]這與當時的普遍看法一致，即無論婢女願意與否，都可能成為男主人發洩性慾的對象。如果說朝鮮對於下層女性的性統治與性壓迫是相對被動的、防禦性的，那麼朝鮮後期反而加強了對上層女性不道德行為的處罰。

　　朝鮮建國以後，以儒家理想為目標的法制家們為確保社會的倫理性進行了各種嘗試。為使各個階層都能理解性理學的道德價值指向，他們用韓文編訂了《三綱行實圖》；鼓勵中央及地方的戶主、長者和先生們將「三綱」教授給女人孩子；同時，大王還表彰所有道德行為模範[27]，特別是忠、孝、烈的踐行者。儘管朝廷要求上層女性一定要守節、遵守道德規範，但對下層女性並沒有同樣的要求，因此希望她們能夠自覺一些。[28]

　　前文所提到的《續大典》中的六項條目清楚地表明了儒家性別體系在朝鮮的構成方式。首先，朝鮮的法典明文規定了身分差

25　無關階級，女性群體被視作強姦的受害者。不論女性的地位高下，強姦犯都會受到處罰。

26　張炳仁，《朝鮮前期的婚姻制度與性別歧視》，頁 230-232。

27　《經國大典》，頁 280。

28　下層女性會為了模仿上層女性，而遵守貞節理念。

異、男女差異，並進一步區分了上層女性與下層女性，還利用對
女性身體的規定來明確這些差異。尤其是通過規範上層女性的性
行為，以使士族的血統不被混淆，能夠更好地傳承下去。朝鮮初
期的法學家們反對貴族血統與底層階級混淆，因而承認良民與賤
民的婚姻，卻不承認兩班與其他底層階級的婚姻。但只有一種情
況例外，就是士大夫男性納下層女性為妾。[29]子孫的身分由母系
血統決定，並只存在著一種例外情況。在顯宗（1659-1674）以
前，父親是奴隸，母親是平民，這種情況下子女會成為奴隸，而
非平民。直到 17 世紀中葉才出現了此類子女重新獲得平民資格
的事例。此後約定俗成般進行了半個世紀，直到英祖（1724-
1776）在位期間才在《續大典》中明確規定。[30]

　　上、下層婚姻相關法律反映出國家試圖將上層女性的身體限
制在閨房以內，以維持貴族血統的真實目的。換言之，其意圖在
於控制上層女性的性欲，使其不與下層階級混淆血統。儘管上層
女性會受到貞節觀念的束縛，但能夠得到法律的徹底保護。而平
民或賤民女性雖然法律地位有限，但就像朴義萱的記錄一樣，在
結合與分開時相對自由。

妻妾矛盾帶來的暴力

　　隨著儒家婚姻制度的確立，男性依法可以娶同等階級的女性
為正妻，還可以納低階級的女性為妾。上層女性的形象是遵守婦

---

[29]　儘管良民與奴隸的婚姻沒有法律上的明文規定，但有關於他們子嗣的處
　　理規定。據此可以推測當時是有這樣的事例的。

[30]　《續大典》，頁 301。

德、忠於家庭的，在得到法律保護的同時也必須守護士族家庭女性的德行與名譽。依照規定，士族女性離婚必須要獲得朝廷的許可，結婚也必須舉行婚禮儀式。納妾則不同於此，舉行婚禮與否要看丈夫的財力。

現有研究有將「妾」翻譯成「secondary wives」的傾向。本研究認爲，在對社會脈絡進行重新探討的時候，將「妾」翻譯成「concubines」更加恰當。[31]其原因如下：首先，考慮到感情關係時，妾絕不只處於次要地位。儘管正妻的法律地位受到保護，並主持著中饋，但當丈夫與妾在房事上形成了更爲親密的關係時，正妻會產生嫉妒之心，並傾向於用暴力手段加以警告。換言之，在感情方面，並不能認爲正妻的地位始終比妾優越。儘管當時在社會意義上，並不要求妾履行其作爲妻子的義務或職責，但她們是男性發洩性慾的對象，只需要順從即可。

其次，朝鮮兩班男性與妾並不一定具備正式的婚姻關係。例如，當士大夫男性成爲地方官吏，到其他地區生活時，一般情況下正妻不會同行，而是留在本家照顧公婆。但被選擇的妾可以與男性一同生活，其角色也會視情況而發生變化。在這種情況下，很難認定「妾」的地位或角色僅僅是附屬的、次要的。因此，把她們命名並理解爲「secondary wives」是不適合的。

就像前文提到過的，妾的法律地位是有限的，但庶出子女的繼承權受到法律保護。因爲如果父母關係親密，庶出子女也能與父親建立起穩固的關係。但庶出子女與嫡出子女的待遇必然存在

---

[31]　Martina Deuchler 將「妻」與「妾」分別翻譯成了 "primary wives" 和 "secondary wives"。參見 Deuchler, *The Confucian Transformation of Korea*, pp. 232-236。

差異。庶生子無法傳承家族血統，因身分所限，也不能參加科舉考試。[32]對於納妾的男主人來說，妾和庶出子女是其所有物，處於他的保護之下，他會負責他們的吃住。[33]

就像這樣，不同階層的女性在同一個家庭內共同生活時，妻妾之間的矛盾會逐漸深化。尤其是當婢女出身的女性成為妾以後，正妻對她們的階級壓迫與歧視會引發更深的矛盾。[34]正妻對妾懷有嫉妒之心並施加暴力時，丈夫會因沒有管好妻子而受到譴責，並需要對此負責。

下面我們以 1440 年陰曆 6 月，世宗在位期間發生的一件令人髮指的案件為例加以探討。明朝使臣在進入朝鮮都城之前，在住所洪濟院附近發現了一具屍體。此事馬上被上報給了刑曹，義禁府和漢城府也都參與了調查。他們於初次現場調查過後，逮捕了相關人員，並進行了審問。但因被害人的個人情況難以掌握，所以並未發現嫌疑人。

死者是左贊成李孟畇（1371-1440）的妾，為婢女出身。李

32　朝鮮實行從母法，即子女的身分是由母親的社會背景決定的。假如父親是兩班而母親是平民，那麼其子女也屬於平民階層。關於對庶出子女的歧視，請參考以下論文。Martina Deuchler, "Heaven Does Not Discriminate: A Study of Secondary Sons in Chosŏn Korea", *Journal of Korean Studies 6* (1988-1989): pp. 121-164.

33　對妾地位的探討請參考以下論文。鄭智泳，〈朝鮮後期妾與家庭秩序：父權制與女性的等級〉，《社會與歷史》65，2004，頁 6-42；鄭智泳，〈朝鮮時代放肆的女子「獨女」──違反與交涉的痕跡〉，《女權主義研究》16:2，2016，頁 317-350。

34　依據研究，在妻妾之間建立嚴格的等級秩序對於維持家庭秩序是十分重要的。參見鄭智泳，〈朝鮮後期妾與家庭秩序：父權制與女性的等級〉，頁 34。

孟畇的妻子因嫉妒而殺害了她。李孟畇知道後讓下人們埋掉她的
屍體，試圖毀屍滅跡。然而後來他改變了主意。他很晚才意識到
在洪濟院街上發現的屍體是自己的妾，感到了害怕，於是決心將
妻子所犯之罪行上報給大王。

依據李孟畇的證言，李夫人讓下人們毆打妾並剪掉了她的頭
髮。結果妾因無法忍受毒打而殞命。後李孟畇命下人將其屍體埋
葬。在刑曹對案件真相進行調查的過程中，李孟畇稱本以為下人
已經聽從了自己的吩咐。因此並沒有想到在洪濟院街上發現的屍
體就是自己的妾氏。[35]世宗聽後，召見了司憲府持平鄭孝康，命
他重新調查李孟畇妾氏死亡一案。

鄭孝康調查後上報，李孟畇夫人因嫉妒丈夫與妾關係親密，
將妾關起來進行毆打，致其死亡。大王聽後下令將李孟畇及其夫
人逮捕，並加以審問。[36]調查過後，鄭孝康得出結論，李孟畇及
其夫人均應承擔殺人之責，並主張處罰二人。於是，世宗免除了
李孟畇的官職，並下令剝奪李夫人的命婦頭銜。然而司憲府對此
提出了異議，認為殺妾是重罪，應該嚴加懲戒，並主張對李夫人
的懲戒力度不夠。同時還提出依據「七出之條」，應強制李夫人
與丈夫離異。然而世宗並不贊同，認為李夫人已年近七十，作為
懲罰，剝奪命婦稱號已經足夠了。世宗堅持立場，認為強制離異
不妥當。[37]

我們再來仔細了解一下這個過程。司憲府官吏權衡再次請示
世宗，再三主張讓二人離異，然而世宗並未採納。他認為現在的

35　《世宗實錄》卷 89，世宗 22 年（1440 年）6 月 10 日。

36　《世宗實錄》卷 89，世宗 22 年 6 月 12 日。

37　《世宗實錄》卷 89，世宗 22 年 6 月 17 日。

懲罰已經足夠了。[38]接著司憲府持平宋翠再次進言，強調李孟畇並沒有馬上自首，而是在事件暴露以後才自首。並主張對於大部分時間在家庭內部活動的婦女來說，剝奪稱號不過是對名譽有損，實際上並沒有什麼影響，沒達到懲罰的效果。然而，世宗堅持己見，宣稱夫婦之間互相遮掩是自然而然的，剝奪稱號後再強制離異並不妥當。[39]司憲府就此強烈主張並上疏世宗，其內容如下。

> 前贊成李孟畇妻李氏以大臣命婦，年將七十，固當敬戒無違，毋墜家聲。釋此不為，妒嫉之情，老愈不息，家夫之妾，斷髮毆打，拘囚土宇，不給粥水，使之燋悴，以至於死，其侵虐故殺之惡，國人所共知也。雖奪爵牒，安然在家，無異前日。彼李氏頑凶之心，豈以此為恥而自新哉？且身犯二去之罪，又得故殺之名。捨此不明正其罪，則非徒李氏無所懲艾，一國婦女亦將藉以為口，實無所忌憚矣，其於懲惡垂戒之意，為如何哉？《書》曰：「狃於姦（究）宄，敗常亂俗，三細不宥」。伏望殿下，將李氏亂倫之惡，舉法科罪，又令離異黜外，以勵風俗，以快人望。[40]

上疏的核心主張在於請求世宗命二人離異。然而大王並未許

38　《世宗實錄》卷 89，世宗 22 年 6 月 18 日。

39　《世宗實錄》卷 89，世宗 22 年 6 月 18 日。

40　《世宗實錄》卷 89，世宗 22 年 6 月 20 日。

可[41]，只是下令罷免了李孟畇從一品的官職，流放至黃海道牛峰地區。[42]

結果上疏也沒能改變世宗的決定。緊接著，權衡再次請求應該對李夫人實施更加嚴厲的懲罰。大王再次拒絕下令離異。此後，權衡開始主張應該依據前例，將李夫人流放到其他地區。然而大王認為李孟畇是一家之長，應該為家中女子的行為負責。因此流放李孟畇已經足夠了，沒有再對李夫人增加處罰。[43]

1440 年陰曆 8 月，李孟畇被判決流刑後不久，司憲府就釋放了他。[44]後李孟畇於當年身亡。兩年後，即 1442 年，大王下令返還李夫人曾被剝奪的命婦稱號。司憲府官吏鄭而漢再次提出反對意見。他稱，查看了死者的驗屍報告，李夫人毆打妾並致其餓死是無可辯駁的事實，為重罪。他主張李孟畇生前十分寵愛妾，使得李夫人嫉妒二人的關係，但由於李孟畇的優柔寡斷和心軟，沒能疏遠妾，以致李夫人無處發洩委屈和憤怒。儘管李孟畇是誘發李夫人嫉妒的根源，但實際上謀劃並實施犯罪的是李夫人。因此僅僅剝奪李夫人的稱號並不妥當，為今後的婦女們做了不好的示範，甚至可以說是反面典型。世宗依然沒有採納鄭而漢的意見。他下令就恢復李夫人品階一事展開討論，[45]但遺憾的是並沒有留下相關記錄，也就無法得知李夫人是否恢復了稱號。

就像李孟畇一事所表明的，在朝鮮社會，不同身分女性之間

---

[41] 《世宗實錄》卷 89，世宗 22 年 6 月 20 日。

[42] 《世宗實錄》卷 89，世宗 22 年 6 月 20 日。

[43] 《世宗實錄》卷 89，世宗 22 年 6 月 20 日。

[44] 《世宗實錄》卷 90，世宗 22 年 8 月 21 日。

[45] 《世宗實錄》卷 98，世宗 24 年（1442 年）10 月 21 日。

的緊張感和裂痕比比皆是。在法律上，士族女性成爲了正妻，而妾的權利則十分有限，尤其是婢女出身的妾更會成爲被虐待和侮辱的對象。然而處於正妻地位的士族女性在感情上也是弱勢的，因爲丈夫主要是通過妾來滿足性需求。在這種情況下，正妻無法不嫉妒、鄙視妾氏。換言之，妾的存在一方面打擊了兩班女性的自尊心，另一方面又要求兩班女性要維持與妾氏的和睦，要展現其婦德。對於女性來說，這是雙重的磨難。但對於兩班男性來說，妾的存在則是其產生自豪感、炫耀財富和權力的手段。

認可納妾制的朝鮮制度從根本上來看是一種滿足男性性需求的結構。與中國的情況進行比較的話，朝鮮的庶生子無法繼承家業、傳承血統，不能與正妻的子女獲得同等的繼承權，也無法參加科舉考試。儘管如此，爲了鞏固父系社會的秩序並維持納妾制，朝鮮要求女性要具備順從的「美德」。[46]儘管妻妾都不能將嫉妒心表現出來，但表現地相對明顯的大多是正妻。[47]這是因爲妾的地位更加弱勢，妾嫉妒或挑釁正妻會受到處罰。[48]

不同於妾，兩班女性只要不犯「七出之條」，其在婚姻關係中的地位就會受到法律的徹底保護。但就像李夫人案件一樣，她們也不得不承受心理上的不安、焦慮與痛苦。嫉妒所帶來的不安

---

[46] 根據鄭智泳的探討，兩班男性將壓制正妻的嫉妒心作爲維持家庭和睦的一種策略。爲此，朝鮮一方面強化女性間縱向的等級關係，另一方面承認士族女性的特權。參見鄭智泳，〈朝鮮後期妾與家庭秩序：父權制與女性的等級〉，頁 34。

[47] 在小說這類想像的空間中，妾被刻畫成了謀害正妻的兇殘形象。在小說中，一般正妻是有德有義的，而妾卻爲了獲得正妻的地位機關算盡。

[48] 《成宗實錄》卷 86，成宗 21 年（1490 年）9 月 14 日。

感會轉變成厭惡與憎惡，結果會導致她們對下層女性施加暴力。朝鮮官僚一方面要求士族女性堅持貞節理念，另一方面又將下層女性視作滿足性慾的對象，這成爲了婚姻制與納妾制能夠共存的背景。

從結果上來看，朝鮮時期的家庭結構是以階級秩序爲基礎的，而這種階級秩序又是通過性別與身分確立的。國家試圖通過制定雙重標準的性別政策來使婚姻制與納妾制實現合理化的共存。同時，朝鮮社會弱化對下層女性的性限制，以滿足男性的性慾望，反過來則壓制兩班女性的性需求，要求她們爲丈夫終身守節。這不僅是滿足男性性需求的權宜之計，還起到了維持父系社會秩序的作用。因此，納妾制成爲了一種「家庭習俗」，向所有女性灌輸著父權價值及性規範，這對於儒家父權制的延續有著重要作用。儘管隨著朝鮮王朝的衰落，儒家的婚姻制度也隨之消失了，但韓國男性非法納妾的現象持續到了 20 世紀後期。

性別化的嫉妒

在韓語中有很多詞彙可以表示「jealousy」。Chilt'u（嫉妒）、sisaem（疑忌）、sigi（猜忌）、t'ugi（妒忌）等詞彙直到今天也與女性高度相關。這些單詞體現了嫉妒這種感情中所包含的歷史性，同時也表明我們將嫉妒視爲一種性別化的感情。我們認可並滿足男性的性慾望，同時使女性主體對此緘口不言，將女性的嫉妒賦予了否定的含義。在朝鮮時期，儘管「妬（妒）」這一概念是男女通用的，但女性的嫉妒被刻畫地更加惡毒。再有，我們可以發現比起男性，嫉妒的女性尤其會成爲被強烈批

判、頻繁討伐的對象。與對女性嫉妒的否定視線不同，男性的嫉妒則因三從四德的理論而被合理化、正當化了。

　　儘管朝鮮社會公開認可了納妾制，但兩班女性對於和妾成為一家人這種情況並非毫無芥蒂，她們會利用自己的權力迫害妾氏。就像本文中慎自治夫人的例子一樣，兩班女性會傷害下層女性的身體，尤其是那些能夠展現女性身體美的部位，比如頭髮、臉部、胸部、陰部等。儘管妾普遍不得不承受這樣的虐待與侮辱，並始終處於弱勢地位，但朝鮮的法律保障了她們的生存權，虐待並殺害妾氏的兩班男性和女性也會受到處罰。

　　嫉妒是在婚姻關係中配偶對於其他異性所產生的個人感情，但朝鮮王朝的朝廷深入兩班女性的家庭領域，使她們無法在儒家父權制性規範的框架內肆意虐待妾氏。同時，如同本稿對幾個事例的分析，朝鮮的官僚確立「七出之條」，主張強制離異。即便丈夫沒有提出要求，但國家也可能會越過負責家庭秩序的家長的權限，積極地對女性進行處罰。在這種婚姻習俗下，兩班女性產生了兩種極端的狀態，一方面低眉順眼，謹守婦德；另一方面又滿懷嫉妒，作風兇狠。嫉妒的女性會受到道德的批判，但納妾的男性卻能夠完全免責。從結果上看，朝鮮的妻妾制度體現了在儒家理想、法制與社會習俗縫隙間存在的緊張與矛盾。

譯者：苑芳草

參考文獻

原始資料

《經國大典》（《경국대전》），法制處（법제처）譯，首爾：一志社（

일지사），1978。

《世宗實錄》（《세종실록》），卷 89、90、98、123。

《成宗實錄》（《성종실록》），卷 48、49、68、108。

《續大典》（《속대전》），首爾：法制處，1965。

研究文獻

1. 韓文論文

金景淑，〈朝鮮後期女性的呈訴活動〉，《韓國文化》36，2005，頁
　　89~123。

（김경숙, <조선　후기　여성의　정서　활동>, 《한국문화》36, 2005,
　　89~123 쪽.）

Kim Sunkyung，〈朝鮮後期女性的性、監視與歧視〉，《歷史研究》8，
　　2000，頁 57~100。

（김선경, <조선　후기　여성의　성, 감시와　처벌>, 《역사연구》8, 2000,
　　57~100 쪽.）

張炳仁，〈朝鮮時代性犯罪國家規定之變化〉，《歷史批評》56，2001，
　　頁 228~250。

（장병인, <조선　시대　성범죄에　대한　국가규제의　변화>, 《역사비평》
　　56, 2001, 228~250 쪽.）

Jung Jiyoung，〈閨房女性的外出與遊戲〉，國際文化財團著，《韓國的閨
　　房文化》，首爾：博而精，2005。

（정지영, <규방　여성의　외출과　놀이>, 국제문화재단, 《한국의　규방문
　　화》, 서울：박이정, 2005.）

＿＿＿＿＿，〈朝鮮後期妾與家庭秩序：父權制與女性的等級〉，《社會與歷
　　史》65，2004，頁 6~42。

（＿＿＿＿＿, <조선후기　첩과　가족　질서: 가부장제와　여성의　위계>, 《사회
　　와　역사》65, 2004, 6~42 쪽.）

＿＿＿＿＿，〈朝鮮時代放肆的女子「獨女」──違反與交涉的痕跡〉，《女
　　權主義研究》16:2，2016，頁 317~350。

（＿＿＿＿＿, <조선　시대의　외람된　여자　독녀: 위반과　교섭의　흔적들>,

《패미니즘 연구》16 권 2 호, 2016, 317~350 쪽.）

2. 韓文著作

張炳仁，《朝鮮前期的婚姻制度與性別歧視》，首爾：一志社，1999。

（장병인,《조선 전기 혼인제와 성차별》, 서울：일지사, 1999.）

韓國古文書學會編，《朝鮮時代生活史》1、2，首爾：歷史與批評，2006。

（한국 고문서 학회 편,《조선 시대 생활사 1，2》, 서울：역사비평사, 2006.）

3. 英文論文

Deuchler, Martina, "Heaven Does Not Discriminate: A Study of Secondary Sons in Chosŏn Korea." *Journal of Korean Studies*, vol. 6 (1988-1989): pp. 121-64.

Haboush, JaHyun Kim, "The Confucianization of Korean Society." In Gilbert Rozman, ed., *The East Asian Region: Confucian Heritage and Its Modern Adaptation, Princeton*, N.J.: Princeton University Press, 1991, pp. 84-110.

4. 英文著作

Deuchler, Martina, *The Confucian Transformation of Korea*, Cambridge, Mass.: Council on East Asian Studies and Harvard University Press, 1992.

Matt, Susan J. and Peter N. Stearns, *Doing Emotions History*, Illinois: University of Illinois Press, 2014.

Peterson, Mark, *Korean Adoption and Inheritance: Case Studies in the Creation of a Classic Confucian Society*. Ithaca: Cornell University Press, 1996.

Sommer, Matthew. *Sex, Law, and Society in Late Imperial China*, Calif.: Stanford University Press, 2002.

Yonglin, Jiang. trans. *The Great Ming Code*, Seattle: University of Washington Press, 2005.

| 感性與規制 |
1970 年代「通俗」的政治學與威權主義體制

_ Lee Hana[*]

---

[*] 本文根據《歷史問題研究》第 30 期（歷史問題研究所，2013）刊載的原文修改而成。

從文化與情感看 1970 年代

在 1970 年代的韓國，政府對大眾文化領域實施了強力而嚴密的監管政策，而大眾文化批判論正是這些管制政策得以大舉施行的依據。本文將考察 1970 年代大眾文化批判論在何種邏輯與情感氛圍下展開，並闡明它如何界定這一時期統治體制的性質。在韓國現代史上，1970 年代被看作是「維新」體制強硬獨裁的時期，而由於文化管制政策的嚴格實施，1970 年代亦是一段「文化的黑暗期」。然而反諷的是，這一時期同樣也是人們對文化產生爆發性關注與討論的時期。[1]其中值得注意的是，隨著電視時代的正式來臨，知識分子對大眾文化表現得十分關心。他們對大眾文化作出的批判論斷之多樣，遠非一句「壓迫」或「黑暗」所能概括。眾所周知，以 1960 年代的再建國民運動與 1970 年代的新農村運動為代表，執政當局曾藉由大眾動員體制來加強社會的組織化。他們在大眾文化領域故技重施，企圖以大量的管制措施來清除一切與「健全」和「開朗」無關的價值觀念。致力於宣揚這一價值導向方針的文化公報部在成立初時便公然表示宣

---

[1]　有關 1970 年代文化論述的研究可參考李相錄，〈朴正熙時代的「社會淨化」論述與青年文化〉，張紋碩・李相錄，《在近代邊緣解讀獨裁》，Greenbee，2006；宋恩英，〈1960~1970 年代韓國的大眾社會化與大眾文化的政治意義〉，《尚盧學報》32，2011；Lee Hana，〈維新體制時期「民族文化」論述的變化與矛盾〉，《歷史問題研究》28，2012。有關 1970 年代文化政策的概括性研究可參考吳明錫，〈1960~1970 年代的文化政策與民族文化論述〉，《比較文化研究》4，1998；金幸仙，《1970 年代朴正熙政權的文化政策和文化管制》，Sunin，2012 等。

傳活動的主要目的是「培養國民的某種情緒」[2]，由此可知，維新體制下的文化政治可謂是一種重情感、輕邏輯的情感政治。本文並不關注大眾文化管制政策的內容本身，而是試圖指出這些管制政策的本質在於規制與訓導大眾的情感，並進一步闡明由此派生出的文化論述的時代意義。最後以上述分析為基礎，本文將試圖把握 1970 年代韓國社會的特質。

　　電視文化作為 1970 年代大眾文化的中心，首當其衝地成為了政府規制大眾感性的領域。因應電視新興發展需要，電視臺需要量身定做更多嶄新而合適的電視節目。當時電視臺的製作人員參照、模仿既有的電臺廣播節目和日本電視節目，以滿足這種多樣的內容需求。這些嶄新的節目內容不僅形式新穎，也帶來了新鮮的感覺。而所謂的「新」除了意味著某些特定的感受首次產生，還包括大眾內在隱秘和壓抑的種種慾望透過電視這一公共媒體得以傳播到全國各地這一事實所帶來的陌生感。當時包括電視劇、搞笑節目和音樂演出在內的綜藝娛樂節目受到追捧的秘訣在於，其迸發的嶄新感性元素深深吸引了大眾。因此，媒體和知識分子的批判矛頭也大多指向這些新式感性所帶來的迷惑感和反抗感。筆者將當時這種令人魅惑的，然而一出現便躲不過被批判和規制的感性元素統稱為「通俗性」，而當時的電視播放領域則是官方主導的價值觀與遭禁的大眾感性之間相互競爭的場域。作為「健全」與「開朗」的反面，「低俗」和「頹廢」的內容具體表現為「感傷、色情、怪誕、荒唐（non-sense）」[3]這四種通俗

---

[2]　洪鍾哲，〈經濟開發與文化宣傳政策〉，《國會報》85，1968，第7~9頁。

[3]　本文借用了 1975 年韓國文人協會評論分會委員長申東漢將當時大眾文化的通俗性總結為「色情、怪誕、荒唐」的說法。（申東漢，〈光復

性。感傷、色情、怪誕與荒唐是當時電影，報紙小說與週刊等吸
引讀者的慣用元素。當它們出現在傳播力非同少可的電視上時，
統治階層無法不感到格外的神經緊張。

綜上所述，本文將聚焦於這些感性形態以何種的方式與內容
呈現在電視媒介上，以及它們又受到了怎樣的規制和強烈批判。
除此之外，透過考察作為批判依據的文化位階論述和大眾文化批
判論的內容，探討其與統治體制的本質存在何種關聯。儘管近來
的文化論研究傾向於將朴正熙時代理解為另一種法西斯政權，[4]
但筆者認為與打壓知識分子，以大眾的直接支持與擁護為根基的
法西斯不同，1970 年代的政權更接近於統治階層與知識分子聯
合一起共同打壓大眾的威權主義體制。不像法西斯的極權主義統
治策略是建立在明確與簡練的意識形態之上，威權主義依靠的是
少數精英構造和掌握的特定心理和情感基礎。[5]那麼，到底維新
體制所生產的獨特的感性形態是什麼？又抑或它是透過反對和禁
止某些特定的感性元素來形成自身「反感性」的感性形態？對當

---

30 年與韓國的文化：坐標與前路〉，《立法調查月報》89，1975，第
  70~ 75 頁。）「色情、怪誕、荒唐」被認為是 1920 年代日本大眾文化
  的特徵，它們同樣在 1930 年代朝鮮的大眾文化領域產生很大的影響。
  錦農生，〈對色情與怪誕的歷史考察〉，《批判》，1931.4，第
  127~132 頁。

4 代表研究成果有林志弦，《潛藏於我們自身的法西斯》，三人，2000；
  Gwon Bodeure・千政煥，《探問 1960 年代》，千年想像，2012 等。

5 J. リンス，《全體主義體制と權威主義體制》，高橋進監譯，法律文
  化社，1995，第 141~145 頁。(Juan J. Linz, "Totalitarian and Authoritarian
  Regimes", in F. Greenstein and N. Polsby, eds., Handbook of Political
  Science, Reading, Mass.: Addison Wesley, 1975, vol. 3. pp.175-411.)

時的大眾而言，「通俗」代表的是什麼，韓國威權主義體制與
「通俗」政治之間產生關聯又意味著什麼？

規制感性的現象與邏輯

1970 年代的大眾文化之花：電視時代的開啓

　　1970 年代的大眾文化之花非電視莫屬。韓國電影業從 1950
年代中後期到 1960 年代爲止一直保持景氣，然而隨著電視的快
速普及，電視業取代電影業登上了 1970 年代大眾文化的寶座。
而乘著 6‧25 韓戰的時勢得以快速普及，並在 1950~1960 年代
積攢了大量人氣的電臺，由於不能像電視那樣提供多樣的視聽體
驗，也逐漸在競爭中敗下陣來。在 1956 年，以只有 300 臺電視
接收器起家的韓國最早的民營商業電視臺 HLKZ-TV 成功向外發
送了電波。隨著 1961 年的國營電視臺 KBS-TV，1964 年的民營
商業電視臺 TBC-TV，以及 1969 年的民營電視臺 MBC-TV 的陸
續開播，1970 年代可謂是迎來了電視行業的「三足鼎立時
期」。1971 年電視接收器共有 61 萬 6 千臺，代際普及率不過
10% 左右。然而到了 1974 年，接收器超過 100 萬臺，到 1978
年末更是突破至 500 萬臺。大城市的普及率高達 90%，數年間
呈幾何級數的增長。[6]這背後既得力於在以大企業爲主的經濟開
發政策下，家電產業作爲進口代替產業發展快速，也受益於在城
市化進程中，中產階級規模的擴大以及休閒需求增長等所帶動起

6　鄭一夢，〈進入成熟階段的韓國電視〉，《世代》185，1978，第
　　80~88 頁。

來的大眾購買慾。[7]另外，隨著再建國民運動或新農村運動等全
國式運動的展開，政府亦需要更爲有效的意識形態傳播工具。然
而最爲關鍵還是，以大眾日常生活題材的電視劇在當時風靡一
時，積攢了廣泛的人氣，由此極大地推動了電視的快速普及。[8]

　　除了廣告部之外，當時的電視節目部主要由報導部，社會教
育部以及綜藝娛樂部三個部門構成。報導部負責新聞節目，社會
教育部負責紀錄片或問答遊戲節目，綜藝娛樂部則負責電視劇、
搞笑節目、音樂演出節目等。報導部和社會教育部主要製作宣揚
主流價值觀的節目，而以娛樂性爲首位的綜藝娛樂節目顯然無法
只服務於國民啓蒙的宣傳。爲了吸引更多關注，綜藝娛樂節目加
入了很多不同的元素，而且由於播放時間最長，順利吸納了廣泛
人氣。在 1975 年三家電視臺的每週播放時間中，報導部佔了
165 分鐘，社會教育部佔了 230 分鐘，而綜藝娛樂部則超出了
10,000 分鐘。[9]然而在 1977 年，報導部的播放時間大幅增至
3,300 分鐘，社會教育部則增至 1,155 分鐘，而綜藝娛樂部卻跌
至 4,035 分鐘。[10]自 1970 年 TBC 電視臺的《小姐》大受歡迎以
來，電視劇領域人氣之作迭出，搞笑節目亦爲大眾提供了日常休
閒和娛樂。然而連同音樂演出的節目一起，這些綜藝節目的播放

---

[7]　電視熱潮的興起從 KBS-TV 的開播前後便已見端倪。雖然當時對電視
　　對一般市民來說電視還是奢侈品，但即使在經濟狀況較差的家庭裡，購
　　買電視仍然是日常生活的常見話題。柳誠，〈家庭不和的流行病：電
　　視〉，《思想界》106，1962，第 316 頁。

[8]　林鍾秀，〈1960~1970 年代電視熱潮與電視引進的背景〉，《韓國輿論
　　學報》48-2，2004。

[9]　韓國放送倫理委員會，《1975 年放送倫理審議評價書》，1976。

[10]　韓國放送倫理委員會，《1977 年放送倫理審議評價書》，1978。

量在短短兩年間急劇減少，其中反差不無異常。

以「放送倫理」為名的法律處罰

　　在綜藝娛樂節目大幅減少的現象背後，是政府加大了對電視節目的管制並介入到節目製作的過程中。1973 年，維新政權表面上以提高電視播放的自律性和公共性為名修訂了放送法，將 KBS 改為公營廣播體制，並且新設放送倫理委員會[11]。將國營電視臺改為公營性質的做法實際上加強了國家對電視的管制力度。1975 年，在第 9 號緊急措施頒布前後所發表的《放送淨化實踐綱領》嚴格規定了佔據多數播放時間的綜藝娛樂部的實踐綱領和禁止事項。另外，文化公報部對電視臺下達了「電視劇及搞笑節目內容淨化」的嚴厲方針，要求每日連續劇數量控制在每週 3 部以內，週播電視劇每週 2 部，搞笑節目每週 1 部以內。1976 年文化公報部從電視臺回收了部分的編制權，並介入了兩次的定期節目改編，統一規劃了所有電視臺的節目時間編排表。[12]除此之外，1977 年電視劇標準頒布，對電視劇中出現的背景設定、人物、臺詞、語言等定立了全面的禁止條例。這一系列的措施令綜藝娛樂節目量大幅減少，取而代之的是新聞節目或社會教育節目

---

[11]　放送倫理委員會雖然是在 1962 年自發成立的團體，不具備實際作用，但在 1973 年放送法重新修訂後則成為了法定機構，掌握強大的權力。放送倫理委員會由韓國廣播公司代表和民營廣播公司代表，教育・宗教・文化界代表共 15 名以內的倫理委員組成，它實際上是文化公報部屬下的準國家機構。

[12]　金幸仙，《1970 年代朴正熙政權的文化政策和文化管制》，Sunin，2012，第 184~185 頁。

數量的大比重增加。

表 1　放送倫理規則及綜藝娛樂部相關的實踐綱領與禁止事項

年度	題目	內容
1973	放送倫理規定	1) 尊重人權的有關事項 2) 保障報導評論公共性的有關事項 3) 培養民族主體性的有關事項 4) 開發民族文化創意的有關事項 5) 引導兒童及青少年的有關事項 6) 建立純潔家庭生活的有關事項 7) 提高公共道德與社會倫理的有關事項 8) 其它公序良俗的有關事項
1975	放送淨化實踐綱要	1) 綜藝娛樂節目的內容應以導正社會風氣，淨化國民情緒的健康內容爲尚。 2) 音樂節目應積極反映光明美好，反對頹廢虛無。背景，服裝，演出等所有環節需致力營造充滿希望與健康的生活風氣，杜絕煽情與奢侈浪費。
	放送禁止事項	1) 禁止分裂國論或擾亂社會公共秩序的內容。 2) 禁止不正當男女關係與濫情等妨害良風美俗或助長傷風敗俗的內容。 3) 禁止破壞國民生活倫理或錯誤引導青少年的內容。
1977	電視劇標準	1) 不得以任意男女關係或紅燈區的故事爲主要題材或對此作過多的描寫。 2) 不得過多描寫婆媳，夫婦或其它家庭成員間的矛盾等可能破壞婚姻制度或家庭生活的內容。 3) 不得以毫無節制或毫無建設性的手法描寫出場人物，不得挑起地域·階層間的感情。

資料出處：法制處，《放送法》第 2 章第 5 條；崔彰鳳·康賢斗，《韓國放送百年》，玄岩社，2001，第 209~210 頁。

　　表 1 中的內容明確區分了必須維護的價值（下劃線標註部分）與應該禁止的價值（方框標註部分）。按關鍵詞劃分的話，可以發現以下幾個詞彙群之間相互對立。

表 2　放送倫理的價值／情緒／行動分類

A. 必須遵守的價值／情緒／行動	B. 必須禁止的價值／情緒／行動
人權、公共性、主體性、民族文化	頹廢、虛無、濫情
公共道德、社會倫理、公序良俗、公共秩序	任意的、毫無節制的、毫無建設性的、奢侈、浪費
良風美俗、生活倫理、婚姻制度、純潔、健全	不正當、紅燈區
光明美好、國論	家庭矛盾，地域‧階層的感情
引導、淨化	分裂、擾亂

　　由上述表中內容可知，官方認為需要維護的是以國論為首的代表公共、健全、秩序井然等價值與情緒，並強調必須引導和淨化那些有損這一價值和情緒體系的行為。而需要禁止的價值和情緒則包括家庭，地域和階層矛盾等人際不和，以及頹廢、煽情、無序的事物，杜絕一切妨害既定秩序和引致分裂的行為。假如將上述表格中代表官方主流價值和情緒的內容以 A 為代稱，那麼大眾自身隱秘的慾望和感性則可用 B 來代表。若將 A 歸納為國家認可的自上而下的「公共性」，那麼 B 則可概括為在大眾私人領域裡產生的「通俗性」。對統治政權而言，比起僅能以聲音來傳播的電臺，在極度依賴視覺傳播卻又是社會「公器」的電視上傳遞 B 的私人‧通俗的感受，這無疑是極其不適和危險的。新聞或社會教育節目能傳播 A 的價值觀和情緒，而主要呈現 B 的感性的電視劇、搞笑節目、音樂演出等綜藝節目自然成為了國

家時常需要警惕的對象。由此，電視成爲了公共的感性與私人‧
通俗的感性之間互相競爭的場域。理論上，這二者的交鋒將由一
方的落敗定局，然而肯定的是，電視場域也是充滿悖論的空間，
交鋒將不會因一場勝負的決出而落下帷幕。

　　在 1975~1979 年間，放送倫理委員會對電視臺下達的警告
和整改通知，以及播放禁令等處罰案件總數中，綜藝部所佔的處
罰比例遠高於其他部門。誠然，隨著國家愈發公然地直接介入到
電視製作與播放環節中，觸犯審議條理的案件數也逐漸在下降。
然而唯獨是 1977 年綜藝部的案件數卻不減反增。這可能是由於
1977 年電視劇標準頒布後，官方比以往更爲嚴格地執行了審核
標準，導致觸犯條理的案件增多。這一點可以從以往占綜藝部處
罰案件多數的禁播曲數量出現下降，而電視劇和搞笑節目的處罰
案件卻有所增加這一數據變化得到證明。

表 3　放送倫理委員會的警告及整改處分統計表
（括號內為禁播曲數目）

年度	報導部	社會教育部	綜藝部	廣告	總數*
1975	45	22	126(74)	59	252
1977	30	16	148(63)	72	266
1978	26	12	107(40)	52	197
1979	24	10	85(26)	54	173
總數	125	60	466(203)	237	888

資料出處：韓國放送倫理委員會，《各年度放送倫理審議評價書》，
　　　　　1975~1979。（一般警告等不在統計範圍內）

　　那麼在綜藝節目中，具體是哪些內容違反節目審查標準，受
到放送倫理委員會的警告或整改處分？從頻率來看，1975 年違

反電視劇審查的內容類型有①頹廢的，可能引起性好奇的內容。
②可能危害家庭純潔性和良風美俗的內容。③詳細描寫殺人場
面，引起情緒不安的內容。④亂倫的內容。⑤合理化自殺行為等
可能破壞家庭倫理，輕視人命的內容。⑥標示毒藥名稱，可能令
觀眾誤用為殺人工具的內容。⑦危害建設性的生活風氣和生活倫
理的內容。⑧誤導家庭教育和兒童的內容。⑨與積壓待審的案件
有關的內容。[13]這些內容均違背了表 2 中 A 的價值與情緒，與 B
的頹廢、煽情、不健全的感性形態互相關聯。

厭惡「通俗」的國家

從 1977 年放送倫理委員會對電視劇（尤其是言情劇）指出
的問題，我們可以看出國家・統治階層對大眾比較敏感的地
方。[14]

> ①將題材或故事設定為任意的愛情關係。尤其是不倫關係
> 　（年輕女子與已婚男子，單身男子與有夫之婦等），不
> 　正常的愛情關係（姐弟戀），未成年人的愛情關係，與
> 　妓女或陪酒女郎的愛情關係等。
> ②非必要地描寫有違倫常的內容。玷污愛情關係的純潔性
> 　或破壞家庭倫理和良風美俗。
> ③消極無能的人物角色頻繁登場。如男主人公過於懦弱，
> 　耽溺在歎息與淚水中的女主人公以忍受痛苦為美德等。

---

[13]　韓國放送倫理委員會，同上書，1976，第 105 頁。
[14]　韓國放送倫理委員會，同上書，1978，第 121~124 頁。

　　④過度描寫城市上流階層奢靡的生活。共有 19 部作品以
　　　首爾為故事背景。

　　⑤過多地描寫家庭言情劇中夫婦間的嚴重矛盾或婆媳間，
　　　家庭成員間的不和。

　　⑥可能導致成年子女對父母使用非敬語，模仿臺詞用撒嬌
　　　式言語，以至於破壞傳統倫理的內容。

　　⑦出現女子吸煙的場面、臺詞語調兇狠、對話低俗的內
　　　容。

　　私人生活中產生的矛盾、破壞家庭純潔性的超越常理的情愛
關係[15]、引發階級不和的奢侈作風、耽溺在歎息與淚水中的感傷
主義、低俗的臺詞或表達等等，這些均可統一劃分到通俗性的大
範疇裡。搞笑節目和音樂表演節目具體呈現了這些充滿通俗性的
內容。在 1975 年，搞笑節目・音樂表演節目違反審查的事項有
以下幾個方面：①可能引起情緒不安的暴力形態描寫。②描寫特
定人物的身體部位，無形中刺激性好奇心的低俗內容。③播放以
趣味為主，毫不嚴肅的體育比賽。④有損家庭生活的純潔性和社
會道德的頹廢內容。⑤降低廣播格調，可能助長青少年頹廢之風
的內容。⑥可能對兒童與青少年的情緒和語言習慣產生惡劣影響
的內容。⑦在原曲旋律上添加不健康的歌詞並進行演唱。⑧引發
低俗感或不適反應的長髮者進行表演。⑨有失格調並可能危害青

---

[15]　有關這一時期電視劇的「純潔家庭」意識形態與性表達限制的研究成果
　　可參考白美淑・姜明求，〈「純潔的家庭」與健康的性倫理——從文化
　　史角度看電視劇的性表達規制〉，《韓國放送學報》21-1，2007。

少年健全思維的內容。⑩只用外語演唱外國歌曲。[16]這些內容同
樣均與 A 的價值觀和情緒相違背。它們均是建立在 B 的感性基
礎，即頹廢、不健全、低俗、煽情、不合常理等通俗性的基礎之
上。

　　由此可見，國家禁止和厭惡充滿個性和通俗性的情感。而尤
其讓統治階層無法容忍的是，這些通俗性被安排在黃金時間段裡
播放，感傷主義和情色主義、頹廢主義、非理性的感性竟然傳播
到理應保持純潔和健康的各家各戶裡。電視成為了「公共性」和
「通俗性」的感性角力場。國家在壟斷「公共性」的情況下，企
圖單方面地對感性進行規制。[17]在這一點上，電視可以說是比電
臺更為「冷靜」的媒體。[18]因為電臺節目受聽眾的反響極大，而
在電視領域，節目製作人和國家意志佔據了主導地位，觀眾能夠
反映意見的渠道少之又少。國家透過電視節目企圖營造出「健
全」和「開朗」的社會，在公共道德、良風美俗、公序良俗等價
值觀尚未形成時，全力推進大眾向這些目標邁進。然而另一方
面，這種主流價值觀卻是十分空洞和虛無。與此相反，電視劇、
搞笑節目、音樂表演等綜藝娛樂節目所立足的通俗感性，卻總能
與「當下，此處」存在的慾望息息相關。而又因為這些慾望總是

---

[16]　韓國放送倫理委員會，同上書，1976，第 71~72 頁。

[17]　1970 年代「公共」意指「否定個人或某集體……由國民大眾組成的社
　　會，即國家社會」。李導求，〈論點：憲法——公共的福利(1)〉，
　　《法政》48，1975，第 8~13 頁。

[18]　赫伯特・馬素・麥克魯漢著，金榮國等譯，《理解媒介：論人的延
　　伸》，中央日報社，1974。(Macluhan, Herbert Marshall, *Understanding
　　media: the extentions of man*, New York: New American Library, 1964)

超出統治階層允許的範圍，因此會視爲反動的元素。通俗性成爲
問題所在，不僅國家在大加批判，當時大部分的精英知識分子也
一同對此痛批狠責。

文化精英對通俗性的批判

實際上，正是輿論對電視節目通俗性的批判使得國家對電視
廣播的審查與處罰措施變得更加合理化。[19]從 1960 年代中後期
起，報章雜誌便時常刊登文化精英[20]對電視節目問題進行分析和
批評的文章。這些批評的主體可分爲以下幾類。一是文化公報部
的官員及出身於文化藝術界並擔任放送倫理委員會委員，在媒體
上具有實際影響力的準官僚型專家群體。[21]二是大學教授群體。
在 1971 年大學開始設立新聞廣播系之前，主要是一些兼任戲劇
電影評論的人文學者進行媒體批評。[22]後來新聞廣播系的教授成

---

[19] 對 1970 年代電視節目，尤其是對電視劇的批判可參考金秀貞，〈1970
年代有關電視劇的新聞論述和霸權構成〉，韓神大學人文學研究所，
《1960~1970 年代韓國文學與「統制－抵抗理念」的霸權》，亦樂，
2007；趙杭濟，〈1970 年代報紙對電視劇的批判〉，韓國放送學會
編，《韓國放送的社會文化史》，Hanul，2011。

[20] 狹義上的文化精英指的是從事教育或文化工作，或與文化政策相關的文
化部門的權力精英。廣義上指對文化論述產生影響的知識分子。有關文
化精英的概念可參考 Lee Hana，同上文，第 47~52 頁。

[21] 該群體的代表人物是擔任基督教視聽覺教育院院長及放送倫理委員會委
員的趙香祿牧師。趙香祿，〈媒體與知識分子〉，《放送文化》2-2，
1969，第 14~18 頁。

[22] 代表學者有從事戲劇評論的高麗大學英文系教授呂石基。他對大眾文化
十分關注，也從事電視劇的評論。呂石基，〈韓國的電視劇——從觀眾
角度檢視韓國電視劇〉，《放送文化》1-3，1968，第 54~57 頁。

爲主力，透過舉辦與媒體相關的學會和研討會，逐步建立起專業的媒體批評。[23] 三是以報社的文化部和負責報導綜藝與電視節目的記者爲中心的媒體人群體。自 1970 年起，各大報紙均在綜藝娛樂版裡設立電視欄目，刊登評論文章，並且在 1977~1978 年左右索性開始刊登定期的評論專欄。[24] 四是電視行業內部的電視臺臺長、PD、作家、演員等製作人群體。不像專門的評論家，他們在與電視有關的雜誌上撰文講述製作現場的一線動態，站在最需要聆聽觀衆需要的文化生產者立場上發表意見。他們的觀點與其他評論群體的觀點基本一致，但會更多地指出拍攝製作環境的惡劣情況，傾吐作爲製作者的苦衷，並提出改善製作條件或增加人手等行業發展方案。[25]

　　然而，電視節目評論也不只是文化精英的專屬領域，一般觀衆的評論也會在媒體上發表。這些觀衆可以分爲兩類。一類是以關注媒體的大學生（研究生）或職場人士爲主的普通男性觀衆，以及代表特定女性團體的女性觀衆。他們主要透過大學校園內的

23　代表學者有西江大學新聞廣播系教授康賢斗，他主要從事大衆文化理論研究與評論。康賢斗，〈韓國電視劇的前路與演員的作用和定位〉，《報紙與放送》86，1978，第 116~119 頁。

24　代表人物有《朝鮮日報》記者鄭重憲，他負責定期撰寫有關綜藝娛樂與電視相關的新聞。鄭重憲，〈韓國電視劇達到何等水準？〉，《報紙與放送》88，1978，第 28~32 頁。

25　代表人物有 KBS 製作人楊潤植，TBC 編制部局長金在衛，電視劇編劇韓雲史。韓雲史，〈從作家角度檢視韓國電視劇〉，《放送文化》1-3，1968，第 56~57 頁；楊潤植，〈韓國電視劇達到何等水準？——PD 的角度〉，《報紙與放送》88，1978，第 32~35 頁；金在衛，〈韓國電視劇達到何等水準？——PD 的角度〉，《報紙與放送》88，1978，第 35~41 頁。

媒體或報紙雜誌的投稿欄發表文章，立足自我的精英意識發表觀點或站在知識分子和大眾之間的位置上評論電視節目。[26]另一類群體則是常被文化精英視為電視消費「大眾」的家庭主婦。由於機會較少，她們通常是在讀者邀請座談會或報紙的讀者投稿欄上發表評論。她們雖然一方面代表了電視節目（尤其是電視劇）的主力消費群體，即女性觀眾的立場，但另一方面也時常將男性精英的觀點內化在自身的批判中。這或許是部分女性觀眾作為高學歷的保守女性，將自身與學歷較低的家庭主婦群體區別開來進行思考的緣故。[27]

　　除了文化精英和普通觀眾外，教師群體也對電視節目發表了意見。一份 1975 年以教師為對象的問卷調查顯示，雖然教師們認為電視比電臺更為低俗，但作為觀眾來說，他們對電視的總體評價是比較肯定的。在趣味、休閒、社交、情緒生活等方面，電視被認為是發揮了積極作用。然而提到電視是否「有助於提高專業知識」、「培養道德觀念」、「培養基礎的思考能力」等問題時，他們的回答是否定的。另外這份問卷調查還顯示，比起地方城市的教師，首爾的教師更傾向於認為電視是低俗的，可見首爾的教師集體帶有比較明顯的精英意識。[28]雖然教師屬於知識分子

26　Sung Gilyong，〈大眾傳媒與大眾文化〉，《高大文化》18，1978，第181~185 頁；〈座談會：電視劇對家庭的影響〉，《女性》79，1972，第 20~22 頁。

27　李敬順，〈韓國電視劇達到何等水準？──家庭主婦的角度〉，《報紙與放送》88，1978，第 41~43 頁。

28　俞泰榮，〈作為大眾文化的廣播媒體和教師的態度〉，《韓國文化研究院論叢》25，1975，第 213~236 頁。

的群體，但比起由大學教授或者專家所形成的群體，他們更加肯定電視這一媒介。由此可見，越是身處文化上層的個體，越可能對電視持明確批判的態度。

電視劇批評的裡裡外外

　　人氣電視劇是最受電視節目批評者們詬病的節目類型。1960 年代廣播劇大受歡迎，[29]電視劇製作者透過照搬早已聲名俱佳的廣播劇的形式和內容，填補了早期製作手法的空白。然而，許多問題也由此而生。當時廣播劇是 20 分鐘版的每日連續劇，且大多是言情題材。當每日劇形式的言情劇被引進電視時，電臺也將相當一部分的節目轉換為紀實題材。由於每日連續劇能保障電視臺獲取遠高於製作費的收益，所以通常會被安排在黃金時段，即傍晚 7~10 點之間播映。1970 年代 TBC 播映的《小姐》掀起旋風式熱潮，更是成為了電視劇蓬勃發展的契機。然而伴隨著人氣的高升，有關電視劇的批評聲音也愈來愈多。

　　論者們主要批評的是電視劇缺乏主題意識，題材受限，人物典型刻板，情節編排俗套等等。[30]然而其中最核心的是觀點是電視劇過於商業化，主動迎合觀眾，低俗頹廢，內容感性。換句話說，電視劇的通俗性是論者們眼中最大的問題。首先，支持電視劇過於商業化的觀點主要有兩種根據。一是每日連續劇的體裁形式理應用於服務公眾，但電視臺卻過分追求商業主義。[31]每日連

---

[29]　到 1960 年代末，一年廣播劇製作的數量接近 160 部。韓國放送公司，《韓國放送史》，1977，第 384 頁。

[30]　趙杭濟，同上文，第 379~383 頁。

[31]　黃宗建，〈大眾傳媒的社會功能和教育價值〉，《東西文化》5，

續劇的製作成本低廉，製作時間倉促，需要在一日之內製作出一週劇集的播放量。其質量不佳，卻能在廣告費最高的黃金時段播出。這是電視臺運用低成本高效率的經營策略來獲取巨大的經濟收益。[32]這種批評觀點儼然將電視劇的通俗性置換為電視劇商業經營的通俗性，而商業主義也幾乎被等同於拜金主義和俗物主義。[33]

　　另外，電視劇中言情劇占多數這一事實同樣成為了電視劇變得商業化的證據。因為言情劇是電視劇中最受歡迎的題材，能保障高收視率。但言情劇最大眾或最受歡迎這一定論實際上包含了兩層批評的意味。一是言情劇的通俗特質刺激了「純真」觀眾的好奇心。因為言情劇的設定主要是家族成員矛盾或不倫關係等超出常理的感情關係，因此它本身難免會呈現有關不健康內容（例如引發情慾想像）的畫面。[34]二是言情劇需要迎合「本性通俗的」大眾，因此不得不變得通俗。這兩種論點雖然對大眾根本屬性的定義各不相同，然而在結合言情劇的問題展開議論時，卻總是得出相同的結論。

　　有關低俗性、頹廢性、感傷性的批判是電視劇批評中常見的內容。這與搞笑節目或音樂表演節目等其它綜藝節目也不無關

1973，第 261~270 頁。

[32]　康賢斗，〈韓國電視劇的前路與演員的作用和定位〉，《報紙與放送》86，1978，第 116~119 頁。

[33]　金宇鍾，〈文化裡的商業主義〉，《文藝振興》503，1978，第 22~24 頁。

[34]　〈座談會：電視劇對家庭的影響〉，《女性》79，1972，第 20~22 頁。

係。首先，低俗性是搞笑節目被詬病最多的地方。低俗或劣質被
具體定義爲①胡說八道。②只追求趣味，毫無格調。③毫無基本
的結構或文法。④與癡情、通姦、不倫有關。[35]⑤缺乏主題意識
和現實感，荒唐滑稽[36]等等。由此可知，那些無法以邏輯、理
性、現實來理解的「荒唐」正是低俗的代名詞。在這裡，「缺乏
現實感」具體指的是不符合當時韓國實現維新體制這一「國民總
和」的需要。[37]而另一種情況是，劇中雖然提及了當下的現實，
但卻只是「偶爾沒頭沒尾地突然喊起新農村的口號，或前後不搭
地在結尾突然嚴肅地談到新農村」等等而已。這些不符合情節邏
輯的內容無一不成爲了論者批判的箭靶。[38]另外，缺乏主題意識
和現實感，只追求趣味，則被批評爲缺乏啓蒙性。上述批評論點
透過將娛樂性和啓蒙性對立起來，合理化了「追求趣味＝娛樂＝
非啓蒙／非邏輯＝低俗」的邏輯推論。在把電視視爲啓蒙工具的
政府或文化精英眼裡，低俗與「荒唐」並無二致。

　　與此同時，所謂的頹廢性毫無疑問指是刺激官能的和不健全
的元素。官能性指的是因畫面淫穢而引起性慾的元素，相當於人
們常說的「色情的」事物。不健全性指的是某種反常無序，扭曲
怪異，滑稽可笑的特質，是由怪異的事物所引起的不適。在電視
劇中，頹廢性主要指情節涉及「不正當情愛關係（不倫，老少

---

[35]　金光南，〈廣播電視劇的藝術潛力：以電視劇爲中心〉，《報紙評論》
　　47，1974，第 106~110 頁。

[36]　〈電視劇，遠離生活感的荒唐內容〉，《朝鮮日報》1973.8.18。

[37]　〈廣播月評：電視，對日本節目的拙劣模仿，乞求譏笑的低級搞笑節
　　目〉，《朝鮮日報》1974.6.30。

[38]　金光南，同上文，第 107 頁。

戀，與妓女相愛等）」，令觀眾引發色情想像。[39]而在音樂表演
節目中，頹廢性則指給觀眾帶來不快的所有元素，如長髮表演
者，國度不明的舞蹈，低俗或負面的歌詞，甚至還包括生疏的歌
藝等等。[40]然而重要的是，即便「頹廢的」元素並未直接出現在
電視畫面，但只要涉及可能引起「頹廢」聯想的元素，均被一律
歸到「頹廢」的範疇內。由此可見，當時對「頹廢」的判斷標準
其實是十分模糊和任意的。例如，在電視劇中不能頻繁出現娛樂
場所或住宿酒店的畫面，或歌曲《燈滅的窗》（1973，趙英男）
因歌詞頹廢而被禁播等，均反映出令官方反感的頹廢性實際上是
一種難以名狀的，暗示精神彷徨的氛圍（風氣）。[41]偶爾在犯罪
劇中出現的有關驚險，懸念或犯罪的描寫等亦被貼上頹廢的標
籤。在這裡，頹廢與青少年話題結合在一起，被斷定為誘發青少
年犯罪的罪魁禍首。[42]

　　最後，感傷性既是頹廢性的構成元素之一，也指感傷情緒過
度的感傷主義。感傷主義的特點是「過度的悲傷表情，把黑暗只
看做黑暗的沉重，以及超現實主義」。[43]感傷主義時常被視為韓

---

[39] 有關當時對電視頹廢性批判的研究可參考林鍾秀，〈1970 年代電視，
文化與文化的兩面性〉，《輿論與社會》16-1，2008，第 64~71 頁。

[40] 〈不健康的歌謠──助長廣播頹廢風潮〉，《朝鮮日報》1974.12.10。

[41] 〈市民論壇：崔錫采‧韓完相講座，「頹廢」不是長髮搖擺舞，而是
「精神彷徨」〉，《朝鮮日報》，1972.3.30。

[42] 金文煥，〈城市化與青少年虞犯現象：伴隨城市化現象出現的青少年狀
態考察〉，《城市問題》5-9，1970，第 42~50 頁；〈座談：彷徨的青
少年，頹廢成年人的偽善在助長犯罪〉，《朝鮮日報》1972.5.17。

[43] 鄭漢模，〈感傷主義果然是禁忌嗎──現代詩的抒情風格〉，《世代》
26，1965，第 284~291 頁。

國人獨有的特徵，[44]與新派性一詞混用。因此，眼淚，歎息與怨念是感傷的附帶元素。[45]有論者甚至統計出在 1960 年代最流行（37 萬觀眾）的愛情電影《再愛我一次》（1968，鄭素影導演）中，共出現 41 次有關眼淚的描寫，在續集中則有 65 次。[46]由於感傷性或哀傷性被認為是日本歌謠的特徵，因此許多「哀傷」的歌曲被扣上「倭式」歌謠的帽子，遭到禁播。許多傷感歌曲因妨害「明朗歡快」的社會氛圍而遭到冷遇。[47]在愛情電視劇中，無能的男主角和哭泣的女主角與國家和統治精英所希望的人物相距甚遠。並且，由於是私人矛盾而不是公共領域的場景製造了感傷情緒，因此描寫私人矛盾也屬於違背國家「公共性」的行為。由「沉溺感傷」這一表達可知，感傷不是指克制感情，而是指將情緒推至極限，並毫無保留地發洩出來。然而另一方面，感傷性既是大眾藝術所必須的感動與共鳴的元素，也是淨化大眾情感與賦予其夢想的元素。[48]無論是對電視劇的人物移情，對他（她）的遭遇感同身受，因憐憫和感到安慰而流淚的觀眾，還是

---

[44] 呂石基，〈文化精英交替論：理想的韓國文化藝術人〉，《世代》68，1969，第 196~200 頁。

[45] 李英美認為新派性指的是「比認知更重情感·情緒，重視閱讀作品過程中的愉悅。」「雖然新派劇和言情劇共同帶有大眾藝術的本質特徵，即其喚起世界的方式與其說是為了令人覺醒，不如說是為了令人消除苦惱，」但她認為新派劇和一般的言情劇是不能混為一談的。李英美，〈對世界的新派式態度〉，《大眾敘事研究》9，2003，第 11 頁。

[46] 崔惠玲，〈韓國電影的大眾藝術特質：以《再愛我一次》為例〉，《世代》95，1971，第 300~309 頁。

[47] 〈座談：大眾歌謠的低俗性〉，《世代》11-3，1973，第 194~203 頁。

[48] 鄭楠，〈韓式言情劇的概念和作品的特點〉，《電影》20，1976，第 50~54 頁。

聽到傷感情歌，感到歌曲唱出了「自己的故事」的聽眾，他們都是在藉由大眾文化的中介將內在壓抑的自我和慾望升華爲淚水與歎息。

綜上所述，以「感傷、色情、怪誕、荒唐」爲代表的電視節目通俗性是指那些能引起大眾某種共鳴的元素。統治階層與文化精英極度厭惡通俗性的原因是，大眾對通俗性移情，便是在對私人和感性的事物投入感情，這意味著阻礙了符合國家「公共」目標的「國民共情（National Empathy）」[49]。1970 年代以電視爲中心的大眾文化感性規制透過壓抑「公共性」與「通俗性」這一對立項中的後者，來使前者的力量達至最大化。然而問題在於，「公共性」必然以國家意志爲主導，守護通俗性的個人因此時常與國家形成矛盾的關係。在這種情況下，個人與國家達至和解的唯一辦法只能是「奉公滅私」。因此，在韓國社會對個人主義和感性施加壓迫的過程中，始終伴隨著一種對通俗性的厭惡和鄙視情感。然而不無反諷的是，連當時最能體現「公共」主題的反共電視劇也使用了「通俗的」形式來展開劇情。因此，可以說威權主義式的感情規制本質上帶有雙重性。雖然看似是在單方面摒棄通俗性，但在表現「公共」主題時卻「不可免俗地」借用了通俗感性的威力來表達自身。

---

[49] 「國民共情（National Empathy）」是政治學家丹尼爾・勒納（Daniel Lerner）指代發展中國家的國民習得國民意識和合作能力的用語。文化公報部部長洪鍾哲以此作爲文化宣傳政策的目標。（Daniel Lerner and Wilbur Schramm, ed., *Communication and change in the developing countries*, Honolulu: East-West Center Press, 1967. 洪鍾哲，同上文，第 8 頁轉引。）

文化位階論與大眾文化批判／擁護論

文化位階中的各種排位

　　在 1970 年代，電視一方面是現代技術的寵兒，成爲了處於現代化道路上的發展中國家民眾進入中產階層的象徵物，另一方面它也是精英眼中激發通俗慾望的充滿幻滅的對象。大眾文化批判論和大眾文化擁護論便是由此產生的有關電視通俗性批判的兩派觀點。批判通俗性的論者認爲，以「感傷、色情、怪誕、荒唐」爲代表的情感形態位於正常健全的，理想與公共的價值體系下方。他們堅信文化中存在本質或現實意義上的位階。並且根據通俗的程度，大眾文化內部也可劃分爲多種位階。然而，回顧「大眾文化」概念的歷史，我們可知這一用語是爲了與「文化（＝高級文化）」一詞的含義有所區別而被創造出來的。上層階級對應高級文化，下層階級對應大眾文化，西方意義上的「大眾文化」概念在其誕生之時便帶有了位階意味。

　　19 世紀後期英國哲學家羅傑・斯克魯頓（Roger Scruton）將高級文化（Zivilisation）與「共同的文化（Kultur）」一詞區分開來，在後者中再細分了民俗文化（folk culture）和大眾文化（popular culture）。這使得前者比後者具備更高級的內涵。「高級（highbrow）」和「低級（lowbrow）」這兩種概念最初出現在骨相學中，並在 20 世紀初期開始被廣泛用於指代文化的類型。二次世界大戰後，隨著社會的快速發展，中產階級地位上升，middlebrow 的概念被引入，由此文化的三重位階得以確立。在西方社會，透過市民革命將過去貴族階級所享有的高級文

化據爲己有的資產階級爲了凸顯自身文化的高貴，將下層民眾的
文化貼上大眾文化的標籤，以示二者高低有別。持大眾文化批評
論的代表人物德懷特・麥克唐納（Dwight Macdonald）甚至無法接
受「大眾藝術」這一概念含有「藝術」一詞。[50]韓國社會經歷殖
民統治和南北分斷的歷史，在接二連三的戰爭歲月裡，身分制度
徹底瓦解，傳統的統治階層沒落衰敗。然而與西方中產階級不同
的是，在韓國近代化過程中崛起的新興統治階層，並沒有建立起
屬於「自己」的文化。在光復以後的韓國，可以稱爲文化的除了
有過去的兩班文化和民俗文化以外，便只有從日本或西方引進的
外來文化。前者在近代化的潮流中艱難地延存著命脈，所擁有的
階層基礎十分有限。而日本文化又因爲被視爲倭色文化而遭禁，
只能透過地下或非正式的途徑才能接觸。在這種情況下，人們產
生了對「民族文化」的渴求。[51]由此，光復後的韓國社會全盤引
入了西方意義上的高級文化和低級文化標準，但由於當時中產階
級尚屬少數，最終形成了不包括中產階級文化（middlebrow）
的，只有高級與低級之分的二元文化論述。[52]

　　然而，韓國的文化位階論述並不只是簡單地分爲高級文化和
低級文化（＝大眾文化）。要判斷文化是屬於高級還是低級，看

---

[50] 赫伯特・甘斯著，康賢斗譯，《雅俗之間：通俗與上層文化比較》，三
英 社 ， 1977 ， 第 114 頁 。 (Gans, Herbert J., *Popular culture
and high culture: an analysis and and evaluation of taste*, New York: Basic
Books, 1974.)

[51] 有關作爲未來希望的「民族文化」論的研究可參考 Lee Hana，〈1950
年代民族文化論述和「優秀電影」〉，《歷史批判》92，2011。

[52] 〈座談會：韓國大眾文化與雜誌的道德〉，《世代》65，1968，第
344~354頁。

的是它是否帶有「通俗性」。而根據通俗的程度，大眾文化內部
也劃分了更爲細密的排列位階。在 1970 年代，接連遭受批判的
電視節目中也存在了位階的劃分。最具公共公益性的是報導部，
接著是社會教育部，最後是綜藝娛樂部。另外，在綜藝娛樂部製
作的電視劇、搞笑節目和音樂表演節目中，按通俗和低俗的程度
也暗中存在著位階秩序。在前文引述的以教師集體爲對象的問卷
調查中，搞笑節目被認爲是最低俗的節目，其次是音樂節目，而
電視劇評價則稍爲良好。然而按當時放送倫理委員會的處罰程度
和輿論爭議程度來排列的話，其順序反而是電視劇→音樂節目→
搞笑節目。這也許是因爲在人們眼裡，低俗是搞笑節目天然的屬
性，而並非搞笑節目的電視劇上一旦出現低俗的元素，則更能引
起批判者群起而攻之。在音樂節目方面，雖然歌詞內容低俗是一
大問題，但被論者詬病更多的是歌手的動作或衣著方面的低俗。
歌手吸食大麻也是論者集中批評的現象。如此種種，音樂表演節
目本身的低俗性難逃論者尖銳的批判。[53]另外，不加選擇地引進
外來文化，亦被視爲是喪失主體意識的頹廢文化，因此用外語演
唱外國曲目成爲了被禁止播出的內容。然而歌手和大眾卻認爲用
原外語演唱外國歌曲才是眞正的高級。[54]在大眾眼中，刻意用韓
語翻譯演唱外國歌曲是彆扭和歌藝低下的表現。總之，即使在綜
藝部門，也形成了電視劇→音樂表演節目→搞笑節目這一位階秩
序。

---

[53]　〈歌手金秋子——申重鉉收到法院令狀，涉嫌吸食及持有大麻〉，《朝
　　　鮮日報》，1975.12.6。

[54]　該觀點出自歌手 Patti Kim（金惠子）的回憶。《春夏秋冬之森林》，
　　　Mnet，2013 年 5 月 15 日播放。

表 4　對節目（按類型）水準的評價

| | 電視劇 | | | | 搞笑節目 | | | | 大眾歌謠 | | | |
| | 電視 | | 電臺 | | 電視 | | 電臺 | | 電視 | | 電臺 | |
	N	%	N	%	N	%	N	%	N	%	N	%
非常低俗	100	7.22	35	2.68	422	31.42	234	18.27	194	14.23	150	11.36
稍為低俗	498	35.96	276	21.13	621	46.24	623	47.85	518	38.00	481	36.52
普通	758	54.73	916	70.14	287	21.37	420	32.79	614	45.05	646	48.94
水平高	29	2.09	79	6.05	13	0.97	14	7.73	37	2.71	42	3.18
	1,385		1,306		1,343		1,281		1,363		1,320	

資料出處：俞泰榮，同上文，第 217 頁。

　　另外在同一部電視劇中，按表現形式分類時，被認為能保證藝術性的形式和「更為劣質的」形式之間也存在位階劃分。縱觀當時有關每日電視劇的各種批評論點，大意是每日電視劇是迎合觀眾口味的商業主義產物，因此連最低限度的基本的藝術性也缺乏。[55]另外，有論者也批評雖然在日本或美國也曾有每日連續劇，但現在已經基本淘汰，而韓國卻無法擺脫每日連續劇的形式，可見韓國文化仍然十分落後。[56]因此，週播連續劇的形式作為每日連續劇的代替方案出現了。每日連續劇每集大約 20 分鐘，而週播劇則被剪輯至長達 45 分鐘。每日連續劇在一天內將一週播放量錄製完畢，拍攝十分倉促，而週播劇相對充足的錄製

---

[55]　〈座談：《旅途》的人氣分析〉，《世代》11，1973，第 298~307 頁。
[56]　柳豪錫，〈韓國電視劇的現狀與方向〉，《放送文化》13，1968，第 50~53 頁。

時間則更有利於確保藝術品質的穩定。[57]另外，只有一集的短劇（情境劇）被認爲是比週播劇更具藝術性的形式。爲了提高電視劇的藝術質量，批評家時常要求電視臺減少每日連續劇，提高短劇的數量。比起每日連續劇，52~60 分鐘時長的短劇不僅對人氣明星的依賴較少，而且能保證具備和電影相似的藝術質感。[58]然而也有觀點認爲，大型電視劇比短劇更具藝術性。而形成這一看法的契機是，在 1977 年 1 月，美國 ABC 電視臺將時長 12 小時的電視劇《Roots》分 8 集連續播放，這種大膽的編排方式帶來了很大的文化衝擊。[59]論者評價這一創新嘗試爲電視劇行業打開了嶄新的局面，是韓國電視劇發展的終極方向。[60]綜上所述，在電視劇形式中的位階是大型電視劇→短劇→週播劇→每日劇，越往後則代表藝術性越低。

　　除此以外，電視劇的題材也存在位階。言情劇是排序中最末位的題材。不僅是純言情劇，但凡在反共電視劇，啓蒙電視劇或歷史劇中穿插言情元素的，也會被貼上「劣質」的標籤。帶有言情元素指的是以男女愛情關係作爲劇情主線，因此這一設定將會削弱電視劇想要傳達的主題意識。需要保證具備歷史意識的史劇若加入了言情元素，則會被批評爲失去重心，劇情雜亂。這是因

---

[57] 辛奉承，〈韓國電視劇達到何等水準？——作家的角度〉，《報紙與放送》88，1978，第 18~22 頁。

[58] 俞泰榮，同上文，第 218 頁。

[59] 康賢斗，〈韓國電視劇的前路與演員的作用和定位〉，《報紙與放送》86，1978，第 116~119 頁。

[60] 李恩成，〈電視劇的潮流與展望：作家的角度〉，《報紙與放送》93，1978，第 61~65 頁。

爲人們認爲史劇「比起引發情感或情緒，更應該透過理性來呼喚
認識本身」。某些正統史劇爲了推卸本應擔起的現實批判責任，
便會利用呼喚感性而不是理性的言情元素來當作避難之方。換句
話說，帶有言情元素即證明了該劇水準低下，只能依賴個人敘事
的感性元素來展開劇情，無法滿足史劇和目的劇展開宏觀敘事的
要求。[61]

　　電影時常成爲電視劇的比較對象。即使當時人們對韓國電影
的藝術性多有詬病，但仍舊相信評判電視劇質量的高低與否，在
於看其是否恰當地借鑒吸收了電影的藝術性。[62]電影是比電視劇
更藝術的形式。雖然它們同爲講述故事的大眾藝術形式，但作爲
普及範圍更廣的媒介，電視比電影更爲低俗。而諸如藝術氣質濃
厚的法國電影比娛樂至上的美國電影更高級，或文藝電影比商業
電影更加藝術等帶有位階意識的觀點在電影領域中也很常見。[63]
另外，在敘事媒介方面，小說被認爲比電影更具藝術性。雖然在
西方，小說在誕生初期備受忽視，但當電影這種大眾媒介登場
後，小說便被視爲集文學性和藝術性於一身的體裁。當然，比小
說更具藝術質量的是詩。詩被譽爲文學的精髓。然而也不是被稱
爲小說的作品都具備藝術性。大眾小說便是比「純文學」更低俗

---

[61]　申常一，〈韓國電視劇達到何等水準？——評論家的角度〉，《報紙與
　　　放送》88，1978，第 25~28 頁。

[62]　崔彰鳳，〈視聽覺文化論——轉移到電視的第八藝術性〉，《思想界》
　　　160，1966，第 118~125 頁。

[63]　金鵬九，〈在巴黎看世界電影〉，《世代》75，1969，第 280~282
　　　頁。

的門類。這是因爲不管是「大眾雜誌」，[64]還是「大眾食堂」等等，只要加上「大眾」一詞，任何事物便都會被理所當然地貶低爲缺乏純粹和品位的事物。[65]即使對於大眾小說中極具代表性的報紙連載小說，人們也會置以惡評，稱其「情節一塌糊塗，不值一提，大多是倫理敗壞和價值觀骯髒的作品」。然而，也有論者認爲「人們不會認爲小說太多而希望減少小說的數量，卻認爲電視劇太多所以應該縮減」，並愧疚地反問道「這難道是因爲小說是文學和藝術嗎？」[66]這一方面抗議了文化公報部限制電視劇數量的措施，一方面也批判了文化內部存在的位階觀念。在故事媒介中位列最低的是漫畫。這是因爲除了時事漫畫外，[67]一般的漫畫會被視作是那些人格上不成熟和幼稚的，容易誤入歧途的青少年和兒童才會格外追捧的體裁。大多數情況下，漫畫便是搞笑，非理性和荒唐的代名詞。在批評電視劇的觀點中，最狠毒的指責莫過於是說這部電視劇「跟漫畫沒什麼區別」。[68]

---

[64]　在雜誌類別中，也存在政論雜誌→大眾雜誌→周刊的位階順序。崔昌龍，〈周刊時代的影響〉，《世代》64，1968，第 276~281 頁。

[65]　金淙鎬，〈大眾的疏離和哲學現實〉，《世代》11，1973，第 202~205 頁。

[66]　金光南，〈廣播電視劇的藝術潛力：以電視劇爲中心〉，《報紙評論》47，1974，第 106~110 頁。

[67]　當時的人氣漫畫是《東亞日報》連載的漫畫家金星煥的作品《各嗇鬼》。時事漫畫被評價是「最爲尖銳地講述時代風情的證人」。然而也有分析稱《各嗇鬼》大受歡迎的原因是各嗇鬼老頭這一人物與韓國社會的大學教授十分相似。吳光洙，〈大眾英雄論 5：各嗇鬼金星煥〉，《世代》87，1970，第 271~277 頁。

[68]　金光南，同上文，第 108 頁。

文化與文化工作者的位階

　　純文學（詩歌→小說）→大眾小說→電影→電視劇→漫畫這一位階不僅是媒介意義上的排序，也是對創作這些作品的文化工作者的排序。詩人→小說家→大眾小說家→電影編劇（導演）→電視劇編劇（導演）→漫畫家，這是在座談會等場合被默認的一種排位。另外，批評家比文化生產者地位更高，兩者視角的差異在座談會等場合會偶爾被設定好再呈現出來。[69]在專業批評家還未出現之前，大學教授和新聞記者充當了批評家的角色，但在他們中間，大學教授要比新聞記者的地位更高。另外，即便同為文化生產者，導演比編劇更處於上層，電視劇導演要比電影演員或電視劇演員地位更高。在歌手和演員中，大多是擁有大學學歷的藝人才會被邀請參加剖析大眾文化的座談會。[70]大學學歷的藝人比非大學學歷的藝人更被認可為「知識分子」。這在重視學歷的韓國社會裡是一種理所當然的風氣。文化批評家（大學教授→新聞記者）→文化生產者（導演→編劇→演員）→文化消費者這一位階觀念雖然從日殖時期開始便存在，但它真正以論述的形態存在，並得以普及的時期應該是 1960 年代末~1970 年代。

　　然而，這一位階秩序並非只存在於文化批評家或文化生產者之間。在文化消費者即大眾當中也同樣存在，即男性→女性→（中年）主婦→青少年（兒童）。當一部電視劇被認為是符合「女性口味」，便意味著該劇是非批判性的，催淚的，弱者體質

69　〈座談：說說廣播電視劇的基礎〉，《放送文化》2-1，1969，第 50~55頁。

70　〈座談：大眾歌謠的低俗性〉，《世代》11-3，1973，第 194~203 頁。

的，道德缺席的電視劇。[71]這可以說是一種冒犯女性的論斷。然而反諷的是，參加座談會的女性也會暗中將自我排除在「中年主婦」群體之外。這從她們會一邊批評電視劇，一邊卻不忘說道「雖然我平時不怎麼看電視劇」的矛盾說詞中可見端倪。因此在編劇和觀眾見面的場合裡，有作家會反駁道，「連電視劇也不看的觀眾，他們的意見沒什麼好聽的。」[72]男性將主婦視作沒有參與到現代化前線的懦弱群體，主婦階層一方面將這種來自男性的責難內化到自我意識中，把觀看電視劇的快樂置換爲罪疚感，並批判自我，[73]另一方面卻透過暗中強調自身與「一般意義上的」大眾或主婦有所不同，將大眾內部再度位階化。同樣身爲女性的女性作家和女性受眾之間「理所當然地」存在了位階差異。但比起活動範圍主要局限在私人領域的主婦，位列更低的是青少年群體。電視劇或搞笑節目的低俗性之所以飽受詬病，也是因爲論者擔心觀看這些節目的青少年或兒童會產生模仿心理。這反映出社會將青少年視作潛在犯罪者的偏見。[74]成年一代批判以木吉他、牛仔褲、啤酒爲代表的青少年文化，這與他們一律視青少年是「不成熟的，大同小異」的刻板印象不無關係。[75]

即使在被視爲純藝術的美術領域，文化位階觀念也大行其道。歷史上有名的例子是，抽象美術在德國法西斯體制下因「背

---

[71]　〈周二專欄：哭什麼？電視劇這樣好嗎〉，《朝鮮日報》，1973.7.10。

[72]　〈十字路：電視劇編劇神經質，無語的觀眾，電視編劇與觀眾的對話〉，《朝鮮日報》，1978.12.10。

[73]　金秀貞，同上文，第244頁。

[74]　李柱赫，〈電視文化的七靈〉，《世代》130，1974，第264~271頁。

[75]　〈青年文化論爭的反思與批判〉，《朝鮮日報》，1974.6.4。

離大眾」而遭到放逐。但在韓國，抽象美術反而被定位爲高級美術。在美術市場被高價拍賣的藝術作品雖然帶有商業主義的成分，但人們並沒有像批評電視劇那樣詬病其商業色彩。被歸爲高級美術的傳統繪畫或陶器等，也多數是暗中交易的文物或致富的工具，缺乏和大眾接觸的機會。爲了拉近文化和大眾的距離，希望建立「民族文化」的論調應運而生。在這種文化語境下，傳統文化比外來文化明顯更爲高級，但在情感方面，人們卻不認爲韓國的傳統文化比歐洲的傳統文化要優越。

我們從文化精英對法國、美國、日本文化的認知中可得知，文化位階論不僅存在於國內文化中，在世界文化的領域裡同樣存在。當時的論者認爲，法國文化是世界最高級的文化。文化公報部在成立當時十分推崇法國的文化政策，這也是由於在他們眼中，法國文化在西方文化中是藝術性最高，最值得學習的文化。[76]而論者對美國文化的觀感則是雙重的。他們一方面認同美國文化是西方文明和現代生活方式的最佳樣本，但另一方面卻認爲美國文化是結合了「商業化和頹廢的外來文化」。文化精英尤其對美國的反戰文化和嬉皮文化的輸入感到不安。對青年文化十分敏感的論者也大多認爲青年文化就是嬉皮文化。[77]與此同時，論者對被稱爲低俗文化的日本文化也有著雙重的想法。1960 年 4・19 革命以後，人們對開放日本文化抱有一定的期待。但在 1965 年韓日邦交正常化時，政府下令禁止輸入日本文化，卻反而使日本

---

[76]　林英芳，〈安德烈・馬爾羅的文化政策〉，《世代》66，1969，第172~180 頁。

[77]　南載熙，〈青春文化論：有關年輕一代文化形成的考察〉，《世代》79，1970，第 122~129 頁。

文化更快速地被引入到韓國社會。[78]雖然實際上日本文化具有強大的影響力，但官方卻在論述層面上拒絕認同日本文化，並制定政策禁止輸入。法國文化→美國文化→日本文化的外來文化位階觀念，是建立在韓國社會對這些國家的印象之上的。即法國是西方文化的宗主國，美國是大眾文化的搖籃，日本則是令人既愛又恨的國家。相應地，喜歡這些國家文化的大眾之間同樣也存在著位階。

然而，雖然在傳統統治階層沒落的韓國社會裡，作為新興統治階層出現的高學歷技術官僚和精英所享用的文化，與低學歷大眾所享用的文化之間存在著位階差別，但這並不意味著人們在實際生活中只按照位階化的分類享用文化。因為我們不能斷言，那些主張韓國演歌是倭色文化並下令禁止的政府官員，私底下也同樣毫不喜愛演歌，那些批評電視劇的男性也不代表不會看電視劇。[79]儘管如此，威權主義政權實際上是在透過強力的文化位階觀念來控制被統治階層。但與此相反的是，威權主義政權也會極度警惕階層・地域・城鄉之間存在的嚴格位階秩序，以及由此產生的妨害國民團結的矛盾。威權主義的特徵正是遮蔽既有的位階秩序和製造子虛烏有的差異。透過再建國民運動或新農村運動可知，將啟蒙的對象命名為啟蒙的主體，能極大提高啟蒙的效果。這種策略正是朴正熙政權慣用的統治手法。一邊批判通俗的大眾，一邊為了將自己與大眾區別開來而製造大眾文化內部多重的位階秩序。可見，精英主義不只是存在於精英身上。由於傳統文

---

[78]　有關韓國社會對日本文化二重心理可參考 Gwon Bodeure・千政煥，
　　　《探問 1960 年代》，千年想像，2012，第 509~549 頁。

[79]　宋恩英，同上文，第 193~205 頁。

化沒落，以外來文化填補高級文化和大眾文化空缺的發展中落後國家／威權主義國家的統治精英，為了將自身的文化資本特權化，對文化位階進行了更為細緻的劃分[80]。在這種情況下，大眾被塑造成更為通俗的存在。威權主義精英和大資本家企圖根據重組的韓國資本主義階級秩序來獨佔文化資本，這種統治體制的建構與上述堅固的文化位階觀念的形成是一脈相承的。

大眾文化批判論與通俗擁護論

承上文分析可知，由於電視時代的來臨真正開啟了大眾文化百花齊放的時代，在 1970 年代，統治精英以電視為主要的大眾文化批評陣地。知識分子在介紹西方大眾文化論者的觀點和對韓國大眾與大眾文化發表感想的過程中開始建構自身對大眾文化的認識。其中可分為以下幾種不同的視角。首先，第一派同意西方保守的大眾文化批評論者[81]的見解，以懷疑和鄙視大眾為基調提倡大眾文化批評論。該派問題意識的出發點是「大眾文化是作為更大範疇的『大眾』的一部分」。[82]在西方，市民社會形成於大眾社會之前，隨著以大規模生產和消費為主的大眾社會到來，市民社會的主體即從公眾（public）發展為大眾（mass）。然而在

---

[80] 金台鎰，《對威權主義體制（Authoritarian Regime）成因的案例研究：以維新權威主義體制的建立為中心》，高麗大學碩士學位論文，1983，第 3~5 頁。

[81] 主要指德懷特・麥克唐納（Dwight Macdonald）、何塞・奧特嘉・伊・加塞特（José Ortega y Gasset）、T・S・艾略特（T. S. Eliot）等。

[82] 這是德懷特・麥克唐納的命題。郭少晉・李相禧，〈「大眾文化」理論的批判性研究：以藝術的大眾化為主〉，《報紙研究所學報》8，1971，第 65~68 頁。

韓國，大眾社會形成於市民社會之前，對沒有「公眾」群體基礎的大眾而言，公共生活陌生且遙遠，大眾成爲了名副其實的通俗的存在。大眾在本質上是懦弱的，指向他者和過去，缺乏責任感，容易沉浸在象徵所製造的暗示中，極其感性和順從。因此他們很容易倒向動搖自由民主主義的法西斯。在這層意義上，「大眾」一詞本身含有「不成熟的多數」這一輕視的意味。[83]與具備生產性的高級文化或民眾文化相比，大眾文化只能被膚淺的商業主義所捲噬，成爲以消費爲主，混合教育與娛樂的業餘主義和無政府主義的文化。[84]另外由於不加篩選地引入外來文化，導致連韓國的精神領域也逐漸荒蕪，這正是韓國大眾文化的現狀。[85]

第二派一方面批判大眾文化，但另一方面也試圖從大眾身上尋找希望與可能性。該派可能是受到了西方激進的大眾文化批評論者[86]的影響，認爲大眾文化是把大眾看做是宣傳煽動的對象，要求大眾具備「自願的同步」與「對現象忠誠」的品質。在這裡，權力精英可以透過操縱大眾文化來更有組織地，更巧妙地實現大眾政治的說服工作。[87]雖然容易被利用是大眾的弱點，但他

---

[83] 康賢斗，〈知識分子的精英文化和平民的鄉民文化〉，《東西文化》57，1979，第 12~16 頁。

[84] 宋復，〈大眾文化：籠罩地球的一個亡靈〉，《藝術界》2-2，1970，第 51~65 頁。

[85] 李鐘九，〈大眾文化的韓國式狀況：在混雜的大眾文化中尋找韓國文化的出路〉，《政經研究》50，1969，第 86~92 頁。

[86] 代表論者是從文化產業批判的脈絡下理解大眾文化的阿多諾和本雅明等法蘭克福學派。馬丁·傑著，金鐘哲譯，〈美學理論和大眾文化批評〉，《文學與知性》33，1978，第 790~822 頁。

[87] 例如，1971 年韓國總統選舉也運用了大眾媒體操控選情。李相禧，

們絕對不是低俗或令人懷疑的對象。相反，運用馬克思所謂的
「生產性的大眾」這個概念，精英可以引領大眾往自身希望的方
向前進。隨著大眾民主主義和大眾教育制度的發展，上流階層的
文化壟斷逐漸瓦解，大眾重新打開眼界，企業在這類大眾的文化
需求中發現了商機，逐漸促成了大眾文化的形成。[88]但問題是，
與民眾藝術是在民眾自發的創意與廣泛平民階層的生活情感中直
接形成的方式不同，大眾文化的消費享樂主義並非出自大眾的本
質屬性，而是由商業主義的技術人員操縱塑造的結果。[89]大眾不
是只顧消費與享樂的存在，他們本質上是進行建設和創作的生產
者。然而，多數大眾社會論者卻全然忽視了大眾這一正面的屬
性。[90]他們與上述第一派的論者均認爲大眾本身是易受大眾媒體
操控的「憑感覺行事」的存在。然而二者不同的是，第二派的論
者認爲大眾文化問題出在精英身上。這些論者站在自我反省的立
場，認爲大眾無法變得具有現實批判性，無法覺醒這一點是極爲
可惜的。[91]在這一觀點中，「大眾」幾乎等同於「民眾」，但
「大眾」終究是不具備健全性的存在。

〈危機的狀況與操縱大眾的技術：權力、大眾傳媒、民意三者之間的力
學關係〉，《思想界》201，1970，第 13~22 頁。

88　金璟東，〈大眾社會和大眾文化〉，《思想界》181，1968，第 121~125
頁。

89　尹武漢，〈生產文化論：民族文化和外來文化〉，《高大文化》9，
1968，第 168~175 頁。

90　李相禧，〈韓國社會也是大眾社會嗎：「大眾社會論」一見〉，《世
代》94，1971，第 97~103 頁。

91　李哲範，〈文化：反市民的大眾文化〉，《基督教思想》14-8，1970，
第 144~147 頁。

　　第三派傾向於認爲大眾文化是正面的文化。對他們而言，大眾是和庶民或民眾概念混用的，用於指稱大多數人的名詞。大眾文化不是「mass culture」，而是「popular culture」。[92]在文化大眾化這一層面上，他們高度評價了韓國的文學、美術、電影、流行音樂領域比戲劇和舞蹈等領域更能提高替代進口的效果，並且推崇電視將文化藝術市場擴大至全國規模。這是從積極層面評價了以純藝術和大眾藝術，城市和農村，高級與低級，文明與無知爲代表的頑固的二元文化藝術市場結構。他們認爲必須克服商業主義、失敗主義、頹廢性、俗物性等損害文化藝術的思想。這是在支持政府文化政策的立場上發表的大眾文化肯定論。[93]另外，也有論者認爲在大眾文化高級化這一方面，大眾化非但沒有降低文化的質量，反而起到了提升的作用，其優勢可謂不減反增。[94]雖然在試圖肯定韓國大眾文化這一點上，這些觀點具有鼓舞的作用，但在主張應該克服大眾頹廢性，低俗性這一方面，第三派看待大眾的視角本質上與第一、二派的觀點是一致的，他們同樣難以徹底擺脫文化位階論的影響。

　　第四派試圖賦予大眾或大眾文化的通俗性以積極意義。他們認爲，大眾文化的受眾涵蓋了「從大學教授到村婦」的所有個體。因此，大眾文化必須融入生活之中，與他人互相靠近，一同呼吸，才能眞正產生共鳴。面對電視導致觀眾哭哭啼啼的批評，

92　郭少晉，〈大眾文化的意義〉，《基督教思想》16-9，1972，第 92~99頁。

93　金俊吉，〈特輯：使我們的文化出現病症的兩種固有觀念〉，《文藝振興》5-3，1978，第 25~27頁。

94　郭少晉‧李相禧，同上文，第 65~104頁。

他們反駁道「需要哭出來的時候反而不哭，這才是傻瓜的表現」，並指出愛情必定有感傷的一面，歷代大文豪創作的愛情故事多有令聽者傷心落淚，但人們不會因此說這些愛情故事是低俗的。由此他們質疑了那些批評韓國電視劇為感傷主義的觀點缺乏合理性。政府無論怎樣加強倫理規範，電視劇還是會被批評為劣質作品，這是大眾文化註定要經受的宿命，即人氣越高，批評比讚美的聲音就會越多。[95]在有關電視劇的感傷性方面，他們認為「與別人一起同哭同樂是人正常抒發情緒的表現」，它能產生「與別人同舟共濟的感覺」，人與人之間形成連帶意識十分重要。[96]除此之外，有文學評論家還指出，被人們理解為頹廢和淫穢的性描寫其實並不只是用於享樂，它是批判和反思特定社會面向的一種呈現手法。這一論點開拓了人們認識情慾的視野，[97]洞察出「頹廢」的意義在於對既有秩序的拒絕和批判。在有關歌謠的頹廢性方面，某流行歌手確鑿地表明，「歌曲本身是感覺，不由得旁人任意指揮」，還直言刻意將傷感的歌唱成開心的感覺是大錯特錯的做法。[98]

綜上所述，根據「大眾」定義的不同，大眾文化批評論內部的觀點各有差異，他們並非只是在千篇一律地批評大眾文化。另

---

[95] 梁根承，〈電視劇達到了何等的水準？──作家的角度〉，《報紙與放送》88，1978，第22~25頁。

[96] 金鎮萬，〈大眾文化的惰性〉，《京鄉雜誌》1284，1975，第20~22頁。

[97] 金炫，〈消費文化的幻像：被誤導的性的文學〉，《世代》64，1968，第282~291頁。

[98] 這是楊姬銀的發言。〈座談：大眾歌謠的低俗性〉，《世代》11-3，1973，第194~203頁。

外，在理解大眾文化通俗性時，他們也會對一般的批評論進行再次的反思和批判。他們認識到大眾的感傷性，低俗性和頹廢性其實源於個體對他者感同身受的能力。純粹的私人情感對大眾藝術來說亦十分重要。他們的論點反映出那些一味批判通俗性的論者本身並沒有正確理解大眾文化，或只是帶有壓抑大眾情感的精英式意圖。然而，這些有關通俗性的見解和大眾文化的擁護論在論述場域內力量相當微弱。在當時文化政策以管控和壓迫爲主的大環境下，大眾文化批評論依然保持著強勢的地位。在 1970 年代，官方神經質般的感性規制和一邊倒的文化政策以大眾文化批判論和文化位階論作爲後盾，變得更加隻手遮天。然而反諷的是，假如沒有多樣的文化譜系出現，這種強大的管制效果是不可能產生的。

作為「反共鳴」政治的威權主義

被禁止的事物正是大眾慾望之所在。1970 年代的感性規制體現了國家和文化精英試圖以何種方式壓抑和訓導大眾的慾望。以「感傷、色情、怪誕、荒唐」爲代表的通俗性以感傷性、低俗性和頹廢性爲具體內容，建構出大眾文化的主要感性形態。當時以電視爲代表的大眾文化通俗性成爲了文化位階論或大眾文化批評論的主要論據。論者以大眾文化通俗爲由厭惡大眾，這種心態又衍生出對大眾政治的厭惡立場。1970 年代，來自新民黨的國會議員金大中概括了開發獨裁擁護論者對大眾政治厭惡的理由：①大眾無知，不知道世界運行的法則。②大眾對政治毫不關心。③大眾易被政客煽動拉票。④大眾總是推崇權威，既無自保能

力，也無發展意欲。⑤有識之士和無知之徒同樣能擁有一張選票是不公平的。[99]這些對大眾的負面認識延續到他們對大眾文化的評價中，再次加深他們對大眾文化通俗性的不理解，最終造成其不信任大眾的惡性循環。

與法西斯在表面上假裝支持大眾不同，威權主義的維新體制不理解並壓迫大眾的通俗性，也無法把握大眾在私人領域形成共鳴的意義。這也是國家主導「公共性」，將「公共性」與「通俗性」對立起來所造成的結果。國家不允許只能在「公共」領域發生的「國民共情」浪費在個人領域中。可見，韓國的威權主義是建立在「反共鳴」政治的基礎之上。它不認可在私人領域裡產生的共鳴，只追求國家主導的「國民共鳴」。與政權合謀的文化精英透過將大眾稱爲「大眾」來削弱其力量，質疑大眾和大眾文化，並貼上低俗，頹廢的標籤，將其置於層層分列下的位階秩序之中，以此試圖隱藏造成大眾這一現狀的結構性矛盾。

1970 年代的感性規制和文化位階論述比起其他時代更爲堅固。伴隨著前所未有的媒體通俗化，電視這一強大和流行的媒介逐漸壟斷了大眾日常和休閒的方式，這實際上正構成了威權主義獨裁體制的文化基礎。然而反諷的是，獨裁政權和精英愈是強烈批判大眾的被動性和通俗性，愈是推動了後來大眾覺醒並成長爲市民。難道不正因爲如此，1980 年代的威權主義才反過來需要依靠通俗性，即「感傷、色情、怪誕、荒唐」來鞏固自身的統治體制，以此防範不斷成長覺醒的大眾顛覆政權。[100]難道不正因

---

[99]　金大中，〈1970 年代的藍圖：大眾民主體制的體現〉，《思想界》201，1970，第 107~122 頁。

[100] 有關 1980 年代威權主義政權對文化的關心轉移到大眾文化領域的契機

爲如此，才促使曾一度在「大眾」概念上找不到正面意義的實踐
型知識分子，轉而更積極地去發掘作爲歷史主體的被支配層即
「民眾」概念的內涵？

譯者：趙穎秋

參考文獻

原始資料

法制處，《放送法》，1973。
（법제처，《방송법》，1973.）
崔彰鳳・康賢斗，《韓國放送百年》，玄岩社，2001。
（최창봉・강현두，《우리 방송 100 년》，현암사，2001.）
韓國放送倫理委員會，《各年度放送倫理審議評價書》，1975~1978。
（한국방송윤리위원회，《각년도관 방송윤리심의평가서》，1975~1978.）
韓國放送公司，《韓國放送史》，1977。
（한국방송공사，《한국방송사》，1977.）
《朝鮮日報》（조선일보）、《東亞日報》（동아일보）、《國會報》
（국회보）、《京鄉雜誌》（경향잡지）、《高大文化》（고대문화）、
《基督教思想》（기독교사상）、《都市問題》（도시문제）、《東西文
化》（동서문화）、《文藝振興》（문예진흥）、《文學與知性》（문학
과지성）、《放送文化》（방송문화）、《法政》（법정）、《批判》
（비판）、《思想界》（사상계）、《世代》（세대）、《報紙與放送》
（신문과 방송）、《報紙評論》（신문평론）、《女性》（여성）、《電
影》（영화）、《藝術界》（예술계）、《立法調查月報》（입법조사월
보）、《政經研究》（정경연구）。

可參考 Lee Hana，〈1970~1980 年代「民族文學」概念的分化與鬥
爭〉，《概念與交流》18，翰林科學院，2016，第 186~191 頁。

《春夏秋冬之森林》，Mnet, 2013 年 5 月 15 日播放。

（<봄여름가을겨울의 숲>, Mnet, 2013 년 5 월 15 일 방송.）

研究文獻

1. 韓文論文

白美淑・姜明求，〈「純潔的家庭」與健康的性倫理——從文化史角度看電視劇的性表達規制〉，《韓國放送學報》21-1，2007。

（백미숙・강명구, <'순결한 가정'과 건전한 성윤리—텔레비전 드라마 성표현 규제 에 대한 문화사적 접근>, 《한국방송학보》 21-1, 2007.）

宋恩英，〈1960~1970 年代韓國的大眾社會化與大眾文化的政治意義〉，《尚虛學報》32，2011。

（송은영, <1960~70 년대 한국의 대중사회화와 대중문화의 정치적 의미>, 《상허학보》 32, 2011.）

吳明錫，〈1960~1970 年代的文化政策與民族文化論述〉，《比較文化研究》4，首爾大學比較文化研究所，1998。

（오명석, <1960~70 년대의 문화정책과 민족문화담론>, 《비교문화연구》 4, 서울대학교 비교문화연구소, 1998.）

俞泰榮，〈作爲大眾文化的廣播媒體和教師的態度〉，《韓國文化研究院論叢》25，1975。

（유태영, <대중문화로서의 방송매체와 교사의 태도>, 《한국문화연구원논총》 25, 1975.）

李相禧・郭少晉，〈「大眾文化」理論的批判性研究：以藝術的大眾化爲主〉，《報紙研究所學報》8，1971。

（이상희・곽소진, <'대중문화'이론의 비판적 연구—예술의 대중화와 관련하여>, 《신문연구소학보》 8, 1971.）

李英美，〈對世界的新派式態度〉，《大眾敘事研究》9，2003。

（이영미, <신파 양식의, 세상에 대한 태도>, 《대중서사연구》 9, 2003.）

Lee Hana，〈1950 年代民族文化論述和「優秀電影」〉，《歷史批判》

92，2011。

（이하나，<1950 년대 민족문화 담론과'우수영화'>，《역사비평》92，
2011.）

_____，〈維新體制時期「民族文化」論述的變化與矛盾〉，《歷史問題
研究》28，2012。

（_____，<유신체제기'민족문화' 담론의 변화와 갈등>，《역사문제연
구》28, 2012.）

林鍾秀，〈1970 年代電視，文化與非文化的兩面性〉，《輿論與社會》16-
1，2008。

（임종수，<1970 년대 텔레비전, 문화와 비문화의 양가성>，《언론과
사회》 16-1, 2008,）

_____，〈1960~1970 年代電視熱潮與電視引進的背景〉，《韓國輿論學
報》48-2，2004。

（_____，<1960~70 년대 텔레비전 붐 현상과 텔레비전 도입의 맥락>，
《한국언론학보》 48-2, 2004,）

趙杭濟，〈1970 年代報紙對電視劇的批判〉，韓國放送學會編，《韓國放
送的社會文化史》，Hanul，2011。

（조항제，<1970 년대 신문의 텔레비전 드라마 비판>，한국방송학회 편，
《한국 방송의 사회문화사》，한울, 2011.）

2. 韓文著作

Gwon Bodeure・千政煥，《探問 1960 年代》，千年想像，2012。
（권보드레・천정환，《1960 년을 묻다》，천년의 상상, 2012.）
金幸仙，《1970 年代朴正熙政權的文化政策和文化管制》，Sunin，2012。
（김행선，《1970 년대 박정희 정권의 문화정책과 문화통제》，선인，
2012.）
韓神大學人文學研究所，《1960~1970 年代韓國文學與「統制－抵抗理
念」的霸權》，亦樂，2007。
（한신대학교 인문학연구소，《1960~70 년대 한국문학과 '지배-저항 이
념의' 헤게모니》，역락, 2007.）

金台鎰，《對威權主義體制（Authoritarian Regime）成因的案例研究：以
    維新威權主義體制的建立爲中心》，高麗大學碩士學位論文，
    1983。

（김태일, <권위주의 체제（Authoritarian Regime） 등장원인에 관한
    사례연구—유신 권위주의 체제의 성립을 중심으로>, 고려대학교
    석사학위논문, 1983.）

赫伯特・甘斯，康賢斗譯，《雅俗之間：通俗與上層文化比較》，三英
    社，1977。

（허버트 J. 겐스（Gans, Herbert J）, 강현두 옮김, 《대중문화와 고급문
    화: 현대문화의 사회학적 분석(Popular culture and high culture: a
    n analysis and and evaluation of taste)》, 1977.

赫伯特・馬素・麥克魯漢，金榮國等譯，《理解媒介：論人的延伸》，中
    央日報社，1974。

（마샬 맥루한(Macluhan, Herbert Marshall), 김영국 외 옮김, 《미디어의
    이해(Understanding media: the extentions of man)》, 중앙일보사,
    1974.

羅伯特・O・帕克斯頓，Son Myeonghui・Choe Huiyeong 譯，《法西斯主
    義剖析》，Gyoyangin，2005。

（로버트 O. 팩스턴(Paxton, Robert O), 손명희・최희영 옮김, 《파시즘:
    열정과 광기의 정치 혁명(The Anatomy of Fascism)》, 교양인,
    2005.

3. 英文著作

Daniel Lerner and Wilbur Schramm, ed., *Communication and change in the
    developing countries*, Honolulu: East-West Center Press, 1967.

Juan J. Linz, "Totalitarian and Authoritarian Regimes", in F. Greenstein and N.
    Polsby, eds., *Handbook of Political Science*, Reading, Mass.: Addison-
    Wesley, 1975, vol. 3.

2016 年燭光示威的文化政治學

_ 朴晉佑[*]

---

[*] 本文曾在延世大學國學研究院 HK 事業團舉辦的第 40 期 HK 事業團工作坊《共感與排斥：大眾情感的政治化和媒體》（2017.4.28）上發表，經修改後收錄於本書。

引言

　　2016 年冬天至 2017 年春天，韓國社會經歷了政治方面的劇烈變動，產生許多新的議題並且被大眾廣爲討論，本文將以韓國的「燭光示威活動」，以及「總統彈劾事件」作爲開端，再進而以新的角度審視一連串現代社會政治、民主主義以及人民關係等相關問題。本文將討論在我們的世代中，現實層面和規範層面存在的種種明顯分歧狀況，包括政治和民主主義、主權者和民眾、法律和管理、熱情和利害關係、包含和排除、理性和歡呼等等，並審視這些現象的來龍去脈，這些現象不僅是存在於韓國社會，事實上也和全世界各地的政治及民主主義息息相關。

　　這一連串爭議的出發點，可以由 2016 年冬天，韓國國內發生的總統彈劾事件開始談起，其實這起事件本身並不難理解，包含崔順實等人在內的內部勢力，以出乎意料之外的方式壟斷國政，並且受到一部分權力內部人員的庇護和協助，在這之中，司法界的菁英人物和一部分輿論媒體特別活躍。因此，當時大眾急切的訴求是追蹤這些內部勢力，並將他們繩之以法，以及選出新的總統。但是，儘管進行了總統大選以及政權替換，沒有人認爲長久以來的各種論爭可以如此容易地解決，歷史長期累積下來的種種弊端的根源並不如此單純，比起這些，從大眾動員參加燭光示威活動可以看出，我們既存的政治和民主主義，輿論及菁英的存在方式和正當性，都從根本被質疑，而另一方面，新的政治參與方式也正被實現，這些在酷寒的冬天仍舊手持燭火站在路上的大眾們，他們所受的震驚、衝擊和憤怒，這些複雜的情緒究竟代表著什麼呢？

　　可以從幾點理論性的觀點來說明這個現象，一方面，大眾的情感透過共鳴、熱情、歡呼和排除等感情性的基礎被政治化，此外，他們也利用了數位媒體進行傳播和動員，這個觀點呼應了從 1990 年代以後，整體社會科學領域吹起的所謂「感情性轉換」（emotional turn）風潮，原來這理論僅著重在與社會規則、社會體系相互呼應的客觀性、心理性過程，而新的理論一併考量了既存的社會科學理論與人類特定活動之間發生的相互作用，這個觀點所主張的是，行為和規則的形成是因應行為者個人或多數行為者的內在感情，而社會的形成則是由這些集合的感情及實際的感情所構成的型態。[1]這個觀點主張，各式各樣的論爭、政治和文化[2]都受到情感（affect）所影響，而這理論目前也在空間和日常生活領域中提倡「非再現理論 non-representational theory」的大多數研究者中間，是最受到注目的。[3]

　　但是，這些理論當中，除了在情感和感情的基礎下，對新的「政治性事物」進行探索，另外，對於全面包含新自由主義典範的「後民主主義」，也進行系統性層面的考察，在這體制中曾被排除的政治方面主題也被重新喚起，許多層面的議題都被重新思考。2011 年，埃及和突尼西亞發生了阿拉伯人民的抗爭，2012

---

[1]　金洪中，〈사회적인 것의 합정성（合情性）을 찾아서: 사회 이론의 감정적 전환（尋找社會的合情性：社會理論的感情轉換）〉，《사회와 이론（社會與理論）》，第 23 輯，2013，第 9~10 頁。

[2]　參考 Melissa Gregg, Gregory J. Seigworth（編著），《정동 이론: 몸과 문화·윤리·정치의 마주침에서 생겨나는 것들에 대한 연구 (The Affect Theory Reader)》，갈무리，2015。

[3]　Nigel Thrift, *Non-representational theory: Space, politics, affect*, London and New York, Routledge, 2008.

年紐約中心發生了佔領運動（occupy movement），另外，英國脫歐事件以及川普的當選，這些複合性的局面都象徵性地展現了所謂「大眾的叛亂」，但是，這些事件都未以大眾的情感和感情分析做為前提來分析，因此，以大眾們的力量為基礎，包括新社會契約的可能性，以及新政治性要素的概念（並不一定要是和「政治」相關），這個觀點與目前我們世代所發生的各種現象較為接近。這個概念也被套用在表現性和實踐性的行為或者是行動之上。

現今發生的這些事件，和政治及民主主義的傳統主題「人民」（people）或是「勞動者」的概念不同，非組織性的集團、無定型的集團、網絡性的集團、以及不可視的集團，這些概念與19 世紀以來挑戰民主主義制度和理念的局面類似，不僅要求本身的合法性和正當性，並且強烈主張本身的存在方式，也必須隨著政治和民主主義的不同，而重新建構成適合的形態。雖然大眾們對於何為真理、何為事實，仍感到十分混亂，儘管如此，還是以這些概念做為政治性的判斷和選擇的基礎，這是之前未曾有過的經驗。2016 年牛津英語字典中收錄了新的用語「後－真實（post-truth）」，字典中將此用語定義為「和我們世代的社會環境相關的形容詞，比起客觀的事實，感情性的訴求（emotional appeal）對於輿論的形成有著更大的影響。」美國大選以及韓國大選的過程中可以看出，雖然過去我們所熟悉的用語是「假新聞」（fake news），以及大眾們對於假新聞的反應，但現在卻已經劇變為「後－真實」的時代，選舉和政治，就連大眾們參與示威活動的意義，在「後－真實」的時代中，都難以和過去的概念相提並論。

　　由此可見，新時代的政治範疇和大眾的情感結構，和過去有著根本性的差異。現今由新的意義形成的時代，和過去時代的情感結構，例如 1987 年 6 月的抗爭大爲不同，當時大眾爲了民主主義的制度、程序而高喊，是由所謂炙熱太陽底下的「愛國者們」的聲音所主宰的時代，但是，現在則是進入了某種「冬天的鬥士」時代[4]，燭光集會對於韓國社會改革的要求，絕對不僅僅是政權的交替和對於朴槿惠的處罰，在這之中還鮮明地刻畫著曾在黑暗中沉睡的大眾們的情感迸發，而這些要求，是否還包含著以這樣的情感爲基礎，對於新的政治典範的訴求呢？而大眾對於新的政治訴求，或許將不再僅僅以生命政治爲基礎，而是收集新的政治典範的訴求，但是，這些訴求的原動力從何而來、以及相關的感情基礎及情感構造究竟爲何，我們還無法充分的了解，這些都只不過是我們世代中，對於政治領域範疇再造的龐大作業的出發點而已。

燭光示威的分化，政治性事物的運作方式

　　2016 年到 2017 年的燭光示威，對我們來說在各種層面都是新的政治體驗，在韓國社會運動的傳統之中，與燭光示威類似的重要活動可以追溯到 2008 年的「狂牛病燭光示威」，再追溯到更久以前則有 1987 年的 6 月抗爭，以及 1960 年的 4 月革命，但是，這次事件的組成要素和過去的事件相比較不明確，不僅

---

[4]　"A time for winter soldiers, not sunshine patriots". 2012 年，當時紐約占領運動寫在牆上的格言。W. J. T. Mitchell, "Preface to 'Occupy: Three Inquiries in Disobedience'", *Critical Inquiry*, 39(1), p. 2.

2008 年的狂牛病燭光示威，連 1987 年的 6 月抗爭，都很難找到與今日的燭光示威相似之處。燭光示威所引起較具代表性的事態是反彈劾示威，以及雙方的對立狀態。因此，引起 2016 年事件的大眾情感，以及其所對應的政治、社會體制的樣貌，都與至今爲止韓國政治和民主主義相關爭議的脈絡有著很大的差異。不只是韓國社會的歷史背景，就連國際性的變化趨勢，都和所謂「政治性的事物」意義的再建構息息相關。而在這「再建構」的過程中，前面所提及的不一致狀況，就是過去理所當然認爲應該一起被思考的議題，也漸漸的傾向以拆解（decoupling）的方式看待。

燭火示威可以看出我們時代的政治以及「政治性的事物」議題中，最重要的兩個要素。首先，是人民們直接抗爭並站出來參與活動，導致議會主導總統彈劾，以及提早實行總統選舉等等，民主主義合法性的訴求階段性地被敲開。在另一個地方，舉著太極旗和美國星條旗的示威隊伍也同時登場，這些現象全面性的刻畫出了理念上的敵對意識、派系對立、和剷除社會特權勢力的聲音，這也是需要討論的。另外一個要素，是在互相保有不同的價值和目的的情況下，共同重新認知政治的根本結構，特別是對於以菁英階層爲主的構造開始產生的不信任，事實上，由大眾所鋪出的政治道路，除了總統直接彈劾之外，還包括了制度圈政治運作根本性的批判，這些訴求的聲音不僅清楚且十分明顯。這和很多其他地區情況相似，比如最近英國、美國以及法國，出現了難以預測的政治勢力，或是反對既存的菁英決策結構等等大眾意識的抬頭，而結果是雖然每個人都有不同的理由，但都對既存政黨、輿論和檢察機關等全面的反對。在這觀點之下，這個事件有

一部分是和特定的政治意識形態無關，只是使用一般的「反既得利益者」的概念，並且和大眾特定的情緒和感情，也就是憤怒與怨恨（resentiment）直接連結。這個政治現象融合為「民粹主義」的概念。[5]

但是，也不適合單單僅以「民粹主義」來命名這次的事件也不適合，透過燭光示威，韓國社會雖然沒有經歷政變或是革命（敵對抗），卻讓政府喪失了統治權，這是十分特殊的狀況，這事件也不是由在野黨、公民社會或者學生運動，透過較為有組織性的力量所進行的抗爭。就一般來說，這可以看作是大眾們長久以來累積的不滿與憤怒，透過所謂「平板電腦」裡無法否認的證據，而爆發的事件。我們可以回顧到較久以前，可以由自李明博政權以來，新自由主義所發動的「反烏托邦」現象，以及青年世代將韓國自嘲為「朝鮮地獄」等象徵性現象，看出大眾的不滿。而時間較近的事件則可以追溯到世越號事件中，大眾對於無能的政府機關感到期待幻滅。[6]本文的目的並不是否認或再次討論這方面的議題，而是要討論在這些事件發生之後，隨之引起的效應。

首先，制度圈內部的政治勢力和全民對於「應驅除壟斷國政的勢力」這個主題是達成共識的，之後也執行了國會彈劾和憲法

---

[5]　Jan Werner Mueller，《누가 포퓰리스트인가: 그들이 말하는 '국민' 안에 내가 들어갈까 (What Is Populism?)》，노시내 翻譯，首爾：마티，2017，第 9 頁。

[6]　Oh Yoo Seok，〈촛불, 한국 민주주의와 정치의 재구성（燭光，韓國民主主義與政治的重構）〉，《경제와 사회（經濟與社會）》，113 號（2017 年春季），282~283 頁。

審判機關的決議，以及提前總統大選等典型的民主主義程序。當然，單憑這些程序，我們不願承認目睹了：「政府、憲法、總統、內閣、總理、立法部、國會、特檢、國情調查、司法部、憲法審判機關等政治的各種要素，不僅僅是形式上的原理、制度或機構，而是真實持續運行的場面」。[7]因為上述的這段話，並不僅是涵蓋了「在發生危機的時候，透過憲法或法律手段促使民主主義正常化」的意義。[8]在新登場的「政治性事物」的概念中，現代社會的政治和民主主義的關係，很難單純地侷限在透過程序和制度的合法性解決框架中，而是有著複合性的內在特質。

　　因此，若要審視燭火示威活動，不僅應從政治和政治性事物的爭論議題中檢視，也應考量其他的要素，這與民主主義及政治方面的一般性觀點不同，「政治性事物」的概念絕不僅是根據還原民主主義程序和制度的觀點來檢視，這起事件跳脫了韓國社會這段期間以來的所有法律、制度的正軌和慣例，乍看之下屬於「正常階段」，也就是說出乎意料的，所有的制度忽然正常運作，這是非常罕見的光景。朴槿惠政府的危機和崩壞，是因為長期以來所有制度機關無法維持他們所應執行公民職務的機能，亦無法維持最低要求的獨立性這個前提，進而引發的全盤性信任危機。在這個情況之下，我們反而應該要重新對「正常性」這個用語提出疑問。因為平常十分片段性和破碎的規範及制度，忽然恢

7　朴常勳，〈편집자 서문: 대사건의 발생（編輯者序文：大事件的發生）〉，崔章集等人（共著），《양손잡이 민주주의（雙手抓住民主主義）》，首爾：후마니타스，2017，第 7 頁。

8　崔章集（對談），〈박정희 패러다임의 붕괴（朴正熙體系的崩潰）〉，同前書，第 57 頁。

復的這個過程，本身是非常不自然的，我們必須說明這「意料之
外的事例」發生的原因。

　　保守勢力，在結構性的階層中曾被認爲是最堅固的，卻在
2017 年 5 月的總統選舉中可以看出「保守勢力的衰退」。當
然，單憑燭光示威事件和總統選舉結果，很難斷言握有既存政治
權的所有勢力都發生了共同的危機或共同崩壞，但卻可以充分的
說明變化的動能是存在的，並且可以確定的是，這包含了過去宏
觀政治變動時期和結構性的相似性，例如，1917 年俄羅斯革
命，則是面對第一次世界大戰國際危機時，因爲政府和議會無能
爲力處理這樣的狀況所導致的事件。當時的情況是因爲不可能將
政治權力交給布爾什維克黨以外的其他政治勢力，因而產生了革
命。[9]1986 年，一名年輕的檢察官勇敢的開始調查與黑手黨相關
的政治人物及法官，這名爲「淨手運動」的事件阻擋了大規模的
權力腐敗，當時義大利的兩大政治勢力——基督教民主黨和共產
黨的道德正當性都受到了致命的打擊，結果在 1992 年到 1994
年，兩個政黨皆被解散，之後經歷憲法改革和第二共和國的出
現，過去無法預料的政治勢力——西爾維奧・貝盧斯科尼掌握了
實權。[10]韓國的政治是否也開始進入到了這類結構性的變動呢？
當然，大選結果並未像前兩天舉行的法國總統選舉一般，法國總
統大選過程中出現了前所未有的狀況，既有的兩大政治勢力共和
黨和社會黨兩黨皆失利，從大選投票結果中被淘汰。但是，無法

---

[9]　〈디트리히 가이어 (Dietrich Geyer) 〉，《러시아 혁명 (Russian
　　Imperialism)》，李仁浩翻譯，민음사，1990。

[10]　Hervé Rayner, *Les scandales politiques: L'opération Mains Propres en
　　Italie*, Paris: Michel Houdiard Éditeur, 2005.

否認韓國選舉也出現了與法國選舉類似的情況並往此方向更前進
了一步，結構上來說，在明年地方選舉的前夕，無法否認的，有
股強大的力量，可能會使從 2012 年來握有政權的執政黨和在野
黨皆面臨集聚力的瓦解。

　　總而言之，若是對這事件提出表面性的診斷：「燭光示威的
意義並不是對憲政秩序的否定，而是提出對崩壞的憲政秩序進行
全面性再改建的要求」，[11]這並非錯誤的觀點，但是，這樣的診
斷等於放棄了政治最終所握有的力量和潛力，取而代之的，這樣
的觀點侷限在外部制度的力量和權威，燭光示威中新出現的民主
主義和政治事物本身是非常獨特的，政治和政治性事物的概念，
以及其中的文化政治、大眾們的情感和感情方面的認知問題，在
這觀點之下，以新的方式被刻畫。這正是對於政治和民主主義及
人民大眾間的關係進行省思的出發點。

　　而對於民主主義和政治參與的文化層面，或者感情層面的關
心，也是這起事件的一環。「燭光」同時也代表著「光明／黑
暗」的鮮明對比，以這個對比為基礎，所呈現的印象和表現，另
外，各種藝術界參與的比重，相較 2008 年有跳躍式的突破，[12]
2016 年也如同 2008 年的狂牛病燭光示威一般，以數位媒體為根

---

[11]　朴璨杓，〈촛불과 민주주의（燭光與民主主義）〉，崔章集等人（共
　　著），《양손잡이 민주주의（雙手抓住民主主義）》，首爾：후마니
　　타스，2017，第 181 頁。

[12]　「黑暗勝不過光」這個口號造成的「關燈示威」等，對於大眾感情的影
　　響相當大。相關內容可以參考〈누가 촛불을 들고 어떻게 싸웠나:
　　2016/17 년 촛불항쟁의 문화정치와 비폭력·평화의 문제（誰拿著燭
　　光示威：2016/17 年燭光示威的文化政治與非暴力·和平問題）〉，
　　《역사비평（歷史批評）》，118 號，2017 年春季，第 438~439 頁。

基，使用各種個人媒體進行反抗，除了像是 Oh my TV 或是 AfreecaTV 這些較為老牌的數位平台，還包括了許多個人網路頻道和 FACEBOOK 直播，甚至像是制度圈輿論裡的 JTBC 也一同參與，參與的活躍度有壓倒性的發展，這正是配合 SNS 及智慧媒體時代，而產生的階段性突破。

　　我一方面高興政權的替換以及民主主義秩序的恢復，但大眾對於燭光示威卻已漸漸失去關心，我認為要對於這起事件不再被關心的理由提出疑問。應該要問的是，人民現在相較於 1987 年或者 2008 年，如何用不同的感情結構經歷這起事件，在一連串的政治發展過程中，目前人民是透過何種感情來呼應政治性的規則或結構，2008 年以燭光示威為主題曾經受到注目的「群體（多重 multitude）」，也就是人民的熱情，為何逐漸平息，以及在大選階段時，為何大眾對燭光事件的關心又更加疏遠，我們必須提出疑問，在燭光事件之後，為何社會改革的方向呈現消極的展望，就如同我們對於 1987 年的社會運動，為何在「直選制憲改」之後，就沒有其他任何戰略性的對應方案。以這些疑問為基礎，在新的層面之下，我們應該要審視政治和政治性事物、制度和行為，主權者和公民，人民和大眾，政治權力和公民抵抗，以及這些和大眾的感情結構之間的關係是如何建立的。唯有這樣，我們才能充分的考慮對於燭光示威事件的批判：「或許燭光廣場只是大眾為致命又沒有解答，呈現兩極化與破碎化的人生，提供『昇華』的慰勞機制，進而產生的一種（較為溫和的）人食人互殘行為罷了。」[13]

---

[13]　千政煥，同上一篇文章，第 459 頁。

政治性事物的國際背景

關於政治性事物概念新的、各層面的意義，在燭光示威中是如何被表現以及被經驗，我們必須在比這個議題更廣的層面中，做更深層的審視，也就是說，我們必須一起審視在同個時代背景之下發生的一連串事件之間的連續性和差別性，如同前面所提及的，這裡也將審視對代議制（再現）不信任的聲音。

以議會為象徵的代議制民主主義體系，以及歷史上主導這體系運作的菁英們，長久以來在許多國家的政治傳統中，都有對於這體系和菁英們的不信任和抵抗。但是，在這些國家中，深化人民和菁英之間難以克服的差異的「風格」[14]，也就是情感的風格，有著明顯的差別。這個風格的差異對於政治、民主主義，以及政治性事物的概念，提供很重要的分析基礎。

首先，我們先討論代議制本身的問題，以及隨之所導致的「人民再現（不）可能性」問題，這是古典民主主義理論長時間以來一直難以解決的問題，「國家將暴力和暴力手段從這社會中消除，大眾自己爭取自己的需求，自己當自己的主人。」[15]這個事實是代議制政治和人民之間的關係內在所產生的二律背反定律。霍布斯主張，國家中存在著神學和政治學層面的神秘問題，

---

[14] 以「風格 style」的概念來切入相當有趣，當然這還需要文化理論方面更詳細的討論。Marielle Macé, *Styles: Critique de nos formes de vie*, Paris: Gallimard, 2017.

[15] E'tienne Balibar，《대중들의 공포: 맑스 전과 후의 정치와 철학 (Masses, Classes, Ideas: Studies on Politics and Philosophy Before and After Marx)》，崔元・徐寬模翻譯，首爾：도서출판 b，2007，第 493 頁。

而這些問題應該要被解決。相反的，盧梭則是提倡找到大眾對於國家不信任的根源，進而聽取「人民的一般意志」。但儘管如此，這些觀點在解釋很多現象時卻無法深入其內，例如，人們急切地想要擺脫「萬人對萬人的鬥爭」這自然狀態的生存意志、近代國家建立統治人民（population）的體制等歷史經驗，以及西方國家政治思想數百年來的內在思想──委任（stellvertretung）與代表（reprasentation）之間的論爭。儘管歷經了第二次世界大戰和法西斯主義的時期，所探討的問題仍然還是對於國家崩壞的恐懼，以及將國家「神格化」的傾向，而不是探討國家和近代統治性的正當性方面不信任的問題。

但是，今天的政治和人民之間的關係進入了另一層次的新局面，古典政治理論所提到的前提──「委任」的機制中，具體而言究竟是委任於誰，以及委任的範圍有多廣，這類法律方面的論爭，是自康德以來就持續被討論的，而討論的範疇難以脫離所謂的「人民的一般意志」這樣抽象性的概念，也就是公民共同責任倫理。同時，還無法明確地認同最初以「巨靈論」命名的「社會契約」的實質性主題，以及契約的方式，這契約曾經有段時期以「無產階級」這具體化的階級為主要範疇，但是，現今對於契約及破壞契約的當事者，這個範疇已失去了說明力。代表群體（大眾）的人民、涉及情感和趨向（conatus）的人民相關爭論議題，最終將匯集為新的人民存在、人民意志，並以虛擬的或印象的型態「再現」，這同時是想像的概念，也是分裂和破碎的印象。

以「無法找到的人民」這個命題，比爾・霍尚維隆（Pierre Rosanvallon）將所謂人民這個概念分為三個層面，首先是以大眾

的「顯現（appearance, manifestation）」表現出的「意見」所存
在的人民（opinion-people），第二個層面的人民是在既存的政
治制度和規範中，以行為者形式存在的「國民」，第三個層面
是，透過媒體的媒介，在政治的空間中，以自然而然表現出感
情、偏好的形態存在的人民（emotion-people）。[16]雖然有關這主
張的適當性有另外討論的必要，但是可以明確說明的是，我們無
法再忽視大眾在政治空間存在、行為的內在破裂狀態。

　　近代西方國家政治空間方面的主題中，以人民作為行為者概
念的這個主題，紛紛在不同的領域以不同的理論根據切入，因
此，無論是以何種型態來討論這個主體，都很難達到完全的客
觀，無論如何都僅只是憑藉上述的三種想像性型態，或者根據其
他的基準，以其他型態所分裂而成的印象之下的人民而已。無論
如何，所有的人民都是以想像的方式存在，因此，仍然存在著想
像的事物與現實狀況之間的矛盾。以想像性印象存在的人民，所
謂「虛擬性」的主題，如同華特・班雅明（Walter Benjamin）所
提及的，我們只能憑著如同閃光燈般登場的「夢的印象」反證法
來審視這個現象，這是很模糊的，人民究竟是什麼，以及人民本
身所訴求的是什麼，我們仍舊無法得知。這是人民自己沒辦法感
覺得知的，要等到人民自己感覺到了，我們才能找到這些問題的
答案。

　　我們正經歷一個新的世代，這個時代可以被視為「殘留
物」，或者也可以說是對感覺進行的審視，這兩者所共同組成

---

[16] Pierre Rosanvallon, *Le peuple introuvable: Histoire de la représentation
démocratique en France*, Paris: Gallimard, 1998, pp. 445-446.

的。隨著進入 21 世紀，現代國家的統治體系所面臨對經濟、社會方面的無能為力。「行政體系逐漸龐大，安保裝置過度武裝的國家，在政治、社會方面的無能為力」[17]這個問題，而衍生的恐怖主義和內戰、「無名的衝突」和宗教性根本主義理念所引發的爭端，以及接連而來的，新類型的集體不安感也正在產生。我們一方面，在這些紛爭之中，正目睹大眾們排斥的「人種主義」、「全體主義」的機制走入全面化的時代，另一方面，我們也訴求可以將因「巨靈論」的誕生所引發的神學原理歷史哲學——「世界末日論」推翻的反證法。[18]

　　第二，同時，這時代的人民也正在進行新的政治性冒險，很多時候是以表現性的、感覺性的型態來採取行動，這並不一定是依循歷史上左派或者是右派的形式，反而是以人民最初的出發點——「無定型的型態」所呈現。經歷了近代的統治機制，出現了以「人民（demos）」樣貌存在的，新的人民型態。在 19-20 世紀時的人民，就以「群眾」為名，對於當代的貴族，也就是中產階級菁英階層的支配進行反抗，開始了爭取長期自身權利的政治運動。這類的政治活動，大致上來說可以被分類為右翼的型態，是在工業化時代中，以農民和貴族為主要勢力的背景之下，所發生的自然而然的現象。重要的是，如果使用漢娜‧鄂蘭（Hannah Arendt）的說法，這可以說是在「反猶太主義」和「種族主義」的政治典範之中，秉持「敵對和排除」這個原則，

---

[17]　E'tienne Balibar，同前書，第 399 頁。

[18]　參考 Simon Critchley，《믿음 없는 믿음의 정치: 정치와 종교에 실망한 이들을 위한 삶의 철학 (The Faith of the Faithless)》，文順杓翻譯，首爾：이후，2015。

以大眾化、一般化的方式顯示的契機。[19]

　　就連在今天，雖然「民粹主義」統治的現象，以各種型態出現，一般來說還是源自於同一個根源，從胡安・裴隆（Juan Perón）到烏戈・查維茲（Hugo Chavez）所包含的拉丁美洲傳統，對於移民者政策和歐洲統合政策，有著極端反對的極右派政黨的法國、荷蘭、奧地利等，是歐洲傳統歷史的特徵。或者，也可以區分為東南亞類型，如杜特爾特總統，及美國的例子，如川普總統。總而言之，大多數的研究者在 21 世紀的「民粹主義」中發現明顯的「右翼衝動」，在過去「帝國主義」和「種族主義」的時代，強調保護貿易、國民國家認同性，並積極地排除與之相違背的個人或集團，並努力將其法制化，這個型態很明顯地與所謂民主主義本身的概念相反。[20]美國（川普總統的當選）及英國（脫歐投票中令人意外的分離主義運動的勝利）的情況，也是在更廣的意義中，包含了這個範疇的概念。豎起美國星條旗和以色列國旗，目的是要傳達對於左翼理念本能性的恐懼心理，以及對於我們社會中必須驅除和排除的「主要敵人」等概念，所謂「太極旗集會」的情感，正是延續這樣右翼的「民粹主義」衝動。和華爾街及矽谷年輕的、有能力的「都市性自由」對抗，以農村白人的感情結構，以及被年輕族群在政治、經濟方面所遭受

---

[19]　Hannah Arendt，《전체주의의 기원: 1 권（全體主義的起源：第一卷）》，李鎮雨翻譯，首爾：한길사，2006。

[20]　參考 B. Moffitt & S. Tormey, "Rethinking Populism: Politics, Mediatization and Political Style". Political Studies, 62, 2014, 381~397; Jeffrey E. Green, *The Eyes of the People: Democracy in an Age of Spectatorship*, Oxford University Press, 2010.

到的冷落感爲出發點，熱情參與「太極旗集會」的 70 世代老人族群的感情結構，本質上是他們爲了自身的生存，以及在排斥「種族主義」的政治中，實現並豎立他們長久以來想像的權利。[21]

　　我們沉痛地看到這裡所提到的，21 世紀「民粹主義」和「人民（demos）」表面性的遭遇，在 21 世紀的「民粹主義」政治運動中，所觀察到最重要的變化是，在現代民主主義政治基礎之下的大眾，他們所內嵌的人民（demos）屬性，以及國民國家的組成員（ethnos）的屬性，都產生了新的進化。一方面，右翼的政治運動，以鄂蘭的說法來說，是在面對國民國家的衰敗以及人權終結時代之下的產物，對於「土地和出生地」爲基礎的種族性成員的關心重新被喚起，另外，對於不可能被同化的異鄉人，或者對自身的「固有價值」毫不關心的菁英階層們，同時產了敵對性的仇視。在 21 世紀，宗教根本主義抬頭，恐怖主義在這裡扮演了重要的角色，[22]光看美國川普總統當選的案例，從共和黨「茶黨運動（Tea party）」中開始，由所謂的「熱情保守主義（compassionate conservatism）」所產生的例如「本國民優先民粹主義」、「反介入主義（anti-interventionist）」、和「反自由主義（anti-liberalism）」之下的大眾感情體制，本身就是宗教

[21]　J. White & L. Ypi, "On Partisan Political Justification", *American Political Science Review*, 105, 2011, pp. 381-396.

[22]　Jean-Yves Camus, "Montée des populismes et des nationalismes dans le monde: Coïncidence ou phénomène global?", *Questions Internationales, 83, Populismes et nationalismes dans le monde*, Janvier-Février 2017, p. 23.

性根本主義的變形和對立物。[23]

　　另一方面，左翼大眾運動，則包括希臘的激進左派聯盟（syriza）、西班牙的「我們可以黨（Podemos）」、義大利的五星運動（M5S, Movimento cinque stelle），以及由梅蘭雄（Jean-Luc Melenchon）所主導的法國極端左派運動等，另外，這些運動產生的背景，透過「馬克思主義」的修辭，是對於「人民（demos）」的關心，以及對於強調「新自由主義」的金融資本主義和新國際貿易秩序（自由貿易協定，歐洲共同體等）的菁英們產生的極端不信任。在這裡，對於移民者和難民的感情態度，以及對於民族主義的認同與否，仍然是以左派及右派運動作為絕對性的區分指標，但是，比起這個，兩者的共同點是，對於擁有支配權力的菁英們懷有敵對意識的感情要素，以及對於人種情感鮮明的「風格」。[24]在這裡，和威權主義獨裁政治體制結合，公民在部分領域中參與政治，憲法保障的基本權利等要素收到了侵害，透過限制媒體，人民對政治活動參與的領域仍然是持續被限制。

　　因此，當審視這時代的政治國際背景，必須提出一個重要的問題，就是「民粹主義」這個長久、多樣性的要素，以及對「民粹主義」含有誤會的用語，為何總是像我們時代的政治規章基本用語一般，一直持續吸引著大眾的注意？這或許是因為既存的民主主義，以及以民主主義為基礎的代議制政治體制所經歷的週期

---

[23] E. J. Dionne Jr., *Why the Right Went Wrong: Conservatism from Goldwater to Trump and Beyond*, New York: Simon & Schuster, 2016.

[24] Philippe Raynaud, "Le populisme existe-t-il?", *Questions Internationales, 83, Populismes et nationalismes dans le monde*, Janvier-Février 2017, p. 13.

性失敗，以及與這失敗相關的，大眾感情結構的變化，換句話說，也是就是所謂情感訴求的喪失。[25]我們必須從這個層面來考慮，有關「政治性事物」的概念和大眾之間的關係，也許這些觀點正是新的問題的出發點。

大眾對於政治的情感：
人民（demos）和組成員，
人民（demos）和菁英的隔閡

　　英國脫歐和川普，恐怖主義和伊斯蘭國家，以及在同時代難以找到先例的國情壟斷事件和千萬人燭光示威，審視這些事件的重要共同點，應該是 21 世紀高度化的工業發展，以及在數位、智慧時代裡生活的我們，所不曾思考過的產生變化的力量。這個力量究竟爲何，以及這個力量將往什麼方向前進，我們皆難以預測，事件原因，以及事件的未來發展，透過我們一直使用的知識和語言難以說明。在這個層面，我們一直視爲理所當然的基準和規則，以及所有的思維和語言皆要進入一併歸零（ zero degree），或者歸無的狀態，這是我們必須冷靜面對的狀態。

　　但是，我們所目睹的變化，一方面來說，對於期待更好的生活來說，是很大的威脅，無論如何，都想從「積弊」的無數腐敗和矛盾中，以及從「新自由主義」和可怕的生存經濟、無法解決的「種族主義」及難民事態所產生的種種不安感中被解放，種族主義和宗教偏見不只在歐洲、美國，中東蠢蠢欲動，在我們的土

25　參考 Jan Werner Mueller，同前書，第 102 頁。

地上，從 1987 年以後，我們一直引以爲傲的法律和政治生活的
基盤，也正在面臨瓦解，雖然，在事件發生當下是以犯罪者的立
即處分以及政權交替作爲開端，但是在這之後，我們的生活究竟
可以改善多少，則是另外一個問題。對於取消英國脫歐政策的示
威隊伍的聲音，以及該如何使得川普當選無效、或是希望彈劾的
美國示威隊伍的聲音，以及要求立即進行由在野黨執權的政權交
替的燭光示威，還有多數公民的希望，這些訴求要全部解決是不
容易的事，政治和政治的生命，以及由政治的規則和法律支配的
所有原理，都同時進入了歸零的狀態。

　　在今日的全球背景之下，對於「政治性事物」的概念，全世
界皆吹起變化之風，而這風向直接投映在人民（demos）和組成
員（ethnos），以及人民（demos）和菁英之間的分裂。這是第
一階段，對於所謂議會的「代議制機制」的合法性和正當性問題
提出的質疑，這個觀點，也是賈克・洪席耶（Jacques Ranciere）
在「民主主義的憎恨」中所提及的最重要的特徵，這個狀況產生
的原因，或許是因爲這與最當初代議制本身機制的政治和民主主
義概念無相關所導致。根據喬治・阿甘本（Giorgio
Agamben），原來政治的概念是和由家庭（oikos）內部延伸的
內戰（stasis）直接關聯，比起抽象的大寫「人民（People）」的
概念，爲了和民主主義的原理連結，需要連同許多社會性虛擬
（fiction）的概念，除了從這個角度說明之外，也可以用霍布斯
所提出的「臣民－主權者－公民」所延伸的同化過程來說明，把
出生和生命設定爲政治和統治的對象，而所謂生命政治
（biopolitique）中「沒有人民（demos）的民主主義」，仍然是

組成現代政治的根本範疇。[26]阿甘本在這個過程中，將「人民的不在（ademia）」，說明爲是支配近代國家的典範，在這個說明之中，最終民主主義絕對不是根據大眾（人民）的意志或由大眾（人民）所支配，反而民主主義的定義漸漸趨近於人民爲了取得新的權利所持續進行的過程。[27]

　　因此，在這個關頭，我們應該要關注在全世界，可以共同觀察到的問題的普遍性，如果從民主主義的觀點來解釋，這是在全世界的層面，所出現的「逆境的反民主主義挑戰」現象，有人則認爲，以「後民主主義」的要素，應從構成其他型態的「民粹主義」這個層面來討論，重要的是，這是對於「民粹主義」，或者民主主義制度和秩序本身的挑戰，亦或是以其他型態，代表著批判既得權政治秩序的外部力量（puissance）的產生，以流動的型態所組織的潛在感情的流露是實際存在的，因此，爲了審視這個力量的流動，迫切需要打破長久以來體制化的政治所引發的問題，如同傅柯生平所做的，對於我們來說，必須要有的態度是對於「主體－成就（devenir-sujer）」的歷史性分析，根據這個觀點，我們所說的、所想的，以及所實踐的批判的意義，結果代表的是我們自己所通過的歷史存在論。因此，這不僅是對於現在的存在論的確立，同時也是稱爲「對於現代性的態度」的哲學性項目。[28]

---

[26] Giorgio Agamben，《내전: 스타시스와 근대의 정치 (Stasis: La guerra civile come paradigma politico)》，조형준翻譯，首爾：새물결，2017。

[27] Catherine Colliot-Thélène, *La Démocratie sans «Demos»*, Paris: PUF, 2011.

[28] Michel Foucault, "Qu'est-ce que les Lumières?", *Dits et écrits II*, 1976-1988, Paris: Gallimard, 2001, pp. 1392-1393.

在本文中所欲主張的這種「政治性事物」的根源性概念的傳達過程當中，所被訴求的情勢，將新的被稱為「距離的政治」從「被排除者的政治」的觀點，做更積極的觀察，以及努力將其概念化。現在，對於正常範疇的政治有用性這個議題，事實上應該以被實現的方式來看。巴迪歐（Alain Badiou）最近提出以大寫標記人民（People）的定義中，並不包含在資本主義經濟體制，以及國民國家的界線之中，從組成員得到地位和社會認可的菁英階層，或者「接受教育的公眾」。[29]美國獨立宣言或者法國革命時期〈人類和公民的權利宣言〉中，所看到的明確命題，正是近代社會契約主題中，假定的、想像的人民樣貌。在林肯的蓋茨堡演講中登場的「民有、民治、民享」概念，被認為是政治的典範。在這概念之下的人民定義的範疇，最終還是實行既存民主主義制度運行的「資本主義寡頭政治下的人民」和「中產階級」，他們所代表的意義難以超過政治制度內部所賦予的「正式的人民」。[30]

　　需要我們注目的人民範疇、還有源自於此的「政治性事物」的概念，這種從制度的表面就可以發現的新政治用語「人民」，與用小寫標示的群眾和人民（demos）概念中所呈現的「人民」的意義相去不遠，是以組成的概念而存在的人民，而這裡人民的

---

29 Alain Badiou，〈'인민'이라는 말의 쓰임에 대한 스물네 개의 노트（有關人民一詞使用的 24 點筆記）〉，Alain Badiou 等人，《인민이란 무엇인가: 인민에 대한 철학적 사유들（何謂人民：有關人民的哲學性思維）》，徐鏞淳・徐鏞淳・周炯日翻譯，현실문화，2014，第26~27 頁。

30 參考 Margaret Canovan, The People, Cambridge, Polity, 2005.

意義，絕對不是被賦予合法性的正當政治勢力，也不被假設爲是已獲得認可並取得政治權力的存在。而人民在公共的空間登場，這本身就是近代政治權力統治的政治運行中，非一般的情況，這些人的政治行爲，很大一部分是以實踐（performative）方式來表現，也就是對他們來說，他們並不在意政治口號應該以何種理念來切入，他們在公共空間中聚集在一起，要求和維護自身正當性的行爲，可以說是一種「燃燒行爲」，透過這個行爲，呈現出政治人民的新定義，女性主義的例子也是如此，比起發話本身的內容（發火與發話同音，之前翻譯有錯），更多情況是，他們透過「發話行爲」來發揮政治的實踐，這是透過任何社會運動的資源動員理論、或者感情政治機制都難以說明的，一種源於自發性的大眾集結和存在。而這本身也構成了政治主題新的意義和元素，這是相當戲劇化的情況。佔領運動（occupy movement）事件中登場的平凡紐約人民，以及參與燭光示威的全國平凡公民，正是新的政治範疇的主題。

　　而這樣政治主題的組成，和源自於此的「政治性事物」範疇，現在必須和「由下而上的聲音」進行對話，這樣的聲音代表了沒有實際力量的大眾、或者被淘汰的剩餘者的存在，以及「沒份的人們」的聲音。馬克思主義的觀點中，他們是無產階級新的範疇，但是，非正規的勞動者、計時員工、失業者、都市貧民，特別是孤獨地生活著，被社會淘汰的老年階層，都屬於這個範疇。若再拉得遠一點，則可以歐洲和美國爲例，在大都市周邊封閉的區域，以集團方式居住的、被隔離的移民青年等也屬於此範疇，我們正目睹著包含這些人在內的人民（demos）和人民範疇的誕生，他們的政治力量至今爲止都以他們的方式在呈現，而我

們必須將他們所呈現的脈絡與其他政治範疇做結合。至少可以明確說明的是，他們「由下而上的聲音」，新登場的人民（demos）現象，這些概念都無法只在民眾主義的範疇內被表現和實踐的。

結論：政治和大眾，對感情的重新意識

到目前為止我們所審視的爭議，不只是 2016 年的韓國，也是全世界正在發生的各式各樣政治性的劇變，以這個背景，我們試圖以新的方式追蹤其中運作的政治和「政治性事物」的概念，而對於這裡所提到的大眾感情，或者是情感的結構，對政治和民主主義所造成的影響，我們也以更廣的範圍來活用和討論。而在政治與「政治性事物」形成新的意義的過程中，我們也主張應該對應時代的變化，進行更仔細的審視，在今日的全球背景之下，人民／有權者的行為策略感情層面之中，出現了巨大的、過渡時期的產物，這是對於所有的既存政治構造，包括代議制體制和菁英支配體制，所產生的不信任和憎恨的實踐。可以看作是一種「民粹主義」行為策略之中最核心的感情構造，但是，本文意圖尋找的是不論在現代韓國社會或是全球背景之下，都可以被理解並套用的，新的民主主義和「政治性事物」的概念。而構成這個概念的要素究竟為何，也是本文中思考和討論的。

儘管如此，我們面臨的問題仍舊是困難且複雜的。對於政治體制的變動以及民主主義概念所涉及的議題，仍舊需要很多理論性的作業和努力。政治和「政治性事物」，以及其與大眾感情結構之間關係的相關議題，仍舊需要大量的實證研究和細部理論

化。這不一定只涉及到政治性的問題，還包含了哲學、社會學、人文學、和社會科學領域。說不定所謂「文化政治」的跨學科方法及態度，是最適合的研究領域。例如，在數位時代中，支配著我們生活的各種媒體和科技裝置，也應該一併被考慮。多樣化的政治感情和風格，該如何與現今的媒體環境相連結，以及這樣的連結產生了什麼樣的方式和行為，這方面的審視作業，對於探討科學性、文化性和感情性政治和運作方式，是十分重要的，我們時代的政治，就如同電視實境秀一般，能夠立刻得知決定觀眾反應的各種要素，其中像是 Twitter 或是 Facebook 等互連網是非常重要的媒介，透過其特有的「非階層式」連結，大眾的情緒和感情能夠即時地反應和傳播。但是，為了檢視這種世代的變化，理論的層面還顯得不足，想要找到正確的答案仍是十分困難，儘管如此，當我們一一檢視這些爭議點，在這過程之中也產生了新的突破，為了更進一步突破，我們應該要持續的以新的理論脈絡，檢視 2016-2017 年燭光示威中韓國社會的結構性爭議點。希望本文在這個過程中，能夠發揮一點功用。

譯者：杜彥文

參考文獻

1. 韓文論文

金洪中，〈尋找社會的合情性：社會理論的感情轉換〉，《社會與理論》
　　　　第 23 輯，2013。

（김홍중, <사회적인 것의 합정성을 찾아서: 사회 이론의 감정적 전환>,
　　　　《사회와 이론》23 호, 2013.）

Oh Yooseok，〈燭光，韓國民主主義與政治的重構〉，《經濟與社會》第 113 號，2017。

（오유석, <촛불, 한국 민주주의와 정치의 재구성>, 《경제와 사회》 113 호, 2017.）

千政煥，〈誰拿著燭光示威：2016/17 年燭光示威的文化政治與非暴力・和平問題〉，《歷史批評》第 118 號，2017。

（천정환, <누가 촛불을 들고 어떻게 싸웠나: 2016/17 년 촛불항쟁의 문화정치와 비폭력・평화의 문제>, 《역사비평》 118 호, 2017.）

2. 韓文著書與翻譯書

迪特里希・蓋耶，《俄羅斯革命》，李仁浩譯，Minumsa，1990。

（Dietrich Geyer, 《러시아 혁명（Russian Imperialism）》, 이인호 옮김, 민음사, 1990.）

梅麗莎・葛列格，格雷戈瑞・J・西格沃思編著，崔聖喜・金智英・Park Hyejung 譯，《情動理論讀本》，Galmuri，2015。

（Melissa Gregg, Gregory J. Seigworth 편저, 최성희・김지영・박혜정 역, 《정동 이론: 몸과 문화・윤리・정치의 마주침에서 생겨나는 것들에 대한 연구(The Affect Theory Reader)》, 갈무리, 2015.）

西蒙・克里奇利，《無信仰者的信仰》，文順杓譯，Ewhobook，2015。

（Simon Critchley, 《믿음 없는 믿음의 정치: 정치와 종교에 실망한 이들을 위한 삶의 철학(The Faith of the Faithless)》, 문순표 옮김, 이후, 2015.）

揚・維爾納・米勒，《何為民粹主義？》，No Sinae 譯，Mati Books，2017。

（Jan Werner Mueller, 《누가 포퓰리스트인가: 그들이 말하는 '국민' 안에 내가 들어갈까(What Is Populism?)》, 노시내 옮김, 마티, 2017.）

阿蘭・巴迪歐等人，《何謂人民：有關人民的哲學性思維》，徐鏞淳・Im Okhee・周炯日譯，現實文化，2014。

（Alain Badiou 외, 《인민이란 무엇인가: 인민에 대한 철학적 사유들》,

서용순·임옥희·주형일 옮김, 현실문화, 2014.）

埃蒂安·巴利巴爾，《大眾恐懼》，崔元·徐寬模譯，圖書出版 b，2007。

（E'tienne Balibar, 《대중들의 공포: 맑스 전과 후의 정치와 철학 (Masses, Classes, Ideas: Studies on Politics and Philosophy Before and After Marx)》, 최원·서관모 옮김, 도서출판 b, 2007.）

吉奧喬·阿甘本，《均勢：作爲一種政治範式的內戰》，Jo Hyeongjun 譯，Saemulgyul，2017。

（Giorgio Agamben, 《내전: 스타시스와 근대의 정치 (Stasis: La guerra civile come paradigma politico)》, 조형준 옮김, 새물결, 2017.）

崔章集等人共著，《雙手抓住民主主義》，Humanitasbook，2017。

（최장집 외 공저, 《양손잡이 민주주의》, 후마니타스, 2017.）

漢娜·鄂蘭，《極權主義的起源：第一卷》，李鎭雨譯，Hangilsa，2006。

（Hannah Arendt, 《전체주의의 기원: 1 권》, 이진우 옮김, 한길사, 2006.）

3. 外文論文

B. Moffitt & S. Tormey, "Rethinking Populism: Politics, Mediatization andPolitical Style". *Political Studies*, 62, 2014.

Jean-Yves Camus, "Montée des populismes et des nationalismes dans le monde: Coïncidence ou phénomène global?", *Questions Internationales, 83, Populismes et nationalismes dans le monde*, Janvier-Février 2017.

J. White & L. Ypi, "On Partisan Political Justification", *American Political Science Review*, 105, 2011.

Philippe Raynaud, "Le populisme existe-t-il?", *Questions Internationales, 83, Populismes et nationalismes dans le monde*, Janvier-Février 2017, p. 13.

4. 外文著書

Catherine Colliot-Thélène, *La Démocratie sans « Demos »*, Paris, PUF, 2011.

E. J. Dionne Jr., *Why the Right Went Wrong: Conservatism from Goldwater to*

Trump and Beyond, New York, Simon & Schuster, 2016.

Hervé Rayner, *Les scandales politiques: L'opération Mains Propres en Italie*, Paris, Michel Houdiard Éditeur, 2005.

Jeffrey E. Green, *The Eyes of the People: Democracy in an Age of Spectatorship*, Oxford University Press, 2010.

Margaret Canovan, *The People, Cambridge*, Polity.

Marielle Macé, *Styles: Critique de nos formes de vie*, Paris, Gallimard, 2017.

Michel Foucault, "Qu'est-ce que les Lumières?", *Dits et écrits II*, 1976-1988, Paris, Gallimard, 2001.

Nigel Thrift, *Non-representational theory: Space, politics, affect*, London and New York, 2008.

Pierre Rosanvallon, *Le peuple introuvable: Histoire de la représentation démocratique en France*, Paris, Gallimard, 1998.

國家圖書館出版品預行編目資料

集體情感的譜系：東亞的集體情感和文化政治

崔基淑主編. － 初版. － 臺北市：臺灣學生，2018.07
面；公分

ISBN 978-957-15-1770-4 (平裝)

1. 社會史 2. 東亞

540.93   107010177

集體情感的譜系：東亞的集體情感和文化政治

主　編　者　崔基淑
出　版　者　臺灣學生書局有限公司
發　行　人　楊雲龍
發　行　所　臺灣學生書局有限公司
地　　　址　臺北市和平東路一段 75 巷 11 號
劃 撥 帳 號　00024668
電　　　話　(02)23928185
傳　　　眞　(02)23928105
E - m a i l　student.book@msa.hinet.net
網　　　址　www.studentbook.com.tw
登記證字號　行政院新聞局局版北市業字第玖捌壹號
定　　　價　新臺幣五〇〇元
出 版 日 期　二〇一八年七月初版
I　S　B　N　978-957-15-1770-4

本書的研究成果得到 2008 年韓國研究財團
（政府撥款：教育科學技術部學術研究建設事業經費）的資助
（NRF-2008-361-A00003）